PÄDAGOGIK: DRITTE WELT

WERKSTATT-BERICHT

Nr. 15

DIE „WERKSTATT – BERICHTE / OCCASIONAL PAPERS"
WERDEN HERAUSGEGEBEN VON DER PROFESSUR
„ERZIEHUNG UND ENTWICKLUNGSPROZESSE IN DER DRITTEN WELT"

Die Deutsche Bibliothek – CIP-Einheitsaufnahme
Frankfurt mein, Wirtschaft dein, Dritte Welt lass' ferne sein:
eine Expedition zu „Global denken – lokal handeln" / K.
Friedrich Schade (Hg.). [Mit Zeichn. von Drago Trumbetaš]. –
Frankfurt/Main: Verl. für Interkulturelle Kommunikation,
1992
(Pädagogik: Dritte Welt: Werkstattberichte; Nr. 15)
ISBN 3-88939-074-9
NE: Schade, Kay Friedrich [Hrsg.]; Pädagogik: Dritte Welt/
Werkstattberichte

Postfach 900965
D – 6000 Frankfurt/M. 90

Umschlag und Lay-Out: Drago Trumbetaš, 6000 Frankfurt/Main
Herstellung: F.M.-Druck, 6367 Karben 1

IKO

Verlag für Interkulturelle Kommunikation
Postfach 900965 · D-6000 Frankfurt 90 · Telefon: (069) 784808

K. FRIEDRICH SCHADE (Hg.)

FRANKFURT MEIN WIRTSCHAFT DEIN

DRITTE WELT LASS' FERNE SEIN

EINE EXPEDITION ZU „GLOBAL DENKEN – LOKAL HANDELN"

ERZIEHUNG ENTWICKLUNG DRITTE WELT

MIT SECHZIG ZEICHNUNGEN VON

DRAGO TRUMBETAŠ

Vorwort

Global denken – lokal handeln, dieser Slogan, der durchaus der Dritte Welt-Solidaritätsbewegung neuen Schwung und neue Qualität verschafft haben könnte, bedarf dringend gründlicher Bestandsaufnahme und kritischer Reflexion, wofür Frankfurt ein ausgezeichneter Ausgangspunkt sein dürfte. Fast ein Vierteljahrhundert nach dem legendären Frankfurter Soziologentag von '68 bietet diese Stadt, – „in der sich soziale, politische und kulturelle Entwicklungen früher und intensiver verdichten als anderswo"[1], eine Stadt „im Pulsschlag der Welt"[2], eine Stadt, von der Volker Hauff als Kandidat für das Oberbürgermeisteramt wollte, daß ihr „Reichtum zu einer Chance für alle wird"[3], eine Stadt, die die FAZ als „den richtigen Ort, global zu denken und lokal zu handeln"[4], ansieht, – dafür Anlaß genug.

Zwei meiner interdisziplinär gedachten, dann doch vornehmlich von StudentInnen der Erziehungswissenschaften besuchten Seminare im von Professor Patrick V. Dias geleiteten Bereich Pädagogik: Dritte Welt der Universität Frankfurt haben sich 1990 / 91 und 1991 der Thematik des Slogans zugewandt und zu dieser Publikation beigetragen, die von ihrem Entstehungsprozeß weder vollständig und brandaktuell noch im üblichen Sinne wissenschaftlich sein kann – und es auch nicht will. Die StudentInnen haben sich zunächst einen Überblick über in Frankfurt verfügbares relevantes Material verschafft, sich dann gefragt, welche Themenstellungen offen sind[6], sich drittens selbst der aufklärenden Recherche und auch möglichen Autoren wie weiteren Mitarbeitern vor allem aus der „Frankfurter Entwicklungspolitischen Diskussion" zugewandt und schließlich aus der Summe dieser Bemühungen Ideen für einen Werkstattbericht entwickelt, der nur noch z.T. die in der Entstehung sich entfaltende, oft öffentliche Diskussionsdynamik und politische Wirkung widerspiegelt.

Der Werkstattbericht setzt ganz bewußt bruchstückhaft Akzente, weil er gerade in der Unvollständigkeit und im vordergründig nicht mehr immer aktuellen Detail sich erhofft, andere in Bürgerschaft, Politik, Kommunalverwaltung, Wirtschaft, Kultur und Wissenschaft dazu anzuregen, sich selbst der Aufgabe „Global denken – lokal handeln" ebenso initiativ-engagiert wie kritisch-reflexiv weiterführend zuzuwenden, wobei Literaturhinweise und Adressen dabei hilfreich sein werden.

Sinn des Unterfangens war nicht die Bestandsaufnahme und Bewertung dessen, was die „Soliscene" engagiert und die qua Institution professionell Verpflichteten zum Ziel „Global denken – lokal handeln“ beitragen – auch wenn dies in der Publikation z.T. Berücksichtigung findet, vor allem, wenn die Verknüpfung von lokal Handeln zu globaler Orientierung besonders gelungen scheint. Vielmehr gilt es aufzuzeigen, inwieweit diese sich selbstauferlegte städtische Verpflichtung bereits in der Alltagskultur von Politik, Wirtschaft, der Schönen Künste und vor allem des Bürgers lebt.

Trotz aller Bemühungen ist dieser mit Absicht auch anstößige Werkstattbericht nur bedingt das Ergebnis eines gemeinsamen Unterfangens. Die Auswahl und Bearbeitung der Texte wie auch die Gesamtkonzeption habe ich deshalb persönlich zu verantworten.

Bei nüchterner Betrachtung bleiben Aktivitäten im Kontext „Global denken – lokal handeln“ und deren Reichweite auch in Frankfurt bescheiden. Aber Akzente sind gesetzt. Hieß es in der Einleitung zu einer ersten Bestandsaufnahme des relevanten Frankfurter Geschehens[5] 1990 zwar noch hoffnungsvoll „Urbanität mit Humanität – kommet zu Hauff“, während 1991 nach dem Rücktritt Volker Hauffs als Frankfurter Oberbürgermeister 1991 eher die Befürchtung geäußert wurde, daß weltoffen eingestellte Politiker Frankfurt zu „hauf“ fliehen könnten, so mag in der Wahl des Titels des Buches von Hauff, das er nach seinem Rücktritt vorlegte, nämlich „Global denken – lokal handeln“, doch anklingen, wie weit sich dieser politische Anspruch herumgesprochen hat – auch wenn im Buche[7] selbst mit seinen bemerkenswerten Passagen zu „Global denken“ der zweite Schritt des „lokal Handelns“ in Bezug auf die Dritte Welt ausgespart bleibt.

K. Friedrich Schade

Hilfestellung bei dem Schreiben der Texte leisteten Ingrid Bauer, Beate Buballa, Hille Koch, Ilse Odermatt, Boris Scharlowski, Anja Sieber, Barbara Schmidt.

1) Pflasterstrand, Ffm, Januar 1990

2) „Frankfurt lebt. Im Pulsschlag der Welt“, Anzeige der FR, z.B. FR 27.6.91

3) Neues Denken setzt sich durch – Anzeige der SPD z.B. in FR 1.3.89

4) „Zukunft der Stadt“, FAZ 7.2.92

5) im Schwerpunktheft „Urbi et orbi“ von epd-Entwicklungspolitik 9 / 90 (Frankfurt)

6) Die Idee eines Dossiers oder Weißbuches „Frankfurts Wirtschaft und die Dritte Welt“ liegt nahe, bedarf aber noch eines Förderers bzw. der Übernahme seitens der Stadt u / o IHK u / o Universität....

7) Volker Hauff, Global denken – lokal handeln: Ein politisches Fazit, Kiepenheuer und Witsch, Köln 1992, 284 Seiten, 39,80 DM

TeilnehmerInnen an einem der beiden oder beiden Seminaren waren u. a. Ulla Bauchrowitz, Claus Heuser, Kerstin Kratz, Andrea Noack, Eva Schäfer, Boris Scharlowski, Barbara Schmidt und Margarete Sobral-Kiefl. Sie haben, wenn auch in unterschiedlichem Maße, ebenso wie Karl Otterbein, Susanne Rauscher und die im Band genannten Autoren und Interviewpartner, die fast alle ohne Honorar mitgearbeitet haben, zu dem Gelingen des Vorhabens beigetragen.

K. Friedrich Schade

Urbanität mit Humanität?

Nagelprobe Dritte Welt – dort und hier

Frankfurt – nicht irgendeine Stadt der Deutschen: Kaiser- Stadt des Reiches, „das Mutterhaus der Demokratie", 1917 Versammlung der Soldatenräte im Frankfurter Hof, Zentrale von wichtigen Einzelgewerkschaften, der Deutschen Bank, des „Gottes in Frankfurt"[1], und der meisten deutschen Banken, Sitz der Währungshüterin Deutsche Bundesbank, Standort wichtiger deutscher Multis, mit dem Flughafen sowohl Tor zu Welt, Sex und Krieg sowie Tor der Welt zu Deutschland, Ostermärsche, Friedens- und Konfliktforschung, Startbahn West, europäischer Brückenkopf von US-Missionaren, als Heimat des Struwwelpeter Geburtsort eines frühen, abartigen Vorläufers entwicklungsbezogener Bildungsarbeit, dessen Linie die Frankfurter Kritische Schule z. B. mit ihrer für jede entwicklungspolitische Informationsarbeit unentbehrlichen Schulbuchanalyse „Heile Welt und Dritte Welt" des Frankfurter Institutes für Sozialforschung zum Glück nicht forsetzte, mit soviel Museen auf engstem Raum und dafür zur Verfügung stehendem Geld ohne Parallele in der Bundesrepublik, die Messe- und Börsenstadt, also Wirtschaftsmetropole der Deutschen, für manchen heimliche Hauptstadt, kurz „Pumpe der Republik" – aber vielleicht auch Kern der Republik einer Generation auf Pump?

Pumpe der Republik

Zentrum, aber auch Herz? Auch die Einrichtungen der staatlichen Entwicklungsleistungen konzentrieren sich hier mit der Gesellschaft für Technische Zusammenarbeit und der Kreditanstalt für Wiederaufbau. Und nicht nur bei problematischen Exportströmen in die Dritte Welt ist auch das Bundesamt für gewerbliche Wirtschaft erwähnenswert.

Auf Anhieb die drei G zu Frankfurt?! Geld, natürlich, und dann? Nein, nicht Gewinn, das ist zu schnöde, Geist, das klingt gut, Gewissen? Nein, das ist besorgt, denn wo Geld, da ist Gewinn, der selbstredend nur aus der Einheit mit der übermenschlichen Weisheit der Marktgesetze erwachsen kann – und aus der Einsicht in sie. Also Geld, Geist, drittens, was bleibt? Ja, Goethe – fast so richtig dazwischen. Nur dessen grüne Soße ist den Frankfurtern lieber als sein(e) literarische Faust.

Raufbold, Habebald, Haltefest

Dort im Faust stellt er prognostizierend bis in unsere Tage mit den drei gewaltigen Gesellen Raufebold, Habebald und Haltefest nicht nur die Verbindung zwischen Piraterie und Handel dar, deren Reichtum mehrendes Handeln so viel Elend in der Dritten Welt schafft, bis es in die Metropole überschwappt, wo es als das unverständlich Fremde, als Moslem oder FremdarbeiterIn, als Asylant, als gekaufte Frauen, Prostituierte, als Menschen aus Slums, die von international operierenden Rauschgiftbanden mißbraucht werden, in seiner Geburtsstadt eher verdrängt als die Zusammenhänge erhellend registriert wird. Meist nur einem intensiven Blick, für die Wohlhabenden erst hinter ihre Kulissen von Freßgass und Opernportal, eröffnen sich die hohe Ausländerquote, die Nöte der Asylsuchenden, Not und Elend der Arbeitsemigranten, denen sich trotz zahlreicher Kulturvereine und Ausländerbeirat immer noch zu wenig Chancen der Artikulation bieten. Gleichwohl geht von Frankfurt allerhand Dynamik zum urban-humanen Miteinander aus, nicht erst seit Cohn-Bendits Amt für multikulturelle Angelegenheiten.

Goethe: Magie des Geldes

Goethe geht viel weiter. Denn: Frankfurt und seine Liason zur Chemie – hoechst nah bereits bei ihm. Aber treibt sie es nicht viel mehr mit der Alchemie? Sie ist in Goethes kaum faßbar aktuellem Faust der Kern der Geldvermehrung, der Weltwirtschaft, Ausdruck ihrer Sucht, ihres Drogenbedarfs auf dem Weg ins Unheil der Menscheit. „Wer die Alchemie der Wirtschaft nicht versteht, so lautet die Botschaft von Goethes Faust, kann die ungeheuerliche Dimension der modernen Wirtschaft nicht erfassen“, resumiert der Wirtschaftswissenschaftler Hans Christoph Binswanger[2)] in seinem Buch „Geld und Magie“. Iring Fetscher dort im Nachwort zur Ausstrahlung Goethes in seiner Heimatstadt: „Das deutsche Bildungsbürgertum hat sich ... daran gewöhnt, die klassischen Dichter in Goldschnitt hinter Glas zu stellen...“

APO, Spontis, Gourmets

Frankfurt „handelt“ wie kaum eine andere deutsche Stadt global und denkt dabei lokal? Oder öffnet die der Ökonomie so ausgelieferte Fremde eher den Blick für das Elend, das das Kapital weltweit auslöst? Ohne die radikalen Bewegungen gäbe es in Frankfurt noch mehr Beton. Der Blick auf die Probleme und Befreiungsbewegungen in der Dritten Welt eröffnete den Studenten in den 60er Jahren humane und politisch relevante Einsichten in weltweite Zusammenhänge. Es kam zum Ausbruch des Unmutes über die formierte Gesellschaft des nach innen liberal firmierenden, aber nach außen wirtschaftlich so aggressiven Wirtschaftswunderlandes Bundesrepublik. APO und kirchliche Initiativgruppen haben das Thema Entwicklungshilfe erst zu einem politökonomischen in der Bundesrepublik werden lassen. Von der Frankfurter Schule blieb in Frankfurt aber fast nur Jürgen Habermas. Und die Spontis, die mit

Berlin wetteiferten, sind inzwischen Grüne und Gourmets geworden, wenn man einmal über 1000 oft originelle, alternative bis zukunftsweisende Projekte der Frankfurter Szene hinwegsieht, die vor nicht allzu langer Zeit das Stadtmagazin „Pflasterstrand" verzeichnete.

Schillers Idylle: geschrumpft

Lernt, gewinnt der urbane Geist vom Gespür des Geldes, dem die Welt so offensteht? Fanden Firmen wie Degussa, Deutsche Bank und Hoechst keine rechte Zeit, ihre Nazi-Vergangenheit aufzuarbeiten, so doch immer Wege, der deutschen Unternehmen Zukunft kontinuierlich zu sichern. Es ist ein schwindelerregender Blick von Schillers „Schönem, Wahrem, Gutem" (auf dem Portal von Frankfurts renovierter Alter Oper) hoch zum Profil oder Profit der Deutschen Bank – umgekehrt eine niedliche Idylle. Oswald von Nell- Breuning, Nestor der Katholischen Soziallehre und Juwel der Hochschule St. Georgen, durfte in der Main-Metropole 100 werden, aber zum Thema Ethik und Wirtschaft ist man über gelegentliche Gespräche nicht hinausgekommen. St. Georg als des Drachen Streichler? Die furchtbaren Bomben und Morde der RAF an seiner statt?

Ethik und Geld: Dialogansätze

Manch Banker kam nicht zur Diskussion von Peter Kriegs[3] Film „Die Seele des Geldes", weil der Außenseiter Freiherr von Bethmann sich diskussionsbereit zeigte – und in Frankfurt ziemlich allein auf weiter Flur blieb. Der von der Evangelischen Kirche in Deutschland (EKD) geförderte Film[3] machte ihr selbst eher lethargische Bauchschmerzen. Da bedarf es schon größerer Kaliber wie dem der Pharmakampagne[4] des Bundeskongresses entwicklungspolitischer Aktionsgruppen (BUKO), die ja von außen nach Frankfurt getragen wurde, im Hinblick auf Hoechst dorthin getragen werden mußte, um Christen in der unmittelbaren Umgebung zu Hoechst erst betroffen zu machen, und machte, – aber nicht so sehr aus später, viel zu lang ausgeblendeter Einsicht in das Problem, sondern aus Verärgerung über die Unruhe, die ihre heile Welt bedrohte. Allerdings darf der Evangelischen Kirche Hessen und Nassau ein gutes Engagement im Konflikt bescheinigt werden.

Da kam der große Nikolas
mit seinem großen Tintenfaß.
Der sprach: »Ihr Kinder, hört mir zu
und laßt den Mohren hübsch in Ruh!
Was kann denn dieser Mohr dafür,
daß er so weiß nicht ist wie ihr?«
Die Buben aber folgten nicht
und lachten ihm ins Angesicht
und lachten ärger als zuvor
über den armen, schwarzen Mohr.

Der Niklas wurde bös und wild,
du siehst es hier auf diesem Bild!
Er packte gleich die Buben fest,
beim Arm, beim Kopf, bei Rock und West,
den Wilheim und den Ludewig,
den Kaspar auch, der wehrte sich.
Er tunkt sie in die Tinte tief,
wie auch der Kaspar »Feuer« rief.
Bis übern Kopf ins Tintenfaß
tunkt sie der große Nikolas.

Du siehst sie hier,
wie schwarz sie sind,
viel schwärzer als das Mohrenkind.
Der Mohr voraus im Sonnenschein,
die Tintenbuben hinterdrein;
und hätten sie nicht so gelacht,
hätt Niklas sie nicht schwarz gemacht.

Wenn die Stadt schon den Banken fast zum Nulltarif zum optimalen Standort hilft, warum sollte dann nicht wenigstens heute das in Frankfurt traditionsreiche Sponsoring der Firmen auf dem Prinzip von Leistung und Gegenleistung basieren? Wie prophetisch darf dann Kunst, wie politisch darf Kultur dann noch sein, wie offen für das Fremde? Adam Kuckhoffs Frankfurter Künstlertheatergruppe mit ihrem Verständnis sowohl ästhetisch als auch politisch revolutionären Theaters liegt in den 20er-Jahren weit zurück. Damals setzte man sich bereits für Erwerbslosenaufführungen und Schülervorstellungen ein.

O komm, du Heiligtum! Du Gott in der Schatulle, Ein König ohne dich wäre eine große Nulle. Habt Dank ihr Dietriche, ihr seid der Trost der Welt, Durch euch erlang ich ihn, den großen Dietrich: Geld!

(Goethe in seinem Theaterstück „Die Mitschuldigen")

Wenn das Kapital die Kultur, aber das Kapital ohne Kultur...

„Geld liegt als Thema auf der Straße", sagte mir Rainer Mennicken als Geschäftsführender Dramaturg an den Städtischen Bühnen – auch im Blick auf die ebenso kluge wie unterhaltsame „musikalische Vermögensberatung" der Städtischen Bühnen mit dem Titel „Geld, Geld, Geld". Frankfurt hat seiner Einschätzung nach ein unspezifisches Theaterpublikum und keine relevanten Bürgertraditionen. Kurzum, die urbane Kultur lebt und lernt nicht aus der Spannung zwischen Geist und Geld. Und das unter Volker Hauff erwogene Feen-Haus, das Musicaltheater, das die Kosten von zehn Jahren eines nicht nur von der Basis geforderten festen Kinder- und Jugendensembles verschlungen hätte, könnte im Auge des Kapitals, für das Frankfurt attraktiv gehalten werden soll, eben mehr zelebrieren. Gilt das ebenso für Film, die Museen, die Musik?

Zeit für ein Signal...

Die Rot-Grüne-Koalition hat sich viel vorgenommen. Nein, nicht Hauptstadt Deutschlands will man werden, aber doch Wirtschaftszentrum der Republik bleiben und zum Sitz der künftigen Europäischen Zentralbank aufsteigen, ohne zugleich immer mehr ins untere Drittel in Mainhattan abzusteigen. Und aus der Pumpe soll ein Herz, und aus dem Geist des Geldes soll ein Gewissen werden. „Es wäre unverantwortlich, wenn wir hier in Frankfurt lediglich von den Vorteilen der weltwirtschaftlichen Verknüpfung profitieren würden", erklärte der inzwischen vergraulte, verdrängte Oberbürgermeister Volker Hauff. Meinte er es zu ernst damit, sinierend: „Es wird höchste Zeit, daß

Wer ist der Ärmste?

„Geld!" rief, „mein edelster Herr!" ein Armer. Der Reiche versetzte: „Lümmel, was gäb ich darum, wär ich so hungrig, als Er!"

(Kleist in Epigramme)

---

auch die Stadt Frankfurt ein Signal setzt"? Mancher hoffte auf Konsequenzen seiner Einsicht, daß Frankfurt in der „Funktion eines Brückenkopfes der Weltwirtschaft auf unserem Kontinent" auch „kommunale Verantwortung für unseren Globus wahrnehmen" muß.

Am Himmel blinkts, zum Himmel stinkts

„Es geht de Mensche wie de Leut" sagt der Frankfurter, und übersetzt auf unser Thema: Den Städten wie den Orten. Frankfurt: stinkts-normal? Das hieße, die Besonderheiten dieser Stadt verkennen, in der eine Intensivierung der Diskussion um das Fremde und der Freude am Multikulturellen in seinen vielfältigen Ausformungen deutlich spürbar geworden ist. Lassen Sie sich animieren zu Streifzügen, zum Aufspüren, zum Anecken, zum Anregen, und verkennen Sie auch bescheidene Ansätze dabei nicht – bis hin zum Nord-Süd-Forum Frankfurt.

„Wir müssen, so klein der jeweilige Schritt auch sein mag, unsere kommunale Verantwortung für unseren Globus wahrnehmen", war Hauffs Devise. Inzwischen blinkts und stinkts weiter von und zum Himmel – mit einer Beschleunigung der Flugbewegungen, die mit des Politikers Fuß auch bei großen Schritten nicht einzuholen ist. Auch ein Sozialdemokrat – ob Hauff oder jetzt Andreas von Schoeler – muß trotz grüner Schleife erst eimal Investition und

Fixer im Tode (*Zyklus „Bankfurt ist Krankfurt"*)

Wachstum als Bekenntnis zu Frankfurt als der potentiell interessantesten Region Europas vorweisen, um an der Macht zu bleiben- ein womöglich fataler Drive im Glauben, sich als Spitzenreiter in der Ökonomie behaupten zu müssen.

1) Hans Otto Eglau, Wie Gott in Frankfurt. Die Deutsche Bank und die deutsche Industrie, 1989
2) Hans Christoph Binswanger, Geld und Magie – Deutung und Kritik der modernen Wirtschaft anhand von Goethes Faust, Stuttgart 1985
3) Peter Krieg, Die Seele des Geldes – Mythen der Moderne II, Film (Video) und Essay, Ffm, 1990
4) eine übrigens – das verdient Erwähnung – auch von der EKD geförderte Kampagne
5) Die Abbildungen sind entnommen:
Der Struwwelpeter oder lustige Geschichten und drollige Bilder für Kinder von 3 bis 6 Jahren, von Dr. Heinrich Hoffmann, Frankfurter Originalausgabe, Loewes Verlag Ferdinand Carl

Helmut Paschlau

Von den Glas-Türmen zu den Well-blech-Hütten

Entscheidungen über Millionen von Menschen

Während in der Schweiz und Frankreich Gesetze in Vorbereitung sind, die das Waschen „schmutzigen" Geldes aus Kapitalflucht, Kriminalität, Terror, Drogenhandel durch Banken verhindern sollen, haben bundesdeutsche Kreditinstitute ein solches Gesetz bislang erfolgreich verhindern können. Selbstkontrolle, so die Argumentation, sei wirkungsvoller.

Bankentätigkeit mit Waschen von schmutzigem Geld gleichzusetzen, ist sicherlich ebenso falsch wie das landläufige Vorurteil, die „Dritte Welt" werde ausschließlich von korrupten Machthabern regiert. Trotzdem sind Fragen zu stellen, ob und wie Banken bei ihren Geschäften mit und in der „Dritten Welt" kontrolliert werden. Zu fragen ist insbesondere nach der Art solcher Geschäfte, dem ethischen Anspruch beim Umgang mit großen Kapitalmengen und die Folgen der Bankgeschäfte für die Entwicklungsländer. (...)

Am 16. Mai 1990 wird der Wirtschaftsausschuß des Bundestages 18 Experten über „Die Macht der Banken" befragen. Keiner der Tagesordnungspunkte beleuchtet dabei die Macht der Banken im Verhältnis zur „Dritten Welt". Daß dies aber dringend nötig wäre, zeigt ein Blick auf die Bilanzsumme der Deutschen Bank; sie ist größer als der Haushalt der Bundesregierung. Allein diese Bank finanziert ein Fünftel bis ein Viertel des gesamten bundesdeutschen Außenhandels. Die (Markt-) Macht dieses Geld-Unternehmens gegenüber Entwicklungsländern liegt auf der Hand. Dabei gibt es ja im Verhältnis zur „Dritten Welt" keine soziale oder ökologische Abfederung der Folgen des Marktes, der diesbezüglich bekanntlich blind ist. Obwohl lohnend und drängend: Die Kontrolle der Banken-Macht gegenüber den kleinen und oft armen, jedenfalls finanziell abhängigen Ländern ist öffentlich (noch) kein Thema.

Selbstverständlich machen Kreditinstitute keine Geldgeschäfte mit den verarmenden Slums. Diese sind nicht kreditwürdig, Kreditinstitute keine Wohlfahrtsunternehmen. Geschäftspartner der Banken sind die wirtschaftliche und politische Macht innehabenden „Eliten“ der Dritte-Welt-Länder.

Politisch neutral, ja unpolitisch geben sich die Vorstände der Kreditinstitute. Die tatsächlich stark politisch motivierte Auswahl der Partnerländer in der Dritten und Vierten Welt wird – „neutral“ – hinter dem Begriff „Kreditwürdigkeit“ verborgen. Das zeigt etwa der Vergleich des Geschäftsvolumens mit dem sandinistischen Nicaragua oder den Philippinen unter Marcos, wie auch ein Blick auf die zweimal jährlich erscheinende Kreditwürdigkeits-Rangliste einzelner Länder im US-amerikanischen Magazin „Institutional Investor“. Und wenn der Deutsche-Bank-Chef, Hilmar Kopper, dieser Tage von einer „endlosen Zahl mißglückter sozialistischer Projekte“ in Afrika spricht, so übersieht er, daß praktisch alle Länder dieses Kontinents staatszentristisch geführt werden, die Bank aber nur mit einigen Ländern, den „genehmen“, nennenswerte Geschäfte tätigt.

„Haben Sie schon einmal ein Entwicklungsland gesehen, das sich entwickeln kann ohne Kapitalimport, ohne Kredite in Anspruch zu nehmen?“ fragte der damalige Deutsche-Bank-Vorstandssprecher Alfred Herrhausen auf der Hauptversammlung 1989. Sollte es richtig sein, daß Dritt-Welt-Länder nur durch Kapitalimport Zukunftschancen haben, dann ist das derzeitige weltweite Kapitalimport- / -export-Verhältnis für die „Entwicklungs-“ und die „am wenigsten entwickelten“ Länder lebensbedrohlich, oft tödlich. (...)

Für Afrika und die meisten Staaten Lateinamerikas und Asiens waren die 80er Jahre das verlorene Jahrzehnt. Die statistische Aussage, daß dort das durchschnittliche Pro-Kopf-Einkommen sinkt, bedeutet Elend, Hunger, Krankheit und früher Tod für Millionen. Alle 500 Millionen Schwarzafrikaner zusammen verfügen über ein Bruttosozialprodukt in gleicher Höhe, wie es die zehn Millionen Belgier unter sich verteilen können...

Auch die Frankfurter Banken sind für diesen Kapital-drain und die weitere Verelendung armer Länder verantwortlich.

Sie verweigern Schuldenstreichung und „fresh money“, zwei der Voraussetzungen für eine – diesen Namen verdienende -„Entwicklung“. Während die Bundesregierung wenigstens bei einigen, vernachlässigbar wenigen Prozent ihrer Entwicklungshilfe-Kredite auf die Tilgung der Schuld verzichtet, ist seitens der privaten Kreditwirtschaft kein Fall von „altruistischer Hilfe“ bekannt.

(...)

Politisch neutral, ja un-politisch geben sich die Vorstände der Kreditinstitute. Die tatsächlich stark politisch motivierte Auswahl der Partnerländer in der Dritten und Vierten Welt wird – „neutral“ – hinter dem Begriff „Kreditwürdigkeit“ verborgen. Das zeigt etwa der Vergleich des Geschäftsvolumens mit dem sandinistischen Nicaragua oder den Philippinen unter Marcos, wie auch ein Blick auf die zweimal jährlich erscheinende Kreditwürdigkeits-Rangliste einzelner Länder im US-amerikanischen Magazin „Institutional Investor“.

Unter dem kritischen Blick der Öffentlichkeit ändern auch andere Banken ihre „rein wirtschaftlichen Kriterien genügende“ Geschäftspolitik hin und wieder.

Die Bundesrepublik gehört zu den führenden Exporteuren von Kriegsgerät in alle Welt und damit auch zu den weltführenden Kriegsgeräteexport finanzierenden Nationen. Interessant dürfte die Frage werden, welche Banken die wegen der nachlassenden Ost-West-Spannung jetzt zunehmend von Nord nach Süd zu exportierenden Waffen finanzieren werden. Und: Welche Banken waren eigentlich an dem illegalen Südafrika-U-Boot-Geschäft beteiligt?

Die Kernfrage nach dem ethisch verantwortlichen Handeln von Geldunternehmen wurde in den letzten zehn Jahren beispielhaft anhand des Südafrika-Engagements der Großbanken gestellt. Mittlerweile wird diese Frage von einer breiten Öffentlichkeit, zum Beispiel während des – anläßlich der alljährlichen Dresdner-Bank-Hauptversammlung stattfindenden – „Bankenaktionstags ‘Kein Geld für Apartheid’“, von Kirchen, Gewerkschaften und politischen Parteien aufgegriffen.

Die Dresdner Bank – in den Mittelpunkt der Kritik gerückt – hat zwischenzeitlich ihr Südafrika-Engagement zurückgeschraubt, wenn auch keineswegs beendet. Wegen der öffentlichen Kritik gab sie auch ihre Beteiligung an der SWABANK im damals noch von Südafrika kolonial besetzten Namibia auf. Ganz gegen ihre sonstigen Beteuerungen nach „nicht politischen“ Geschäften sah sie sich im Rahmen der Umschuldungsverhandlungen mit Südafrika Ende 1989 als einzige bundesdeutsche Bank gar zu einer „Politischen Erklärung“ veranlaßt. Darin bezeichnete sie die Abschaffung (früher sprach sie von „Liberalisierung“) der Apartheid als Voraussetzung für normale wirtschaftliche Beziehungen mit Südafrika. Den Mut, diese zur Bedingung für eine erneute Umschuldung zugunsten Apartheid-Südafrikas zu machen, hatten die Bank-Manager nicht. Von höchsten Südafrikanischen Kirchenvertretern war dies im Namen der schwarzen Mehrheitsbevölkerung schriftlich auch gegenüber dem Dresdner-Bank-Vorstand gefordert worden. Doch auch diese Bank hat letztlich dem Apartheid-System erneut finanziell unter die Arme gegriffen – so die Kritiker der Umschuldung und die südafrikanische Apartheid-Opposition.

Erstaunlich und mit „rein wirtschaftlichen“ Kriterien schwer erklärbar ist, daß mit Südafrika trotz seiner Überschuldung weiterhin (Handels-)Geschäfte großen Umfangs gemacht werden. Dabei steht fest, daß die Banken als „Partner der deutschen Wirtschaft“ nicht nur finanzieren, was die Industrie nach Südafrika zu exportieren gedenkt. Vielmehr steuern sie über ihre Unternehmens-Beteiligungen solche Geschäfte direkt (mit). Der Umfang der Südafrikageschäfte ergibt sich wohl eher aus der Einschätzung der – oben beschriebenen – „Kreditwürdigkeit“ (...)

(gekürzt aus Frankfurter Rundschau vom 3.5.1990)

Frankfurter Rundschau 12. August 1992

Die soziale Zeitbombe der Dritten Welt tickt immer lauter

Auch zehn Jahre nach Ausbruch der Schuldenkrise sind die dahinter stehenden Probleme nicht beseitigt

Der 13. August 1982 gilt unter Historikern inzwischen als der Tag, an dem die Schuldenkrise ausbrach. Die mexikanische Regierung schloß die Devisenmärkte und telegrafierte ihren wichtigsten Gläubigern, man könne fällige Zins- und Tilgungsraten in Höhe von zehn Milliarden Dollar nicht begleichen. Auch wenn es zuvor kaum an Warnungen gefehlt hatte, war die Überraschung doch groß, als ausgerechnet der Ölexporteur als erster Staat pleite war. Damals stand das Land mit 86 Milliarden Dollar in der Kreide — das entspricht etwa dem heutigen Stand der Auslandsverschuldung. In den zehn Jahren dazwischen zahlte Mexiko allerdings insgesamt 125 Milliarden Dollar an Schuldendienst.

Genausogut hätte man einen anderen Krisen-Stichtag wählen können — im Januar 1981 beispielsweise, als das Militärregime in Polen seine Zahlungsunfähigkeit erklärte, oder im April 1982, als Argentinien im Gefolge des Falkland-Krieges alle Überweisungen einstellte. Bis Ende 1983 standen bereits 40 Schuldnerstaaten vor leeren Kassen. Tatsächlich hatte die Krise aber schon längst begonnen: Seit Anfang der achtziger Jahre waren reihenweise weltwirtschaftliche und interne Ursachen zusammengetroffen: Der „Zinsschock", ausgelöst durch den Versuch der USA, die Weltgeldfunktion des Dollar trotz rapide wachsender Handelsdefizite über höhere Zinsen zu retten, folgte auf den Ölpreisschock von 1979. Die internationale Konjunktur schlitterte in eine tiefe Rezession, die Preise für die wichtigsten Dritte-Welt-Rohstoffe fielen in den Keller.

Viele Entwicklungsländer hatten schon seit Ende der siebziger Jahre den laufenden Schuldendienst nur noch durch ständig neue Kredite finanziert. Gleichzeitig hielten Prestigeprojekte, Waffenkäufe und Luxuskonsum unvermindert an. Den Gläubigern attestierte die Deutsche Bundesbank damals eine erhebliche Mitschuld: Sie hätten es den Entwicklungsländern „allzu leicht gemacht, ihre auf Grund ehrgeiziger Entwicklungsprogramme oder aus anderen Gründen überhöhten Einfuhren zu finanzieren". Vor allem die lateinamerikanischen Militärdiktaturen der siebziger Jahre waren willkommene Partner, deren relative Ruhe im Innern gleichermaßen auf politischer Repression und finanziellem Pump basierte.

Zehn Jahre, nachdem die Krisenmanager im Washingtoner Dreieck Weißes Haus-Notenbank-Währungsfonds den Banken die nötige Atempause verschafften, um einen Kollaps des globalen Finanzsystems zu verhindern, erklären ihre Nachfolger die Krise für beendet. Nach den jüngsten Brady-Plan-Umschuldungen für Argentinien und Brasilien herrscht wieder Ruhe in den Vorstandsetagen.

Ganz anders sieht dies etwa der Berliner Politologe Elmar Altvater, der seit Ausbruch der Schuldenkrise regelmäßig in Lateinamerika war. Vor zehn Jahren habe in Brasilien mit dem Ende der Militärdiktatur „eine richtige Aufbruchstimmung" geherrscht, erinnert er sich. Heute fühle er sich bei seinen Besuchen dagegen „zutiefst erschüttert". Das Riesenland sei „ökonomisch und ökologisch kaputt". Die dramatisch steigende Kriminalität sei nur ein Indiz dafür, daß „eine ganze Nation die Hoffnung verloren hat".

Auch in Mexiko falle vor allem „die enorm gewachsene Kluft zwischen dem hochmodernen Sektor mit seinen wenigen Superreichen und der viel größer gewordenen Armut" auf, erzählt Altvater. Natürlich fließe inzwischen wieder Fluchtkapital nach Mexiko zurück. Zweifel hegt er aber, ob etwa der Investitionsboom an der Grenze zu den USA tatsächlich nachhaltige Wirkungen für das Land bringe. Voraussetzung für einen Erfolg der Lateinamerika vom IWF verordneten völligen Integration in den Weltmarkt sei eine „kontrollierte Modernisierung der Wirtschaft". Dies sei aber „mit dem riesigen Ballast der Altschulden" und ohne eine Modernisierung der internen Sozialstrukturen — Beispiel Landverteilung — nicht dauerhaft möglich, glaubt Altvater.

Insgesamt 144 Milliarden Dollar Verbindlichkeiten — ein Drittel der Gesamtsumme Lateinamerikas — standen bei den Umschuldungen mit Mexiko, Argentinien, Venezuela und Brasilien zur Debatte. Erlassen haben die Banken davon bisher höchstens zehn Prozent. So hat die argentinische Regierung gerade die Nachricht erhalten, daß 80 Prozent der Gläubiger ihre Forderungen lieber in Anleihen mit niedrigerem Zinssatz umwandeln als auf einen Teil der Kredite ganz zu verzichten. Das Problem wird wieder einmal in die Zukunft verschoben. Bereits 1981 hatte Altvater einen Aufsatz veröffentlicht unter dem Titel „Die Zeitbombe auf dem Weltmarkt tickt". Die Banken haben sich inzwischen gerettet, aber die soziale Zeitbombe tickt immer lauter. ROLAND BUNZENTHAL

Mehr als nur eine Stadt der Banken

Fragen an Johann Philipp Freiherr von Bethmann

Für viele steht Frankfurt für Wirtschaft, Banken, Geldgeschäfte... Aus der Öffentlichkeit kommt da auch manch kritische Frage. Wie stark denken Unternehmer, Banker in Frankfurt über den – sicher großen – Tellerrand des Geschäftes hinaus?

Frankfurt ist in Wahrheit – aber auch in den Augen der vielen – mehr als nur eine Stadt der Banken und des Geldes, aus dem einfachen Grund, weil die erfolgreichen Kaufleute in dieser Stadt seit Jahrhunderten und bis zum heutigen Tage über den „Tellerrand des Geschäftes" hinaus gedacht haben, sich politisch engagierten und die Rolle des Stifters und Mäzens auf kulturellem und sozialen Gebiet übernahmen. Noch heute gilt für viele bedeutende kulturelle und soziale Einrichtungen, daß sie als Bürgerstiftungen begonnen haben und trotz aller öffentlichen Mittel auch heute wieder vermehrt Zuschüsse aus der privaten Wirtschaft erhalten.

So konnte es z. B. kommen, daß die Erklärung des Namens „Bethmannstraße" lautet: „nach Simon Moritz Bethmann, Bankier und Wohltäter"! Das ist natürlich auch eine Verpflichtung, die durchaus ernstgenommen wird. Denken Sie z. B. auch an die in diesen Tagen bekanntgewordene Stiftung „Friederich".

In Ihrem neuesten Buch „Das Kartenhaus unseres Wohlstandes" ist auch von Gerechtigkeit und Sozialmoral die Rede. Der arme Süden unserer Erde wird ausgeklammert. Hat das Kartenhaus nichts mit den weltwirtschaftlichen Strukturen, nicht mit dem ungleichen Machtverhältnis Nord-Süd zu tun?

Mein „Kartenhaus unseres Wohlstandes" behandelt sehr wohl auch das Schicksal des „armen Südens", ohne ihn ausdrücklich zu erwähnen. Die Dritte Welt kommt vor als verführter Schuldner, den man jetzt durch künstliche Ernährung im eigenen Interesse als zahlungsfähig am Leben erhalten muß. Dies geschieht, indem die reichen Gläubiger dem ersten Fehler einen zweiten folgen lassen. Sie verlangen stur Zinszahlung aus leeren Taschen, statt mit Zinsverzicht den kranken Schuldnern die Möglichkeit der Erholung und der Wiedererlangung ihrer Zahlungsfähigkeit zu geben.

Im übrigen ist der eigentliche Skandal im Nord-Süd-Konflikt nicht die „Ausbeutung" durch Verschuldung und Schuldendienst, sondern eine Handels-

und Zollpolitik, die der Dritten Welt keine faire Chance im weltweiten Anbieterwettbewerb der Produkte läßt.

Goethes kritische Vorausschau der modernen Wirtschaft, der Rolle des Geldes und Kredites mit ihren auch verheerenden Zügen – ausführlich im Faust dargelegt – hat in dem Buch des Wirtschaftsethikers Hans Binswanger „Geld und Magie" eine aktuelle Neuinterpretation gefunden. Sehen Sie, der Sie sich in der Bundesrepublik hervorragend mit dem Thema „Geld" befaßt haben, das ähnlich wie er?

Goethes „Gelddrama" im „Faust" hat mich schon immer sehr beeindruckt, vor allem, weil Goethes Darstellung der „Geldschöpfung aus dem Nichts" etwas über das „Wesen des Geldes" aussagt, das meinen Vorstellungen davon sehr nahekommt.

Darum hat mich auch Binswangers Büchlein sehr interessiert. Allerdings teile ich nicht die kritischen Ableitungen aus dem „alchemistischen" Charakter des Geldes, wie sie von Goethe angedeutet, von Binswanger aber für meine Begriffe als suchtauslösend überinterpretiert werden. Die Gefahr des Süchtigwerdens sehe ich auch, bringe sie aber nicht unmittelbar mit dem Charakter des modernen Geldes und seiner scheinbar leichten Herstellbarkeit in Zusammenhang, sondern eher mit der Verführbarkeit des planenden und spekulierenden faustischen Menschen, der sich nur eine Zukunft des dynamischen und zwangsläufig auch inflationären Wachstums vorstellen kann.

Meine Meinung beruht auf einer doch etwas anderen Vorstellung vom modernen Geld und von seiner Rolle im ökonomischen Prozeß.

Das sind Marktfragen, aber Marktfragen sind auch Machtfragen, und sie sind gefährlicher und folgenreicher als alle Fehler, die das Kapital macht und die immerhin auf den Kapitalgeber zurückschlagen.

Gibt es im Frankfurter Raum einen Gesprächskreis der „Banker" oder anderer Unternehmergruppen etwa zu den Themen Erfolg und Ethik, Geld und Geist, Macht und Moral ...?

Philosophische und ethische Fragen der Ökonomie wurden an einem Platz wie Frankfurt schon immer, in jüngster Zeit aber vermehrt, in Kreisen und Gruppen aus der Wirtschaft erörtert (Evangelische Unternehmer, BKU, Hessischer Kreis, Universität, Frankfurter Gesellschaft, Verbände, IHK, Evangelische Akademie Arnoldshain, etc.).

Welchen Einfluß auf die Frage der sozialen Verantwortung der Banken – v. a. weltweit, wenn man an die Folgen der Verschuldung des Südens denkt – haben die einst von reichen, liberal und weltoffen eingestellten Bürgern gegründete Universität, die „Frankfurter Schule", die Katholische Hochschule St. Georgen, ein Oskar von Nell-Breuning, die Kirchen gehabt? Sieht man sich, trifft man sich allenfalls bei Sonntagsreden, im Gottesdienst oder in der Alten Oper?

Diese Frage habe ich bereits beantwortet. Die genannten Institutionen und Gesprächskreise kommunizieren auch vielfältig untereinander.

Für mich ist das Geld selbst nicht die Kraft, die den Prozeß in Gang hält und ihn immer rascher vorantreibt.

Die moderne Wirtschaft ist nicht deshalb zum hemmungslosen Wachstum verurteilt, weil sie eine Geldwirtschaft ist und darum auf Geldanhäufung abzielt. Die Rolle des Geldes hat überhaupt weniger mit „Mengen" zu tun. Die Attraktivität des Geldes besteht mehr in seiner vielseitigen Verwendbarkeit. Für das Wachstum der Wirtschaft bestimmend ist einzig und allein die getätigte Nachfrage nach Gütern und Leistungen, und die hat unmittelbar nichts mit vorhandenem und auch nichts mit zukünftigem Geld zu tun, weil alle Nachfrage zunächst einmal ohne Geld auskommt.

Geld braucht jedermann erst zum Bezahlen. Erst dann muß fungibles Geld verfügbar sein. Die Bezahlung mit Geld und das Geld selbst können kaum moralisch verwerflich sein. Verwerflich kann eigentlich nur der Inhalt des Geschäfts selbst sein, und zwar entweder das Angebot oder die Nachfrage oder beides. Das Geld bleibt unschuldig.

Zum besseren Verständnis nachstehend meine Geldtheorie in zwei Thesen:

1. Geld ist Anspruch auf Zahlung in Geld.
2. Geldschöpfung ist jeder neu kontrahierte Zahlungsanspruch.

Man muß Goethes Verständnis nicht teilen, ist aber beeindruckt von seiner intensiven und kenntnisreichen Verarbeitung einer zentralen Institution unserer Wirtschaftsgesellschaft. Warum inszeniert Frankfurt diesen seinen Goethe so wenig, so wenig gegenwartsbezogen?

Ob diese Frage berechtigt ist, vermag ich nicht zu beurteilen. Man müßte sie im übrigen den für das Theaterprogramm Verantwortlichen direkt stellen.

Zur Kultur gehört eine Beschäftigung des Menschen mit seinen wesentlichen, auch wirtschaftlichen Lebensinhalten und Bezügen. In der Frankfurter Kultur des Theaters, Kabaretts, des Filmes oder der Literatur ist davon wenig – zumindest relativ zur Rolle der Wirtschaft – zu spüren. Wo liegt das Versäumnis? Bei den Kulturschaffenden, den Unternehmern, dem Bürger?

Gleiche Antwort wie oben, ergänzt um die Bemerkung, daß wir es hier wohl auch mit Stoffmangel zu tun haben. Die literarische Be- und Verarbeitung des Wirtschaftlchen ist im Deutschsprachigen vergleichsweise wenig ergiebig. Irgendwelche Absichten einer gewollten Beschränkung oder gar einer Zensur stecken sicher nicht dahinter, eher die objektive Schwierigkeit, die Welt des Ökonomischen zu durchschauen und zu begreifen. Dieser Tatbestand wird auch von mir als durchaus unbefriedigend empfunden.

von Bethmann leitete früher die Bank gleichen Namens. Er lebt jetzt freiberuflich. Ende 1991 wurde von Bethmann der Stoltze-Preis der Stadt Frankfurt verliehen. Die Fragen stellte K. Friedrich Schade (1991).

Alfred Herrhausen

Wirtschaft im Wandel

Sorge um die Dritte Welt

Europa wird ein wichtiges Zentrum der Weltwirtschaft bleiben. Die Tripolarität ist gesichert, Europessimismus ist fehl am Platze. Statt dessen sollten wir nach Möglichkeiten Ausschau halten, von der Tripolarität zur Multipolarität der Weltwirtschaft zu gelangen. Und das heißt nichts anderes, als sich der Sorge um die Entwicklungsregionen dieser Welt anzunehmen. Dazu genügt es nicht, sich vordergründig mit der internationalen Schuldenkrise abzumühen, so notwendig das ist. Die Entwicklungsländer-Problematik muß man im größeren Zusammenhang der langfristigen industriellen Umstrukturierung der Welt sehen.

Von der gesamten Industrieproduktion entfallen nach wie vor nur zwanzig Prozent auf die Dritte-Welt-Staaten. In ihnen leben aber 75 Prozent der Erdbevölkerung, und angesichts der demographischen Prozesse in dieser Region droht das Verhältnis eher schlechter zu werden. Hinzu kommt, daß selbst zirka vierzig Prozent des Exports dieser Länder von multinationalen Unternehmen kontrolliert werden, die ihren Sitz in anderen Teilen der Welt haben.

All das kann auf Dauer nicht so bleiben. Wenn wir heute offiziell nicht mehr von „unterentwickelten Ländern“ reden, wie das früher der Fall war, sondern von Entwicklungsländern, so ja nicht nur deshalb, weil wir Rücksicht auf nationale Empfindlichkeiten nehmen, sondern weil mit dieser Bezeichnungsänderung ein geopolitisches Programm gemeint ist: Die betroffenen Länder sollen sich entwickeln. Die Dritte Welt muß einen größeren Anteil am globalen Sozialprodukt erhalten.

Dabei braucht sich das gar nicht unbedingt als Verteilungskampf zu Lasten der Industrieländer zu vollziehen. Die Wirtschaft – jedenfalls die Marktwirtschaft – ist kein „Nullsummenspiel“, in dem man dem einen nur geben kann, was man dem anderen nimmt. Der Strukturwandel in und zwischen den entwickelten und den sich entwickelnden Regionen dieser Erde muß und kann so ablaufen, daß sich langfristig die Effizienz des Gesamtsystems – das wir Weltwirtschaft nennen – verbessert.

Dieser Prozeß hatte ja auch begonnen. Er ist zunächst durch die beiden Ölpreiserhöhungen ins Stocken geraten. Anfang der achziger Jahre haben wir dann in weiten Teilen der Dritten Welt sogar einen empfindlichen Rückschlag erlitten. Durch Weltrezession, Rohstoffbaisse und protektionistische Tendenzen sind die Wachstumsraten und die Exporterlöse der Entwicklungsländer drastisch gesunken, extrem hohe Zinsen haben ihre laufenden Schuldendienstverpflichtungen aufgebläht und ähnlich plötzlich wie der seinerzeitige Ölschock das beschert, was wir seitdem die internationale Schuldenkrise nennen. Sie hat vor allem die höherentwickelten Schwellenländer in Lateinamerika getroffen und diese zu einer rigorosen Rückführung ihrer Importe und damit von Wachstum und Lebensstandard der ohnehin noch nicht vom Wohlstand verwöhnten Bevölkerung gezwungen. Das wird sich nicht so bald ändern lassen.

Es geht also darum, die unterschiedlich langen Durststrecken erfolgreich durchzustehen.

Dazu muß der Sanierungsprozeß in den Schuldnerländern selbst dauerhaft abgesichert werden. Kurzfristig wirksame Stabilisierungsmaßnahmen (wie etwa der Abbau von Budgetdefiziten) müssen in eine langfristige Wachstumsstrategie eingebaut werden. Wichtig ist in diesem Zusammenhang nicht zuletzt, wieder heimisches Kapital für die nationale Entwicklung zu mobilisieren, das heißt die immer noch stattfindende Kapitalflucht zu stoppen, die ja auch mit ursächlich für die Schuldenkrise gewesen ist. Das erfordert neben realwirtschaftlichen Besserungstendenzen vor allem auch eine realistische Wechselkurspolitik, die sich frei macht von nationalen Eitelkeiten und Prestigeüberlegungen. Der Markt holt sich auf Dauer sein Recht doch, wenn der Wert einer Währung die fundamentalen ökonomischen Faktoren nicht berücksichtigen darf. Mexiko, Argentinien und andere Länder haben das schmerzhaft erfahren müssen. Auch überzogener Wachstumsehrgeiz ist fehl am Platze, so sehr wir Wachstum als Motor für die Entwicklung brauchen – gerade in den großen Schuldnerländern.

Die Anstrengungen dieser Länder müssen – was ich besonders betonen möchte – durch fortdauernde und weitgehende Kooperationsbereitschaft der Industriestaaten unterstützt werden. Und hier spielen natürlich, dies ein Wort in eigener Sache, die Banken eine wichtige Rolle. Sie haben sich ja an den finanziellen Stützungsoperationen bisher schon in wahrlich bemerkenswerter Weise beteiligt. Die Bankschulden, die seit Beginn der Verschuldungskrise umgeschuldet worden sind oder über deren Umschuldung verhandelt wird, belaufen sich zur Zeit auf fast zweihundert Milliarden US-Dollar (einschließlich Mexiko, Venezuela, Argentinien, Brasilien). Darüber hinaus haben die Banken für zehn Umschuldungsländer längerfristige Neukredite in Höhe von 25 Milliarden US-Dollar gewährt, um unvermeidliche Zahlungsbilanzlücken zu schließen und so die mit dem IWF vereinbarten Stabilitätsprogramme finanziell abzusichern. Dies zeigt, daß wir uns wohl bewußt sind, daß es ohne weitere Mitarbeit der Geschäftsbanken nicht gelingen kann, die überschuldeten Länder der Dritten Welt aus ihrer Krise herauszuführen. Andererseits sind aber unserem Engagement auch Grenzen gesetzt, Grenzen, die von unseren Eigenmitteln und unserer Ertragskraft klar definiert werden. Die Fälle einiger bekannter amerikanischer Banken haben das jüngst deutlich bewiesen.

Gerade zum Schutz des internationalen Finanzsystems ist es daher unabdingbar, daß in den nächsten Jahren weiterhin in ausreichendem Umfang Mittel von offiziellen internationalen Stellen bereitgestellt werden. Es geht dabei in erster Linie um Gelder des IWF und der Weltbank (einschließlich ihrer Töchter), die helfen müssen, die Stabilisierungs- und Regenerationsphase der Problemländer bis Ende des Jahrzehnts zu überbrücken.

Eine nachhaltige Lösung der Schuldenkrise kann letzlich nur aus dem Markt kommen, das heißt dadurch, daß die Zinsen sinken. So wie der Rückgang der weltwirtschaftlichen Aktivität mit allen seinen unangenehmen und außergewöhnlichen Begleiterscheinungen in den vergangenen Jahren entscheidend zum Ausbruch der Verschuldungskrise beigetragen hat, so wird auch für die Bewältigung dieser Krise Entscheidendes nur von dem weiteren konjunkturellen und strukturellen Geschehen in der Welt ausgehen können. Erfreulicherweise haben sich die Aussichten für eine weitgehend marktwirtschaftliche Lösung der Probleme über Warenhandel und private Kapitalströme durch die Belebung der Weltkonjunktur letztlich verbessert. Aber es bleiben große Risiken.

Vor allem bleiben Zweifel, ob der zur Überwindung des Nord-Süd Gefälles notwendige Wohlstandstransfer unter den heute gegebenen Umständen rein ökonomisch überhaupt gelingen kann. Wenn diese Zweifel gerechtfertigt sind, ergibt sich die Schlußfolgerung, daß wir die wirtschaftlichen Maßnahmen, die wohlgemerkt unverzichtbar sind, durch politische Hilfen ergänzen müssen. Ein globaler Solidaritätsakt des Westens im Sinne der „Hilfe zur Selbsthilfe“ stünde uns wohl an.

Aber: An die Problemlösungsfähigkeit unserer Systeme werden höchste Anforderungen gestellt werden. Sie zu erfüllen, setzt voraus, daß die Verantwortlichen in Wirtschaft und Politik wirklich zusammenarbeiten und es nicht nur sagen. Das Bewußtsein der gegenseitigen Interdependenz muß trotz zeitweise erheblicher Interesssengegensätze viel stärker wachsen, als es bisher der Fall war.

In dem Konzept der einen Welt ist jeder Teil für das Ganze mitverantwortlich. Er kann sich aus ihm nicht heimlich hinwegstehlen. Wort und Lehre „Nationalökonomie“ sind überholt. Den Wandel der Weltwirtschaft erfolgreich zu bestehen ist eine gemeinsame globale Aufgabe, die wir nur meistern werden, wenn ein Grundsatz uneingeschränkt Gültigkeit erlangt: der Grundsatz der weltweiten Solidarität.

Er aber bedeutet eben nicht individuelle oder nationale Selbstverwirklichung, sondern ein in Freiheit gutes Leben mit den anderen.

Gleichwohl reicht das alles für eine endgültige, die öffentliche Diskussion ein für allemal abschließende Stellungnahme nicht aus. Denn jede Machtposition, so klein, begrenzt und gefährdet sie sein mag, kann mißbraucht werden. Eine absolute Sicherheit dafür, daß das nicht geschieht, gibt es nicht.

Es ist wohl vornehmlich dieses Mißtrauen, das immer wieder Auseinandersetzungen über die Macht der Banken auslöst, trotz der Argumente, die wir seit fast zwanzig Jahren vorbringen. Gehen wir mit der uns jeweils zur Verfügung stehenden Macht denn auch wirklich verantwortungsbewußt um? Mit dieser zweifelnden Frage meldet sich eine sensible Öffentlichkeit zu Wort. Und diese Frage ist zu Recht gestellt. Sie sollte auch nicht verstummen.

Denn wir wollen den ständigen Appell an unsere Verhaltensmoral als Ausdruck der Erwartung einer demokratisch-pluralistischen Gesellschaft, daß wir die gegebenen oder uns zuwachsenden Machtpotentiale im Sinne richtiger Entscheidungen über das, was wir wollen sollen, einsetzen. Wirtschaftsethik der Banken ist nötig – ebenso allerdings wie Ethik bei allen unseren Partnern. Macht, auch Macht in der Wirtschaft, ist ein Phänomen, aus dem man den Aspekt der Moral nicht ausblenden kann. Gerade weil, anders als in der klassischen Wirtschaftstheorie dargestellt, der Wirtschaftende „Handelnder“ und nicht von anonymen Wirtschaftskräften „Gehandelter“ ist, bleibt er mit der individuellen Verantwortung beladen, die Zwecke seines Handelns sittlich zu reflektieren. Dazu ist mir eine kritische Öffentlichkeit als ständiger Mahner sehr willkommen. Sie kann in der Tat mit dafür sorgen, daß das, was wir mitbedenken müssen, um von Macht reden zu dürfen, nämlich die Intention ihres Gebrauchs, auch zukünftig dem Wertekatalog einer verantwortenden Freiheit entspricht. Denn dort, wo der Wert der Freiheit unkritisch absolut gesetzt wird, nimmt in der Tat nur die Freiheit der Mächtigen zu. Die kritische Öffentlichkeit muß aber auch bereit sein, ein dem Gebot der Verantwortung entsprechendes Verhalten anzuerkennen und zuzulassen. Hüten wir uns davor, unsere lebendige Gesellschaft und Zivilisation dadurch zu gefährden, daß wir den spontanen Interaktionsprozeß pluraler Machtpotentiale wegen irrationaler Mißbrauchsbefürchtungen ersticken. Was immer man tut, um zu entmachten – Macht verschwindet nicht, sie wird nur verlagert. „Da alles dazu tendiert, eine politische Frage zu werden, um derenwillen die Einmischung der Zwangsgewalten der Regierung beschworen werden kann, wird ein immer größerer Teil der menschlichen Aktivität von produktiven auf politische Anstrengungen umgelenkt.“

Ich glaube, wir können es uns nicht leisten, dies zu wollen, weil es bedeuten würde, ungenügend Rücksicht zu nehmen auf das eigentliche Objekt, das uns allen zur Fürsorge anvertraut ist -nämlich die Wirtschaft und ihre Unternehmen.

aus: Alfred Herrhausen „Denken-Ordnen-Gestalten – Reden und Aufsätze“, Verlag Siedler, Berlin 1990

Barbara Schmidt

D 6000: Vergiftmeinnicht

Frankfurt grünt und blüht, das versichern uns die Werbetexter der Stadt. Was sie uns indes nicht verraten: Auch das Geschäft blüht in Frankfurt – das Geschäft mit Schnittblumen aus der Dritten Welt. Der Flughafen hat den Raum Frankfurt zum größten Umschlagplatz von Blumenimporten aus der Dritten Welt in der BRD werden lassen. Doch nicht nur Blumenhandelsfirmen machen einen guten Schnitt mit der blühenden Ware: Auch der Chemiekonzern Hoechst verdient am Geschäft. Denn er liefert an die Länder der Dritten Welt Pestizide, die beim Blumenanbau eingesetzt werden, damit die Blumen den langen Transport überstehen und schön, makellos und frisch – wie aus dem eigenen Lande – den Käufern in Europa oder den USA zum Verkauf angeboten werden können.

Zum Beispiel: Kenia – Frankfurt

Am Ufer des Naivasha-Sees, gut hundert Kilometer nordwestlich der kenianischen Hauptstadt Nairobi, liegt die größte Freilandnelkenfarm der Welt. 250 ihrer 1800 Hektar Land hat die Sulmac-Farm mit Blumen bepflanzt, davon allein 170 mit Nelken. Auf den großen Feldern, den Gewächshäusern und den riesigen Sortierhallen arbeiten 2400 Menschen, deren Hälfte Frauen. Während der Erntezeit kommen noch 800 bis 1.000 SaisonarbeiterInnen hinzu.

Sie schneiden, sortieren und verpacken im Jahr rund 250 Millionen Blumen. Für Sulmac bedeutet das ein lukratives Geschäft mit etwa 40 Millionen Mark Umsatz jährlich. Der Tageslohn der ArbeiterInnen auf der Plantage nimmt sich demgegenüber mit umgerechnet knapp 2 DM bescheiden aus. Ein Hungerlohn – doch er liegt immer noch über den Löhnen der umliegenden Farmen, die mit dem „Riesen“ kaum noch konkurrieren können. Eine Arbeitslosenquote von 40% läßt eine Anstellung bei Sulmac vergleichsweise begehrenswert erscheinen, Klagen sind selten, die Gewerkschaften halten still.

Denn hinter Sulmac steckt noch mehr. Die Blumenfarm gehört Brooke Bond, Kenias größtem Teeproduzenten. Brooke Bond wiederum gehört zu UNILEVER, einem der größten Mischkonzerne der Welt. Und außerdem Sulmac steht für die neuen Hoffnungsträger Kenias, die Gartenbauprodukte.

Die traditionellen Exportprodukte Kenias, Kaffee und Tee, brachten in den vergangenen Jahren immer weniger Erlöse. Nach dem Verfall der Kaffeepreise

BRD ist mit Blumenimporten im Wert von 1,55 Mrd. DM (1989) Importland Nr.1. 72% der in der BRD gehandelten Blumen sind importiert. Dritte Welt-Länder treten zunehmend als Blumenproduzenten auf den Weltmarkt, ihr Anteil an den Blumenimporten in die BRD, der 1989 bei rund 4% lag, wird in Zukunft vermutlich steigen.

im Sommer 1989 entdeckten immer mehr Unternehmer und Kleinbauern in Kenia Blumen und Gemüse als Exportprodukte. Niedrige Löhne und günstige klimatische Bedingungen verschaffen Kostenvorteile auf dem Weltmarkt. Die Vision, das Land zum Wintergarten Europas zu machen, beherrscht die Politiker im Landwirtschaftsministerium Kenias. Doch die Hoffnung ist trügerisch: Schon jetzt ist die landwirtschaftlich nutzbare Fläche Kenias ausgeschöpft, mit zunehmender Nutzung des fruchtbaren Bodens für landwirtschaftliche Exportprodukte ist bei der wachsenden Bevölkerung mit ernsthaften Versorgungsengpässen bei Nahrungsmitteln zu rechnen.

Dessen ungeachtet expandiert die Blumenproduktion Kenias. Schon gehören die Blumen zu den vier wichtigsten Devisenbringern des Landes. 60% der kenianischen Blumen liefert Sulmac.

Das Unternehmen verfügt über gesicherte Absatzwege: Fünfmal in der Woche fliegt in der Hochsaison das deutsche Cargo-Unternehmen „German Air" die Strecke Nairobi-Frankfurt. Fünf Minuten entfernt vom Frankfurter Flughafen, in Kelsterbach, wird die schnell welkende Fracht umgeschlagen. Kelsterbach ist der größte Umschlagplatz für importierte Blumen in der BRD. Auch die Firma Kenya-Flowers hat hier ihren Sitz. Sie vermarktet fast 80% der Sulmac-Ernte, an Spitzentagen bis zu 8.000 Kartons. Der Jahresumsatz der Firma beläuft sich auf 52 Millionen DM. Sie ist jedoch wiederum nur eine Tochter der weltgrößten Blumenhanfelsfirma FLORIMEX, die ebenfalls ein Büro in Kelsterbach hat.

Kenya-Flowers verkauft an Großhändler in der BRD und im Ausland. Die Blumen werden bereits am fünften Tag, nachdem sie auf den Feldern am Naivasha-See geschnitten wurden, an den Einzelhandel ausgeliefert. Dort, im Blumenladen an der Ecke, wird eine solche Nelke für etwa 1,50 DM verkauft. Von der Sulmac-Farm bis in einen Frankfurter Blumenladen hat sich der Preis einer Nelke fast verzehnfacht.

Zum Beispiel: Frankfurt – Kolumbien

Die Deviseneinnahmen aus dem Blumenexport – 1989 waren es etwa 205 Millionen Dollar – und die durch die Blumenindustrie direkt und indirekt entstehenden Arbeitsplätze, die vom kolumbianischen Blumenunternehmerverband ASCOFLORES auf insgesamt 145.000 geschätzt werden, haben den agroindustriellen Blumenanbau zu einem wichtigen Wirtschaftszweig in Kolumbien werden lassen. 80% der in den Gewächshäusern der Blumenplantagen Beschäftigten sind Frauen. Für viele von ihnen bedeutet eine Anstellung zunächst einen sozialen Aufstieg. Gesundheitlich hingegen ist die Arbeit in den Gewächshäusern eine dauernde Belastung und lebensbedrohliche Gefährdung. Die hohe Luftfeuchtigkeit, Temperaturen bis zu 40 Grad bei schockartigen Wechseln mit der Außentemperatur und die gebückte oder einseitig gestreckte Arbeitshaltung der Frauen belasten den Körper der Frauen – 45 bis 48, in der Hochsaison bis zu 70 Stunden in der Woche. Die größte gesundheitliche Gefährdung entsteht jedoch durch den massiven Einsatz von Pestiziden.

Etwa zweimal wöchentlich wird in kolumbianischen Gewächshäusern gespritzt. Die Einhaltung gesetzlicher Vorschriften zur Minimierung der mit dem Pestizideinsatz verbundenen Gesundheitsrisiken kontrolliert niemand. Den Berichten kolumbianischer Blumenarbeiterinnen zufolge werden die Pestizide teilweise gespritzt, während sich die Arbeiterinnen im Gewächshaus aufhalten. Die Wartezeit von mehreren Stunden, bis sich die giftigen Nebel gelegt haben, wird in keinem Fall eingehalten. Schutzanzüge, Atemschutzmasken, Duschen und Handschuhe stehen nur unzureichend und dann meist nur den Männern, die die Pestizide ausbringen, zur Verfügung. Die Frauen sind den Giften weitgehend schutzlos ausgeliefert.

Als kurzfristige Folgen werden von den Arbeiterinnen Übelkeit, Erbrechen, Durchfall, Kopfschmerzen, Krämpfe und Atemlähmung genannt, die im Extremfall bis zum Koma und Tod führen können. Zu den möglichen Langzeitwirkungen – zu denen es bis heute keine wissenschaftliche Untersuchungen gibt – sind Allergien, Erbgutveränderungen, Mißbildungen von Embryonen bei Schwangeren, Fehlgeburten und Unfruchtbarkeit zu rechnen.

Der in Frankfurt ansässige Chemiekonzern Hoechst gehört zu den zehn größten Pestizid- Herstellern der Welt (1989) und hat auch bereits eine Tochterfirma in Kolumbiens Hauptstadt Bogota. Nach Auflistungen des Pestizid-Aktions-Netzwerks (PAN) werden mehrere von Hoechst vertriebene Pestizide im kolumbianischen Blumenanbau eingesetzt, zum Beispiel das Insektizid Triazophos: Es wird von der Weltgesundheitsorganisation (WHO) als „hoch gefährlich" eingestuft. Oder das von Hoechst unter dem Handelsnamen Thiodan vertrieben Insektizid Endosulfan. Es ist in der BRD zwar zugelassen, in mindestens zehn anderen Ländern aber aufgrund seiner Gefährlichkeit für Mensch und Natur verboten oder in der Anwendung streng beschränkt. In der WHO-Klassifikation als nur „mäßig gefährlich" eingestuft, zeigt es immerhin Vergiftungssymptome wie Kopfschmerzen, Schwindelgefühl, Desorientierung, Bauchschmerzen und Ohnmachtsanfälle.

Die katastrophale arbeitsrechtliche und gesundheitliche Situation der Blumenarbeiterinnen in Kolumbien, Kenia und anderen Ländern ist seit Mai 1991 Gegenstand der deutsch-österreichischen „Blumenkampagne". Die Informationskampagne, bei der sich die Menschenrechtsorganisation FIAN, terre des hommes, Terre des Femmes, Brot für die Welt, die Infostelle Kolumbien, die Frauensolidarität Wien und PAN zusammengeschlossen haben, fordert unter anderem die deutsche Chemieindustrie auf, ihre freiwillig eingegangenen Verpflichtungen einzuhalten. Denn auch die deutschen Unternehmen haben sich dem internationalen Verhaltenskodex der Landwirtschafts- und Ernährungsorganisation der Vereinten Nationen (FAO) unterworfen, in dem der Verkaufsstop und die Zurücknahme von Pestiziden gefordert wird, „wenn eine sichere Anwendung im Rahmen der Gebrauchsanleitung oder von Beschränkungen nicht möglich erscheint." (FAO-Kodex 5.2.3).

Am 12. September 1991 fand in Frankfurt der zweite „Runde Tisch zur sozialen und ökologischen Problematik des Schnittblumenanbaus" statt. An diesem von der Blumenkampagne initierten Gespräch nahmen neben dem Generalkonsul Kolumbiens, einem Vertreter des kolumbianischen Blumenunternehmerverbandes Asocolflores und einem Vertreter der kolumbianischen BlumenarbeiterInnen VertreterInnen des Industrieverbandes Agrar (IVA), der Firma Hoechst und der Firma Bayer teil. Zwar erklärten sich Hoechst und Bayer bereit, dem Trägerkreis der Kampagnen eine aktualisierte Liste der von ihnen nach Kolumbien exportierten Pestizide zur Verfügung zu stellen, doch Vereinbarungen zur Eliminierung des Risikos bei Pestizideinsätzen wurden nicht erzielt. Schließlich hat auch der IVA in seinem Antwortbrief auf die zahlreichen Anschreiben und Anfragen auch hinsichtlich möglicher Boykottaktionen im Rahmen der Blumenkampagne zu bedenken gegeben: „Dem möglichen Schaden beim Einsatz von Pflanzenschutzmitteln steht der Nutzen gegenüber, dem Risiko die Chance."

Gewiß, einem nützt der Einsatz von Pestiziden ganz unbetritten: der deutschen chemischen Industrie.

Des Schweißes der „Edlen", die sich auf dem bequemen, aber so nicht für alle reichenden Polster der freien Marktwirtschaft ausruhen, wäre es hingegen dringend wert, sich gerade darüber praktische Gedanken zu machen, wo ihre Weisheit sich bisher nicht hingewagt hat, nämlich in der Beantwortung der Frage (wenn schon kein Boykott), wie die Unternehmer in Kolumbien oder anderweitig dazu bewegt werden können, ihre derzeitige ungeschmälerte Rendite allmählich so zu investieren, daß sie sozialverträgliche Produktion finanziert in einem Sinne, wie das hier dem Kapital in der BRD auch vorgeschrieben ist. Haben da die Kirchen nicht schon oft den Mund gespitzt und das Pfeifen dann doch unterlassen?

Der Artikel wurde im Herbst 1991 abgeschlossen.

Esther Merz

Zum Himmel stinkt's

Die fliegende Dreckschleuder

Wartehalle Frankfurt Rhein-Main. Die kleinen Anzeigetafeln rattern. 80.000 Reisende verlassen sich – statistisch gesehen – täglich auf ihre Auskunft. Siebzig mal pro Stunde startet oder landeteine Maschine auf dem Frankfurter Flughafen. 240.000 Flugbewegungen sind es im Jahr, eine Erhöhung wird angestrebt.

Die Bilanz zeigt aber auch andere Zahlen: 6000 Tonnen Kohlenmonoxid, 2300 Tonnen organische Gase, 1200 Tonnen Stickoxide, 200 Tonnen Schwefeloxide sowie 90 Tonnen Staub hinterläßt der Flugverkehr jährlich im Frankfurter Raum. Zahlen, die Anfang der achtziger Jahre zu massivem Protest der Umweltbewußten gegen den Bau der Startbahn West führten. Sie warnten damals auch vor der Gefahr einer Klimaaufheizung durch die Flug-emissionen. Ende April 1990 wurden ihre Befürchtungen erneut wissenschaftlich bestätigt. Auf einer Tagung der Weltorganisation für Meteorologie stimmten die Teilnehmer überein, der Treibhauseffekt heize die Erdatmosphäre auf und die Klimaveränderung sei vom Menschen gemacht.

Einige Gründe der Erderwärmung listet die Autorin im folgenden auf und berücksichtigt dabei vor allem den Anteil des Flugverkehres. (Die Red.)

1. Ein Jumbo-Jet verbraucht durchschnittlich 16.000 Liter Kerosin pro Stunde, ein Militärflugzeug durchschnittlich 40.000 Liter pro Stunde. Der Energieaufwand eines Passagierflugzeuges für einen Personenkilometer ist damit 300mal so hoch wie der der Bahn und immer noch 30mal so hoch wie der enes schweren LKW. Während die Bahn jährlich 200 Millionen DM Steuern zahlt und ihre Betriebsanlagen selbst unterhalten muß, wird Flugunternehmen ihr Flugbenzin durch die wegfallende Treibstoffsteuer indirekt subventionert. Außerdem erhalten sie zinslose Staatskredite, die Flughafenanlagen werden aus Steuermitteln finanziert.

2. Rechnet man die Kilometer zusammen, die Autobesitzer jährlich weltweit zurücklegen, wurden 1960 insgesamt 250 Milliarden Kilometer gefahren. 1987 waren es bereits dreimal soviel, nämlich 660 Milliarden Kilometer. Im gleichen Zeitraum sank der Verkehrsanteil der Bahn von 16 auf sechs Prozent. Die Zahl der 2,5 Millionen Flugbewe-

gungen der derzeit weltweit 7000 Flugzeuge wird sich bis zum Jahr 2000 wahrscheinlich verdreifacht haben.

3. Bei den Flügen des Überschallflugzeuges Concorde, vor allem aber der Militärflugzeuge, bei der Raumfahrt und bei Atomteste entsteht der Hauptanteil von Gasen und Partikeln in der Stratosphäre, der Luftschicht ab etwa 15 Kilometer Höhe. Aus natürlichen Gründen steigen vergleichsweise wenig Gase und

Auszug aus einem Text von Eckhard Henscheid in: F.W.Bernstein — Bernd Eilert — Robert Gernhardt — Eckhard Henscheid — Peter Knorr — Chlodwig Poth — Hans Traxler — Friedrich Karl Waechter, „Die Neue Frankfurter Schule — 25 Jahre Scherz, Satire und schiefere Bedeutung aus Frankfurt am Main", hrsg. von WP Fahrenberg in Zusammenarbeit mit Armin Klein, Göttingen 1987, 582 Seiten. Dieses Buch versucht einen Einblick in die satirischen Bestrebungen der Neuen Frankfurter Schule zu geben—von der Adenauer-Karikatur bis zur „Birne"-Zeichnung, von der scharfsinnigen Zeitanalyse bis zum Nonsens à la „WimS" und Otto Waalkes, von der Wahrheit bis zur Barheit. Höhepunkte aus zweieinhalb Jahrzehnten — mit zahlreichen unveröffentlichten oder verschollen geglaubten Bildern und Texten. Im NDR wurde die Neue Frankfurter Schule als bedeutendstes Humorteam der letzten Jahrzehnte im deutschsprachigen Raum bezeichnet. Der Band, der auch zahlreiche ausgezeichnete Texte enthält, übertrifft mit seiner vergnüglichen, auch bitteren Präsentation ebenso jede BRD-Nachkriegsgeschichte wie jede kritische Darstellung des Verhältnisses von (Frankfurts) Bürgern zur Politik.

kfs

Partikel bis in diese Höhen auf. Einige Beispiele:

a) Kohlendioxid (CO_2) wird frei bei Verbrennung fossiler Energieträger und wird als Stofffwechselprodukt von den meisten Tieren ausgeschieden. Es ist zu 50 Prozent am Treibhauseffekt beteiligt. Bisher speicherte das Oberflächenwasser des Meeres Kohlendioxid, doch scheint es mittlerweile gesättigt. In der Atmospähre werden noch etwa 700 Millionen Tonnen gespeichert und in der Vegetation 800 Millionen Tonnen. In die obere Atmosphäre gelangt es fast ausschließlich durch Flugzeugabgase.

b) Methan CH_2 entsteht in Müllkippen, Sumpfsedimenten, polytrophen Seen und Reisfeldern durch anaerobe Bakterien, ist in fossilen Energieträgern und Biomasse gespeichert, entweicht aus lecken Gasleitungen und wird von den meisten Tieren ausgeschieden. Es ist ungefähr zu 19 Prozent am Treibhauseffekt beteiligt, hat eine Abbauzeit von zehn Jahren (in etwa 12 Kilometer Höhe von der Erdoberfläche) und erwärmt in naturbelassener Konzentration die Erde konstant um 0,8 Grad Celsius und wirkt der Abkühlung durch das Weltall entgegen.

c) Fluorchlorkohlenwasserstoffverbindungen (FCKW's) und Chlorfluormethane (CFM's) haben keine natürliche Quelle. Sie werden als Treib-, Lösungs-, Kühl- und Schäummittel verwendet und sind mit etwa 18 Prozent am Treibhauseffekt beteiligt. Je nach Arten der Verbindung werden sie in 50 – 100 Jahren abgebaut.

d) Stickstoffoxide (Lachgas N_2O) werden von Bakterien im wesentlichen aus künstlichen Stickstoffverbindungen an der Bodenoberfläche gebildet. Sie sind in fossilen Brennstoffen und in Biomasse gebunden. Sie sind zu sechs Prozent am Treibhauseffekt beteiligt und haben eine Abbauzeit von etwa 100 Jahren. Sie erwärmen die Erde in normaler Konzentration um 1,4 Grad Celsius.

e) Durch das Aufheizen der Erdatmosphäre entsteht immer mehr Wasserdampf H_2O, der in der Stratosphäre normalerweise nur in Spuren vorkommt. Bei der Verbrennung von einer Tonne Kerosin hinterlassen Flugzeuge in 15 Kilometer Höhe 1,5 Tonnen Wasserdampf. Seine Abbauzeit kann mehr als 100 Jahre dauern. Wasserdampf ist zu zwei Prozent am Treibhauseffekt beteiligt. Er erwärmt die Erde durch das Reflektieren von Lichtstrahlen.

Flug ins Desaster

4. Der Kerosinverbrauch der Flugzeuge verringert sich, je höher sie fliegen. In großen Höhen gibt es jedoch zu wenig Sauerstoff für die vollständige Kerosinverbrennung. Es entstehen also mehr Flugzeugabgase, die sich dort wegen des geringeren atmosphärischen Druckes länger halten. Durch starke Energiezufuhr der wenig abgeschwächten Sonneneinstrahlung (UVC) und der etwa 1300 Grad heißen Abgase reagieren die Stoffe verstärkt miteinander.

5. Flugzeuge hinterlassen einen Abgaskondensstreifen, der bei den in 7000 m Höhe niedrig geflogenen Inlandflügen als saurer Regen herunterkommt. Bei interkontinentaler Reisehöhe von 9000 bis 12000 m und bei den noch höher fliegenden Militärflugzeugen und der Concorde kristallisiert

der Kondensstreifen zu einer Circe. Durch die geringe Luftdichte dehnt sie sich auf etwa 100 Meter Durchmesser aus und bleibt in dieser Form jahrelang bestehen. Circen sind Formationen aus sehr großen Eiskristallen, durch die kurzwellige solare UVC-Strahlung dringen kann, langwellige UVA-Wärmeabstrahlung der Erde wird dagegen reflektiert. Von der Erde aus sind die Circen nicht zu sehen. Sie verhindern die innerstratosphärische Bewegung und verursachen einen Wärmestau, weil überflüssige Wärme nicht mehr ins All abgegeben werden kann.

6. Die meisten anderen Wolken verhindern zwar ebenfalls das Entweichen der Erdwärme, reflektieren aber auch solare Strahlung, weil sie aus kleineren Kristallen mit höherer Dichte bestehen. Sie verursachen also keinen Wärmestau.

7. Polare stratosphärische Wolken an sich sind ein durchaus natürliches Phänomen. Interkontinentalflüge werden wegen der kürzeren Wegstrecke häufig über polare Gebiete geflogen. Das hat zur Folge, daß eine etliche kilometerhohe Circenbarriere entsteht. Die Bewölkung nimmt um 20 Prozent zu und steigt auf sechs Kilometer Dicke an, was zu einem durch das Ozonloch begünstigten Wärmestau über den Polen führt, weil die langwellige Wärmestrahlung jetzt zwischen den Circen und dem zu 75 bis 90 Prozent reflektierenden Eis hin- und herreflektiert wird. Das unter starker Spannung stehende polare Eis schmilzt zwar nicht, wird aber mürbe und das Shelfeis, das Eis auf niedrigen Landzungen, bricht vom Pol. Außerdem schmelzen auch die Gletscher im Land, wie z. B. in der Tundra. Durch den massenhaften Wärmestau, zu dem die Interkontinentalflüge wesentlich beitragen, schmilzt das ewige Eis in den Wintermonaten. Die Wasservorräte, die aus diesen Süßwasserreserven der Gletscher gespeist werden, werden in den Sommermonaten dadurch knapper. Der Wasserdruck im Binnenland läßt damit nach, gleichzeitig wird die Gefahr der Grundwasserversalzung höher.

8. Über den zwölf deutschen Flughäfen werden jährlich unterhalb von zehn Kilometer 2500 Stunden Warteschleifen geflogen, dadurch fallen 2140 Tonnen NOx (Stickoxide) pro Jahr herunter. Die Circendecke erreicht das Volumen eines Großgewitters. Seit 1953 hat die Wolkenbedeckung in der BRD um etwa 3 / 8 zugenommen, wobei das meiste davon unsichtbar bleibt. Vor jeder Landung wird der vorgeschriebene Überschuß für Notflüge (etwa 1 / 4 mehr als das benötigte Kerosin) über der Flughafengegend abgelassen. In den umliegenden Wäldern verklebt es als Ölstaub die Spaltöffnungen der Blätter. Aus Sicherheitsgründen darf nicht mit großen Mengen des leicht entflammbaren Kerosins (Siedebereich 160-280 Grad C) im Tank gelandet werden.

Als die eigentliche Katastrophe der Erderwärmung prophezeien immer mehr Wissenschaftler das Schmelzen der Eiskappen. Diese Katastrophe liegt noch in der Zukunft. Doch die gestörte Luftzirkulation verursachte bereits einige Katastrophen.

(Der Artikel erschien zuerst in epd-Entwicklungspolitik 9 / 90)

Roland Mierzwa / Gisela Ossig

Flug-Fracht-Gut Tod

Rüstung made in Rhein-Main

Um Rüstungsaufträge für sein Bundesland warb der Hessische Ministerpräsident im letzten Jahr (gemeint ist die CDU / FDP - Regierung bis 1991. Die Red.)

Ihn wurmt, das Hessenland in Sachen Waffenherstellung erst unter ferner liefen zu sehen. An der Spitze liegen Bayern und Baden-Württemberg. Dabei gibt es dort kein Rhein-Main-Gebiet mit all seinen Standortvorteilen. Doch Walter Wallmann kann beruhigt sein. Die Firmen wissen die Region zu schätzen, besonders was den Vertrieb, dessen Organisation und die Zulieferung von kleinen, aber feinen Teilen angeht. Wolfgang Roth verweist in seinem Buch „Das Geschäft mit dem Tod“ auf Frankfurt als internationalen Verhandlungsort der Waffenhändler. Die Verbindung von Messe-, Hotel- und Kongreßzentren und internationalen Transportwegen über Luft, Schiene und Wasser ist dafür ideal: Das Rhein-Main-Gebiet – ein großer Supermarkt der Dienstleistungen und Zulieferungen für die Rüstungsindustrie.

Waffenschiebereien haben hier Tradition. Eine Bankfiliale, eine Anwaltskanzlei, ein Spediteur, ein Elektrokonzern und ein Bauunternehmen halfen der Neu-Isenburger Firma Otrag, ihr Raketengeschäft mit Zaire und Libyen abzuwickeln. Es geht aber auch anders: US-amerikanische Waffen gingen via Zaire an die angolanische Rebellenorganisation UNITA. Organisiert wurde der komplizierte Weg über St. Lucia und die kapverdischen Inseln von einem Büro in Frankfurt.

Ein ganzes Geflecht von Firmen sorgte für die Lieferung militärisch relevanter Raketentechnologie an Saudi-Arabien und Pakistan. Beide Länder ließen sich in der Vergangenheit aus Frankfurt auch hochoffiziell beliefern. Sie waren Kunden bei der Vebeg Verwertungsgesellscahft, die ausgemustertes Bundeswehrmaterial verkauft. Jährlich setzt die Gesellschaft etwa 60 Millionen Mark um.

Polizeiprogramme in Indonesien, Guatemala und auf den Philippinen zählt die Gesellschaft für Technische Zusammenarbeit zu ihren „Entwicklungsprojekten“. Die Kreditanstalt für Wiederaufbau finanzierte ein ozeanographisches Forschungsschiff für die kolumbianische Marine – um den Export von Tornados nach Jordanien bemühte sie sich vergeblich.

Im Direktversand

Saudi-Arabien bestellte Wasseraufbereitungsgeräte für die Versorgung der Truppe in Griesheim (Dynamics Devices Ltd.), Argentinien bezog die Stevenrohrabdichtungen für die U- Boote TR 1700 aus Kelkheim (Euroseals). Die Frankfurter Nord-Micro liefert Wärmetauscher für AMX-Kampfflugzeuge nach Brasilien. Die VDO Luftfahrtgeräte, Frankfurt, erhielt von Singapur einen Nachrüstauftrag für AMX- Panzer. Der Irak ließ sich aus Hofheim und Dreieich beliefern mit experimentellen Anlagen, Analysegeräten und einer für die Erforschung von Giftgasen brauchbaren Inhalationskammer.

Die Firma Fritz Werner, seit zwanzig Jahren wegen ihrer dauerhaft guten Verbindungen zu den wechselnden iranischen Regimes bekannt, gab schriftlich Anweisung, was allein über ihr Geschäft in Rhein-Main zu schreiben sei: „Was Fritz Werner Int. in Wiesbaden betrifft, so hat diese Gesellschaft ausschließlich Kunden aus dem Bereich der Leichtindustrie, nicht jedoch Schwerindustrie und Wehrtechnik, betreut. Das gleiche gilt für deren Beteiligungsgesellschaft MYANMA Fritz Werner (MFW) in Burma. Unsere Firma in Geisenheim wickelt Projekte in den verschiedensten Industriebereichen ab, auch im Bereich Wehrtechnik.“ Die Firma Fritz Werner unter „Rüstungsgeschäft in Rhein-Main“ zu erwähnen, würde folglich jeder Grundlage entbehren – die Zentrale ist in Geisenheim und damit im Rheingau.

Welche Bedeutung die Zulieferindustrie hat, zeigt das jetzige Zittern um den „Jäger 90“. 20.000 Arbeitsplätze hängen bundesweit von dem Vogel ab, davon 800 im Rhein-Main-Gebiet. Für den Tornado hatten etwa 30 Firmen und Unternehmen der Region Aufträge erhalten.

Die Zulieferer der Zulieferer, die Hersteller der Grundstoffe und Kleinstteile zu addieren, ist mühsam, doch oft geht auch ihr Verdienst am tödlichen Geschäft in die Millionen. Riemenscheiben, Türteile, Gelenkwellen, Gleitlager, Spezialrahmen, Zählgeräte, Plexiglas, Bremsgeräte sowie Gase für unterschiedlichste Verwendungszwecke werden jenen Rüstungsexporteuren zugeliefert, die offiziell gar keine sind: die Hersteller von Nutzfahrzeugen. Ungefähr 100.000 bundesdeutsche Fahrzeuge finden sich im Armeefuhrpark von mehr als 70 Nationen der Dritten Welt. Hinzukommen etwa 50.000 Stück schweres Gerät, die auf bundesdeutscher Chassis aufbauen oder sich auf Motor und Getriebe bundesdeutscher Firmen verlassen können. Uneinholbar vorne liegt die Daimler-Benz AG mit circa 75.000 Fahrzeugen und etwa 30.000 Stück Schwerlastverkehr.

Die Spezialrahmen für die 5- und 10-Tonner Laster stellt MAN in Gustavsburg bei Wiesbaden her. Vor vier Jahren las man von zwei Großaufträgen an die Firma: Die algerische Armee bestellte 300 Stück der schweren Fahrzeuge, die peruanische 160. Unentbehrlich sind die MAN-Lenkträger und Spezialrahmen auch für die Transportfahrzeuge, Wassertanker und Sattelschlepper Südafrikas.

Zuguterletzt der Abtransport

Im Rhein-Main-Gebiet versammelt sich die logistische Kompetenz, was die Exportorganisation bis hin zur Spezialverpackung der empfindlichen Produkte angeht. Exporterfahrung mit Rüstungsgütern haben die Firmen ATEGE und Kühne & Nagel mit Sitz in Frankfurt. Für die Beförderung sorgen Cargoflugzeuge der Lufthansa, sie finden auf Wunsch auch den Weg in den Iran.

Ria Makein, Gregor Böckermann, Heinz-Günter Lambertz und **Warren George Weis,** Friedensbewegte, weigerten sich, das Angebot des Amtsgerichtes Frankfurt anzunehmen, ihr Verfahren gegen Zahlung von je 500 Mark an eine gemeinnützige Einrichtung einzustellen. Auf diese Summe beliefen sich die Strafbefehle gegen die vier Mitglieder der Friedensbewegung, die am Karfreitag 1991 aus Protest gegen den Golfkrieg in die Rhein-Main Air Base der USA eingedrungen waren und dort einen Gottesdienst gefeiert hatten. Die Beteiligten wollten das Angebot des Gerichts nicht annehmen, »weil eine solche Verfahrens-Einstellung ein Beitrag zum Vergessen, zum Verdrängen wäre«. Sie müssen sich nun wegen Hausfriedensbruch vor dem Strafgericht verantworten.

NR. 15 · 15. AUGUST 1992 **Publik-Forum** · SEITE 9

Bilder der Lufthansa-Maschinen zeigt eine Broschüre der durch ihre Irangeschäfte bekannten Fritz Werner AG, Geisenheim.

aus: epd-Entwicklungspolitik 9 / 90.

Gastarbeiter am Samstag Vormittag

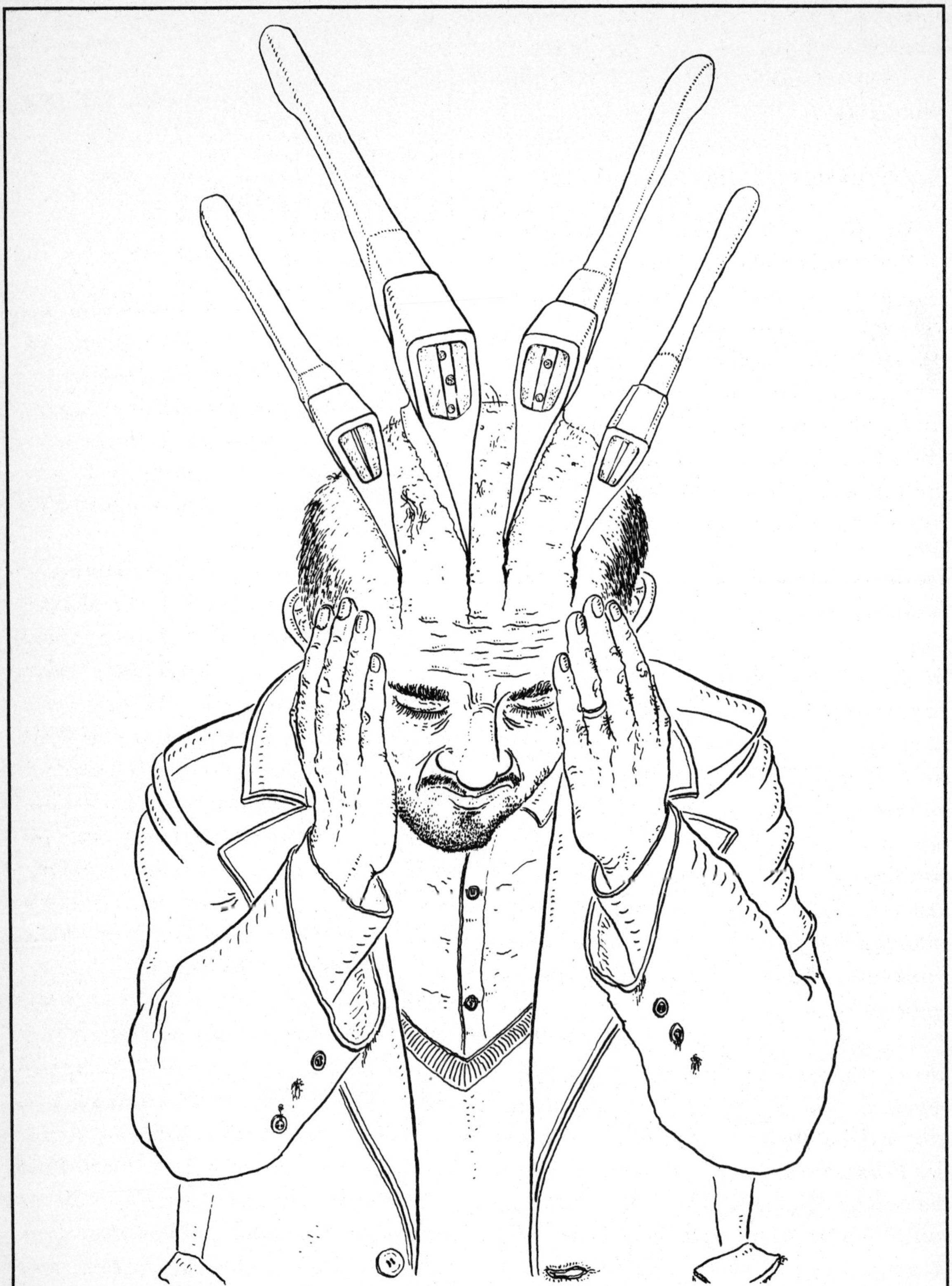

Der Flüchtling

Boris Scharlowski

Frankfurt im Krieg 1991

Der 15. Januar war für viele, glaubten sie nun an die Verheißungen der „Neuen Weltordnung“ oder nicht, ein Schock. Kaum waren die hehren Vorstellungen von der Rettung der kuwaitischen Demokratie demaskiert, stellte sich in aller Brisanz von neuem die Frage nach dem Verhältnis des Okzidents zu den Ländern des Trikont. Sollte ein chirurgischer Waffengang dieser Art zum Muster der neuen Konfliktlösungsstrategien im Umgang mit renitenten Regionalmächten werden? War bereits dies eine erste Kostprobe des mid-intensity-conflict genannten Modells? Welche Verantwortung trug die BRD an diesem grausamen Szenario, das sich allabendlich vor unseren Augen abspielte und das umso entsetzlicher war, als die wahren Grausamkeiten der Vorstellung anheimgestellt wurden?

Eben diese spezifisch deutsche Verantwortung galt es gerade deshalb zu erhellen, weil sich die BRD so elegant hinter der scheinbar neutralen Haltung des Financiers verstecken konnte. Über die ganze Republik verteilte Aktionen sollten offen darlegen, wie sehr der Reichtum eines Landes, das 30% seines Bruttosozialproduktes durch den Export erwirtschaftet und das nicht ohne Grund über eines der liberalsten Exportgesetze verfügt, auf dem Elend anderer Völker aufgebaut ist. Der Bereich der militärisch relevanten Exporte rückte damit als besonderer Skandal in den Mittelpunkt der von vielen Kriegsgegnern getragenen Aktionen und Protesten.

Eine Form des eher intellektuellen Protestes stellt der Aufruf der Mitglieder der ad-hoc Initiative „Internationaler Arbeitskreis Friedenspolitik“ dar. Sie setzte sich aus der Professur Pädagogik: Dritte Welt, dem Dritte Welt-Haus Frankfurt, dem Arbeitskreis Frauen aus aller Herren Länder und anderen zusammen. Verteilt auf Demonstrationen, verschickt an verschiedene Organisationen und abgedruckt in Publikationen, erreichte dieses Flugblatt ein breites Publikum.

Aber im Wirtschaftsraum Frankfurt gab es auch eine größere Anzahl solcher Aktionen: Blockiert wurden beispielsweise die Firmen VDO (Fankfurt), Rhema Labortechnik (Hofheim), Havard (Neuisenburg) und Karl Kolb (Dreieich). Allein sieben weitere, deren Geschäfte mit giftgasrelevanten Produkten erwiesen waren, hätten hier ebenfalls in den Genuß solch öffentlicher Beachtung kommen können. Von allen anderen Agenturen des Todes aus der Region einschließlich der Rüstungsbetriebe und ihrer Zulieferer, der Großbanken als Financiers und des Frankfurter Flughafens als logistischer Drehscheibe ganz zu schweigen.

Eine dieser Aktionen richtete sich gegen die katastrophalen Geschäftspraktiken der Firma Karl Kolb und deren ehemaliger Schwesterfirma Pilot Plant. Beide wurden sie von staatlicher Seite gedeckt. Getragen war die Aktion vom Februar 1991 von einem Bündnis der Friedensinitiative Dreieich und der Selbstorganisation der Zivildienstleistenden (SOdZDL). Der nachfolgende Text ist ein Originalredebeitrag. Er dokumentiert exemplarisch den Protest, von dem die meisten dieser Aktionen getragen worden sind.

Tabun und Filzpantoffeln

Wir befinden uns hier gegenüber der Firma Karl Kolb. Die Gebäude waren einige Zeit nahezu verlassen, die Geschäfte weitgehend eingestellt. Daß dies so war, ist nicht ohne Grund.

Vieles deutet darauf hin, daß hier eines der düstersten Kapitel deutscher Nachkriegsgeschichte geschrieben worden ist. Ein Kapitel, das dennoch in bester deutscher Tradition zu stehen scheint. In germanischer Konsequenz wurden der Giftgasangriff auf Zypern vor 75 Jahren, die Vergasung der Juden und die chemische Aufrüstung Libyens erst vor kurzem zu einem neuen „Höhepunkt" geführt. Wenn Tausende von Kurden bereits elendig verreckt sind, andere lebenden Leichen gleich ihr Leben fristen und Israel heute einen Giftgasangriff Iraks fürchtet, so ist nicht auszuschließen, daß sie all dies den Verantwortlichen dieser Firma mit zu verdanken haben.

Das Kapitel Karl Kolb / Pilot Plant ist aber auch unter einem anderen Aspekt interessant. Brüstet sich heute die Bundesregierung wohltönend damit, wie immer nichts von alledem gewußt zu haben, so zeigt sich hier, wie massiv gelogen wird.

Ich nehme mir einen Moment Zeit, die Geschehnisse, die sich hinter diesen Mauern ereigneten im einzelnen zu betrachten.

1983 wurde die Bundesregierung erstmals offiziell über die Giftgasambitionen der Karl Kolb und ihrer Schwester Pilot Plant im Irak unterrichtet. Niemand dürfte einen besseren Leumund in diesen Kreisen haben als der Informant: der CIA. Er mußte etliche Eingaben machen, bis daß sich die Bundesregierung dazu bemühte, die Spuren aufzunehmen. Geradezu genötigt leitet sie im Februar 1984 eine Außenwirtschaftsprüfung bei den beiden „Geschwistern" ein.

Als Ende März 1984 die beiden Firmen erstmals öffentlich in einer Zeitung genannt werden, hat die UNO bereits irakische Einsätze von Giftgas gegen iranische Soldaten bestätigt. Das erste Dementi der Aktivitäten der Karl Kolb / Pilot Plant kommt allerdings nicht von der Geschäftsleitung, sondern von seiten der Bundesregierung. Sie behauptet beharrlich, bei den Lieferungen nach Samarra in den Irak habe es sich lediglich um Teile einer Pflanzenschutzanlage gehandelt. Pilot Plant ist da schon etwas genauer: „(die) Herstellung des Nervengases Tabun sei nicht vorstellbar, könne aber nicht ausgeschlossen werden...".

Fragen wir uns also, wieso war die Bundesregierung bereit, sich so schnell selber schützend vor die beiden Firmen zu stellen? Mochte sie lediglich nicht, daß die BRD in Verbindung mit Giftgasproduktion gebracht werde?

Obwohl die Bundesregierung die Art der Lieferung nicht präzisieren kann, stellt sie im Mai 1984 fünf chemische Vorprodukte für die Giftgasherstellung unter „Genehmigungsvorbehalt".

War die Bundesregierung nur verunsichert, oder wußte sie etwa mehr, als sie zu wissen vorgab?

Im Juli 1984 werden neue Indizien bekannt: Die Chemikalien sind sowohl für die Pestizid- als auch für die Giftgasproduktion geeignet. Die mutmaßliche Produktionsstätte Samarra liegt dicht abgeschottet und von Flugabwehrraketen gesichert einige Kilometer von Bagdag entfernt in der Wüste.

Sollten hier nur Pestizide produziert werden?

Die Bundesregierung erkennt zunehmend die Tragweite der Affäre. Sie befürchtet, die wirtschaftlich so einträgliche Neutralität der Bundesrepublik zwischen Iran und Irak könne gefährdet sein. Massiv versucht sie jetzt, jeglichen Verdacht von sich abzuwaschen: Am 6.8.1984 wird scheinbar versucht, über eine Verschärfung des Außenwirtschaftsgesetzes die letzte Lieferung der Karl Kolb / Pilot Plant nach Irak zu unterbinden. Erreicht werden soll offensichtlich etwas anderes. Karl Kolb / Pilot Plant haben im Falle einer Verhinderung dieses Exportes Regressansprüche an die Bundesrepublik angekündigt. Beträge in Millionenhöhe stehen auf dem Spiel; ähnliche Forderungen anderer Zulieferer sind außerdem zu erwarten. Eigenartigerweise werden bei dieser Änderung des Außenwirtschaftsgesetzes die Formalitäten nicht eingehalten. Ohne Schwierigkeiten erstreiten die Geschwisterfirmen ein für sie positives Urteil. Aber die Frage, ob Anlagenteile für die Herstellung von Giftgas geliefert wurden oder nicht, wird nicht untersucht.

Auch die Bundesregierung war auf diese Weise fein raus: Weder hatte sie ihr Ansehen im Ausland riskiert, noch war sie genötigt, Regressansprüche zu begleichen. Die BRD blieb ihren Kunden treu.

Anfang 1985 entsendet das Bundesamt für Wirtschaft zwei Experten in den Irak. Die Unterscheidung zwischen Anlagen zur Herstellung von Pestiziden oder Giftgas ist schwierig. Obwohl einer der beiden Experten sogar vor der Reise noch zugibt, „keine Erfahrungen mit der Herstellung von Giftgas" zu haben, gilt deren Urteil, die Anlage sei „nicht zur Herstellung von Kampfstoffen geeignet".

Zu fragen bleibt: Wieso diese offensichtliche Unkenntnis der deutschen Experten?

Am 2.7.1987 gibt nun der Irak selber den Einsatz von Giftgas gegen iranische Soldaten zu. Am 17.3.1988 kommt es zum Giftgasangriff auf die kurdische Stadt Halabdscha, bei dem es 5000 Tote und 7000 Verletzte gibt. Das Giftgas kommt aus Samarra.

Pestizide und Giftgas, nur die auszurottende Gattung differiert.

Doch noch im Sommer 1989 wird das Außenwirtschaftsgesetz noch einmal entschärft. Lediglich der Export von „besonders geeigneten" Rüstungsgütern ist verboten.

Nachdem am 2.8.1990 der Irak in Kuwait einmarschiert ist, verändert sich auch in Deutschland die Gangart in Bezug auf die Rüstungslieferanten. Am 18.8.1990 veranlaßt die Staatsanwaltschaft Darmstadt die Festnahme von sieben Personen. Auch die Geschäftsführer der Karl Kolb werden eingeknastet. Diesmal beruft sich die Staatsanwaltschaft auf ein Schweizer Gutachten. Die gelieferte Anlage wird erstmals eindeutig als Giftgasfabrik identifiziert, Jahre nach den ersten Hinweisen also.

Es scheint, als sei das Kapitel Karl Kolb / Pilot Plant somit zu Ende geführt. Tatsächlich?

Stellen wir uns doch aber zuerst die Frage nach der Rolle der Bundesregierung. Wieso hielt diese sich so bedeckt, blockte, wie zu sehen war, Untersuchungen ab oder behinderte massiv die bedingungslose Aufklärung? Manches ist genannt:

1. Deutsches Giftgas, zumal wenn es Israel bedroht, ist international nicht „hoffähig".
2. Im ersten Golfkrieg war die BRD einer der größten Profiteure der Geschäfte mit dem Tod. Jegliches einseitige Engagement zugunsten einer der Kriegsparteien hätte immense wirtschaftliche Einbußen zur Folge gehabt.
3. Überall, wo es um Giftgasexporte ging, war auch die Bundesregierung direkt beteiligt. Sie war es mit:

– ihren 60 Millionen DM Subventionen an Hippenstiehl Immhausen;
– der entscheidenden Koordination der Lieferungen nach Rabta, Libyen, durch die bundeseigene Salzgitter AG;
– der Bestückung der Managerriege des anderen großen Giftgashändlers, der WET in Hamburg, mit BND-Agenten.

Die Neutralität des Staates, ein Märchen aus 1001 Nacht. Oder legal ist, was vom Staat legitimiert ist.

Das letzte Kapitel der Karl Kolb, es wird noch geschrieben. Die Karl Kolb, sie ist zäh. Wenige Wochen nach ihrer Verhaftung werden ihre Geschäftsführer wieder auf freien Fuß gesetzt. Nicht einmal die Geschäfte schienen gelitten zu haben. Inoffiziell ist bekannt, daß sie auch noch zu Zeiten des Embargos wieder in den Irak geliefert hat. Wieder mischt sie also mit, streut ihren „Segen" unter dem Firmenmotto „serving mankind", der Menschheit dienen, in alle Welt.

Festzustellen bleibt: Rüstungsexporte lassen sich nicht kontrollieren. Wir fordern deshalb die sofortige Einstellung jeglicher Rüstungsproduktion. Die Bundeswehr als einer ihrer besten Kunden muß abgeschafft werden.

WAR AT THE GULF *LIVE*

Der unfaßbare Krieg

Rund um die Uhr sind wir mitten im Krieg - live dabei und erfahren doch weniger als je zuvor. Der unwirkliche High-Tech-Krieg auf dem Bildschirm scheint außer Saddam Hussein keine menschlichen Gegner mehr zu kennen. Täglich übersteigt das Geschehen alles Vorstellbare, seine beschreibende Sprache macht sprachlos.

Gemeinsam mit der pausenlosen Bombardierung irakischer Städte und Menschen wird scheinbar im Interesse der Vernunft alles vernünftige, humanitäre Denken gezielt zerstört. Es heißt, der Krieg gegen die "Weltbedrohung durch Saddam Hussein" (O-Ton ARD) müsse sein - leider. Die, die den Krieg begannen, sagen gleichzeitig, daß sie ihn nicht führen wollten, sie scheinen außerhalb jeder Verantwortung zu stehen. Schuld hat das "Tier von Bagdad" (O-Ton Bild) und unverantwortlich handeln die, die gegen den Krieg auf die Straße gehen. Weil sie nicht verhindert hätten, daß Saddam Hussein mit Giftgas und umfangreicher Waffentechnik beliefert wurde, macht man in beispielloser Umkehrung der Wirklichkeit diejenigen verantwortlich, die gegen das Entsetzliche protestieren. Keine Rede von den Behörden oder der Politik, die über Zusammenarbeit und Exporte entscheiden, ganz zu schweigen von den Lieferanten der tödlichen Waren, die davon profitierten und profitieren und nie dafür belangt wurden. Durch ständige Wiederholung scheint es zu gelingen, nicht die Kriegsführer, sondern den Protest dagegen als den eigentlichen Heuchler zu denunzieren.

Verschwunden ist das Wissen, daß die "Weltbedrohung" Saddam Hussein im Krieg des Irak gegen den Iran der diskret geschätzte Kunde der 'Alliierten' war, der das Rüstungsgeschäft förderte und den 'islamischen Fundamentalismus' in seine Schranken verwies. Die frühere 'Freundschaft' und Unterstützung durch die Sowjetunion wurde nahtlos von den Westmächten abgelöst, der Kontakt mit Saddam Hussein bewährte sich. Er wurde weder durch das Wissen um die brutale Verfolgung der irakischen Opposition beeinträchtigt, noch durch die grausame Vernichtungspolitik gegen die Kurden. Bilder von 5000 vergasten Kurden in der Stadt Halabja haben nicht nur das innige Verhältnis der deutschen Wirtschaft und Politik zum Irak nicht getrübt, sie haben das tödliche Geschäft sogar noch gefördert. Daher wurden auch die Asylbegehren der vor dem Vernichtungsfeldzug geflohenen Kurden in der Bundesrepublik nur mit zynischer Ignoranz beantwortet.
Jetzt plötzlich entsinnen sich die 'Alliierten' der Kurdenmassaker, um ihre eigentliche Barbarei der Bombadierung mit dem Hinweis auf die Barbarei Saddam Husseins zu begründen, ja ihre tödlichen Operationen gar als Befreiungsschlag auch in Solidarität mit den Kurden zu rechtfertigen. Wen stört dabei, daß vor wenigen Tagen die amerikanische Bombardierung der kurdischen Stadt Zakho im nördlichen Irak mindestens 400 Menschenleben gekostet hat ? Daß Kurden weiter in der Bundesrepublik vor der drohenden Abschiebung zittern müssen ?
Widerspruch und Empörung setzen Gedächtnis voraus, der Raubzug gegen die Erinnerung vernichtet alle Moral. Menschliche Gefühle und Ethik dienen nur noch dem strategischen Kalkül - die Vorführung von Kriegsgefangenen und der empörte Hinweis auf die Genfer Konvention ebenso wie die flächendeckende Bombardierung selbst von Atommeilern bei der Behauptung, die Verluste unter der Zivilbevölkerung möglichst gering zu halten.

Die Vernichtung der Erinnerung ist die Vernichtung der Menschlichkeit, denn Erinnerung ist der Maßstab, ohne den Handeln ohne Beurteilung bleibt, reines Handeln. So wird selbst das Morden seiner moralischen Verwerflichkeit beraubt und zum reinen physischen Vorgang.
Der Mord an der Erinnerung geschieht von allen Seiten. Der vor einem Jahr noch säkulare Diktator Saddam Hussein gibt sich plötzlich als frommer Moslem

und seine Machtpolitik gar als heiligen Krieg gegen die Ungläubigen aus. Ebenso wird der Krieg gegen ihn als Kampf gegen eine diffus bestimmte und geschürte 'islamische Bedrohung' ausgegeben. Die Welt wird in Licht und Finsternis geteilt, der Krieg der Gerechten gilt als "Strafaktion" (O-Ton Wörner) gegen die dunklen Mächte des Bösen, den selbständigen Machtanspruch Saddam Husseins, aber auch gegen die 'gewalttätigen Araber' insgesamt, die sich der Unterwerfung unter die Herrschaft der herrschenden Logik verweigern, nämlich der des Westens.
Es macht die Zerstörung der Erinnerung vollständig, daß nun Saddam Hussein zur Kristallisationsfigur vieler Unterdrückter in der ganzen 'Dritten' Welt gerät, als ob die Verzweifelten ihre eigenen Mörder um Rettung anflehen wollten. Das Aufbegehren gegen den allmächtigen Westen und seine tödliche Logik muß scheitern, weil seine Hoffnung schon längst verraten und verkauft ist. Ohnmächtig, ohne Macht sind die Verdammten dieser Erde.

Triumph des Verrats sind die Solidarbezeugungen südafrikanischer, rechtsradikaler Buren und deutscher Faschisten, die sich mit Saddam Hussein im Rassismus und dem gemeinsamen Haß auf die Juden verbunden fühlen.
Und so wird plötzlich das Undenkbare, das Unfaßbare, das Unaussprechliche nicht nur wirklich, sondern beinahe zum Propagandainstrument: Holocaustopfer sitzen mit Gasmasken in abgedichteten Häusern und zittern in Todesangst vor dem mit deutscher Hilfe produzierten Gas. Es wird zum scheinbar emotionalen, aber letztlich bloßen "Argument", um Deutsche dazu zu bringen, den Massenmord im Irak zu finanzieren, ja sich zu beteiligen.

Ende der Vorstellungskraft, Ende der Sprache, Anfang des Entsetzens, das keinen Rand mehr kennt. Weil es das Entsetzen selbst nicht mehr kennt, nur noch glatte Bilder, "Nachrichten".
Da wirken Proteste nicht wegen ihres moralischen Anspruchs störend, den alle formulieren, der aber keine Bedeutung mehr hat, nein wegen ihrer Wirklichkeit, ihrer Lebendigkeit selbst. Weil dort auf einmal sinnlich wird, daß etwas geschieht, daß alles sich verändert hat. Der Bildschirmkrieg ist wie ein Computerspiel: er verlangt ganze Aufmerksamkeit, erhöht den Adrenalinspiegel und kostet alle Nerven - aber er hinterläßt keine Spuren. Nach Abschalten des Geräts ist alles beendet und nichts mehr sichtbar, die produzierten Gefühle sind zeitlich begrenzt.
Die sichtbaren Proteste auf der Straße stören, weil sie lebendig machen, was man nicht fassen soll. Gerade weil alle Bilder und "Nachrichten" über die Opfer fehlen, muß die Vorstellungskraft sie ersetzen, die nur eine menschliche, mitfühlende sein kann.

Sie werden die Proteste vertreiben und die Straßen leerprügeln wollen. In diesem Krieg droht das lebendige Leben selbst vernichtet zu werden.

Stoppt den Krieg sofort !
Durchbrecht die Normalität !

Für eine internationale Friedensinitiative gegen den Golfkrieg:
Amanullah Abdul (Päd.3.Welt), Tom Beier, Michael Jäger, Beate Jonas, Ansgar Koschel, Mahana Rogate (Päd.3.Welt), Eva Schäfer, Hildegard Scheu (Päd. 3.Welt) Nausikaa Schirilla, Hildegard Schürings (AK Frauen aus aller Herren Länder), Carmen zur Strassen-Seguin, Monika Treber (Christliche Initiative "Zentrum für internationales Lernen")
25.1.1991

Usche Merk
medico international
Obermainanlage 7 · 6000 Frankfurt 1
Tel: 069/4990041

Prof.Patrick Dias
Pädagogik:Dritte Welt
Universität Frankfurt

ERZIEHUNG · ENTWICKLUNG · DRITTE WELT

Ines Franke
IN FRANKFURT
AK Frauen aus aller Herren Länder

Karl Otterbein

Droge(n)-Markt

Lateinamerikanerinnen hinter Mauer und Stacheldraht

800 Gramm Heroin, acht Pfund Kokain und 55 Kilo Marihuana wurden 1989 auf dem Frankfurter Flughafen beschlagnahmt. Eine außergewöhnlich bescheidene Menge zu den 1,4 Tonnen Kokain, die im selben Jahr bundesweit sichergestellt wurden. Trotzdem gilt Frankfurt neben Amsterdam als Europas größter Umschlagplatz für harte Drogen. Das Bundeskriminalamt erklärt die geringen Funde: Die Großdealer meiden mittlerweile den Flughafen Rhein-Main wie der Teufel das Weihwasser. Der internationale Handel mit der Droge hat sich auf den Seeweg verlagert. Von der spanischen Küste fahren Transportunternehmen den Stoff in die Metropolen – vor allem nach Frankfurt. Frankfurts Wohnungen und Keller sind als Lager weiterhin beliebt, Bezieher hoher Einkommen in der Stadt und im angrenzenden wohlhabenden Main-Taunus-Kreis als freudige Drogenkonsumenten ebenso und für die Drogengewinne Frankfurts Banken als Geldwaschanlage wohl auch.

Alles schreit nach Drogenbekämpfung, aber seitens der Banken sind Vorschläge in eigener Sache bisher ausgeblieben. Es lebt sich auch so gut mit dieser Wachstumsspritze (die ja auch deutschen Chemiefirmen zu Exporten für die Kokaküchen verhilft), wenn nur nicht das blutige Elend der Abhängigen z.B. in der B-Ebene der S-Bahn-Station Taunusanlge bereits fast direkt die Fassade der Zentrale der Deutschen Bank bekleckern würde...

Unsichtbar, nach außen wahrlich gut abgeschirmt, aber für die Bewohner der Oberen Kreuzäckerstraße, im Stadtteil Preungesheim, gelegentlich hörbar, ist in Frankfurt ein Mikrokosmos entstanden, in dem sich sowohl seine Bedeutung als Finanzplatz und Drehkreuz des internationalen Flugverkehrs als auch die Schuldenproblematik der Dritten Welt widerspiegeln.

Abends, wenn die inhaftierten Drogenschmugglerinnen von den anstaltseigenen Arbeitsplätzen in ihre Zellen zurückgekehrt sind, kann man dort je nach Windrichtung und allgemeinem Lärmpegel an der spanisch geführten Kommunikation zwischen den einzelnen Gefängnisblöcken teilnehmen. Mit rund 80 vorwiegend aus Südamerika stammenden, wegen ihrer geduldigen Übernahme von Transportlasten auch „Mulas“ („Mauleselinnen“) genannten Drogenkurierinnen rangiert die Frauenhaftanstalt Preungesheim an der Spitze der bundesdeutschen Gefängnisse. Diese Vorrangstellung Frankfurts entspricht der Bedeutung des Flughafens, der vor allem auch als wichtiger Umsteigeplatz gilt und der Drogenfahndung zusätzliche Zugriffsmöglichkeiten bietet.

Aber schon der Zeitpunkt des erstmaligen Auftretens von Kokainschmugglerinnen deutet weitere Zusammenhänge zwischen Frankfurts Rolle in der Weltwirtschaft und dem Drogenproblem an. Erst seit 1982 / 83 gehen mit steigender Tendenz „Mulas“ der Zollfahndung ins Netz. Ihr Auftreten fällt zusammen mit der Verschärfung der internationalen Schuldenkrise, die gerade in Lateinamerika weite Bevölkerungsteile verarmen läßt und den Drogenkartellen die Rekrutierung von Kokainschmugglern / innen erleichtert.

So stieg nach einer vom Bundeskriminalamt erstellten Statistik die Menge des in der Bundesrepublik sichergestellten Kokains deutlich von 30 kg im Jahr 1982 auf 500 kg im Jahr 1988 an. Auf der Nachfrageseite ist bei uns seit Anfang der 80-er Jahre zudem ein Markt für Kokain entstanden, das als Wohlstandsdroge gerade unter Börsenjobbern Verbreitung findet. Im Unterschied zum Heroin macht das ausschließlich in Lateinamerika produzierte Kokain, dessen Anteil am Drogenmarkt auf 20 Prozent geschätzt wird, nicht körperlich abhängig und kommt damit der Lebensphilosophie der Erfolgreichen entgegen, die, wie es García Marquez ausdrückt, in der durch Werbung stimulierten Suche nach außergewöhlichen Eigenschaften besteht und auch im Gefühlsleben nach immer „mehr“ strebt.

Und wieso sollte gerade das in den reichen Ländern nach weitgehender Deckung der Konsumbedürfnisse immer wichtiger werdende seelische Wohlbefinden dem Triumpf des Marktes verschlossen bleiben? Immerhin hat die auf diesen Bereich bezogene Pharmawerbung schon lange bewiesen, daß der Verbraucher bei seiner autonomen Kaufentscheidung gut „verpackten“ Argumenten zugänglich ist, und sollten dabei Probleme auftreten, wie etwa in den US-amerikanischen Großstädten, gibt es ja noch das zeitgemäße Instrumentarium der angebotsorientierten Wirtschaftspolitik: Man sendet Militärs, die seit dem Auseinanderbrechen des Warschauer Paktes mit dem Preisverfall bei der von ihnen „produzierten“ Sicherheit zu kämpfen haben, in die Anbauländer und läßt sie die Kokapflanzer davon „überzeugen“, daß sie mit einem verminderten Angebot die Sicherheit in den Großstädten der reichen Industrieländer erhöhen sollen.

Frankfurt hat aber auch als wichtigster Bankenplatz der Bundesrepublik mit dem Kokainschmuggel zu tun. Das Engagement westdeutscher Banken im internationalen Finanzgeschäft hat seit Anfang der 80-er Jahre solche Dimensionen angenommen, daß sie nicht nur wegen der Höhe ihrer Forderungen, sondern auch wegen ihrer hohen Einlagen bei den amerikanischen Banken von der Aufrechterhaltung der gegenwärtigen Kreditbeziehungen abhängig sind.

Immerhin erhöhten sich in den ersten vier Jahren seit Ausbruch der Schuldenkrise Ende 1982 die Auslandsaktiva deutscher Banken um 70 Prozent auf 353 Mrd. DM. Im gleichen Zeitraum ist der Gesamtindex der Weltrohstoffpreise von 290 auf 112 Punkte zurückgegangen.

Nach Schätzungen der Vereinten Nationen sind Drogen mit jährlich 500 Mrd. Dollar nach Waffen und Erdöl zum wichtigsten internationalen Handelsgut geworden. Insbesondere die südamerikanischen Länder Bolivien, Kolumbien und Peru müßten ohne das Kokaingeschäft ihren Schuldendienst einstellen. Für Kolumbien hat die US-amerikanische Drogenbehörde DEA errechnet, daß von dem Jahresgewinn der Drogenkartelle in Höhe von 50 Mrd. Dollar nur ein Zehntel in die Volkswirtschaft fließt und für Zinszahlungen verfügbar ist. Der Hauptteil der Summe werde danach über das internationale Bankensystem im Ausland investiert.

Den gefährlichsten Teil der für die Erhaltung des status quo wichtigen „Exportanstrengungen“ übernehmen die Drogenschmugglerinnen. Für sie, die häufig als alleinerziehende Mütter in den städtischen Elendsquartieren eine mehrköpfige Familie ernähren und im Gefolge der vom IWF verordneten Sparprogramme mehr Geld für Ausbildung oder medizinische Versorgung aufbringen müssen, erscheint der mit 1.000 bis 2.000 Dollar entlohnte Kurz-Trip nach Europa als Chance ihres Lebens. Skrupel sind ihnen dabei fremd, da die Kulturpflanze Koka seit der präkolumbianischen Zeit in den Anden Teil der kulturellen Identität ist.

Erst vor 130 Jahren wurde von Wissenschaftlern Kokain als eines von vierzehn Alkaloiden der Kokablätter entdeckt. Das in den Andenstaaten weit verbreitete Kauen der Blätter dieser anspruchslosen Pflanze kann daher auch nicht mit der Drogensucht der Industrieländer in Verbindung gebracht werden. Folglich löst die Rauschgiftszene am Frankfurter Hauptbahnhof oder in der Taunusanlage bei den „Mulas“, wie von ihren Betreuerinnen bestätigt, blankes Entsetzen aus. Selbst wenn sie wissen, wie scharf die Behörden in der Bundesrepublik Drogenvergehen verfolgen, schätzen sie das Risiko meist falsch ein. Da ihnen bisher im Umgang mit der Polizei nur die Mechanismen der Bestechungskultur vertraut waren, nach denen alles, auch das Risiko des Erwischtwerdens, durch Geld und Beziehungen gelöst werden kann, tritt den „Mulas“ hier der Rechsstaat scharf entgegen.

Eine durchschnittliche Haftdauer von zwei bis drei Jahren muß vor allem den Müttern minderjähriger Kinder als überaus hart erscheinen, selbst wenn die Lateinamerikanerinnen dem Vollzugspersonal im Unterschied zu den Gefangenen deutscher und sonstiger Nationalität durchweg freundlich und häufig auch gut gelaunt erscheinen. Aufgrund ihres gemeinsamen gesellschaftlichen und kulturellen Hintergrundes neigen sie zur Gruppenbildung und sind bestrebt, persönliche Probleme intern zu lösen.

Es wird ein kulturspezifisches „Familiengefühl“ vermittelt, indem sie betonen, daß etwaige Schwierigkeiten gemeinsam zu bewältigen sind. Angesichts der seelischen Belastungen, die allein die Sorge um das zumeist ungewisse Schicksal ihrer zurückgelassenen Kinder und die spärlichen Briefkontakte zu ihren Verwandten oder Freunden bereiten, muß allerdings von einer enormen psychischen Verdrängung der Lateinamerikanerinnen ausgegangen werden. Dem Bewachungspersonal fällt es unabhängig davon leichter, statt von Depressionen und Selbstvorwürfen geplagte Gefangene, scheinbar heitere Frauen einzuschließen.

Für die von den Bemühungen des früheren hessischen Generalstaatsanwaltes Fritz Bauer und der ehemaligen Gefängnisdirektorin Helga Einsele um einen humanen Strafvollzug geprägte Frauenvollzugsanstalt Preungesheim bleibt jedoch gerade die so wichtige Frage der Resozialisierung ungelöst: Wie sollen Frauen aus einem anderen Kulturkreis, die unmittelbar nach Verbüßung ihrer Haftstrafe in ihr Heimatland abgeschoben werden und die aufgrund ihrer eigenen existenziellen Probleme wenig Reue bewirkende Einsichten in die sozialen Probleme einer ihnen gänzlich fremden Wohlstandgesellschaft gewonnen haben, auf die Freiheit vorbereitet werden?

Immerhin werden im neugeschaffenen Amt für multikulturelle Angelegenheiten der Stadt Frankfurt inzwischen Überlegungen angestellt, wie man durch gezielte Qualifizierungsmaßnahmen die Wiedereingliederung der Frauen erleichtern und einem neuerlichen, aus materieller Not heraus begangenen Rückfall verhindern kann. Es ist nur zu hoffen, daß dabei einzuschlagende unkonventionelle Wege nicht durch bundesdeutsche Ausbildungs- und Prüfungsbestimmungen versperrt werden.

So wären bei dieser Zielgruppe, und zahlreiche Frauenprojekte in den Großstädten der Dritten Welt belegen es, etwa Nähkurse und eine Nähmaschine als Abschiedsgeschenk bestens angelegte Entwicklungshilfe, vielleicht ließen sich ja die dafür benötigten bescheidenen Mittel aus den von der Gesundheitsministerin Hasselfeldt in diesem Jahr zur Drogenbekämpfung bereitgestellten 55 Millionen Mark abzweigen. Schließlich ist davon knapp die Hälfte für Werbung und Informationsbroschüren vorgesehen, und wer könnte nach den erlittenen Entbehrungen gezielter über die Risiken des Kokainschmuggels aufklären als die in die Heimat zurückgekehrten „Mulas“?

Der Beitrag erschien erstmals in epd-Entwicklungspolitik 9/90. Er wurde geringfügig aktualisiert.

Ulla Bauchrowitz / Karl Otterbein

Das Frankfurt-Anden-Kartell

Kokaindrehscheibe Frankfurt / Main

Frankfurt am Main ist eine Drehscheibe des internationalen Drogenhandels. Dabei übertrifft mittlerweile die Menge beschlagnahmten Kokains die des beschlagnahmten Heroins. Auch wenn heutzutage große Mengen an Kokain aus Südamerika zunächst in spanischen Häfen landen, wird noch immer ein Großteil über den Frankfurter Flughafen geschmuggelt. Dieser ist dabei immer häufiger nicht nur Durchgangsstation, sondern Endpunkt des Drogenhandels. Denn Frankfurt ist zugleich Drehscheibe des Handels mit Kokain in der BRD.

War vormals der weiße Schnee eine Gelegenheitsdelikatesse von Schickimickis, so ist er mittlerweile zum Haschisch der 80-er Jahre avanciert. Nicht mehr nur Aufputschmittel für Bänker, Manager und Künstler, hat Kokain längst Einzug in Diskotheken, ja sogar Schulen gehalten. Für die Jugendlichen verkörpert die „Champagner-Droge" den heutigen Zeitgeist. Gut-drauf-sein und am Wochenende nächtelang durchhalten zu können, ist alles. Dabei verfallen sie dem das Kokain umrankenden Mythos von Erfolg, Macht und Sex. Daß auch Kokain entgegen weitläufiger Meinung bei Dauerkonsum – zumindest psychisch – abhängig machen kann, wird meist ignoriert. Am Ende stehen Depressionen und Wahnvorstellungen, die nicht selten den Tod durch Selbstmord zur Folge haben. Dies ist die eine Seite der Medaillle.

Coca-Blätter wurden schon vor ca. 3000 Jahren von den Ureinwohnern Perus gekaut, um ihnen Ausdauer zu verschaffen. von den Spaniern wurden sie den Indios verabreicht, damit diese die harte Arbeit in den Bergwerken aushielten. Auch heute noch kauen die Indios Coca, um Müdigkeit und Hunger zu überwinden. Das in modernen Zeiten daraus isolierte Kokain verhilft den heutigen Kids zu mehr Durchhaltevermögen für lange Diskonächte. Dort in den Ursprungsländern Südamerikas bedeutet Coca Tradition, hier in der sogenannten Ersten Welt ist Kokain „in".

Auf der anderen Seite der Medaille steht die Organisationsstruktur des Kokainhandels, aufgeteilt in die „winner" und die „looser". Zu den ersteren gehören die Drogenbosse, etwa des Medellín-Kartells. Sie sitzen unbehelligt in ihren Villen im Taunus, fast immer mit „sauberem" Image. Sie halten ihre Verbindungen teilweise bis in die obersten Chefetagen bundesdeutscher Unternehmen.

Die Verteilung des Stoffes „aus dem die Träume sind" ist bestens organisiert in den Händen jugoslawischer Banden. Selten fliegen Händler bzw. Hintermänner auf. Zu perfekt ist zum einen das Repertoire an Einschüchterungsmethoden; zum anderen reden die Konsumenten meist auch deshalb nicht, weil es – beispielsweise bei Bänkern oder Managern – eine soziale Stellung zu verlieren gibt. Darüberhinaus werden Ermittlungen der Drogenpolizei durch die Tatsache erschwert, daß es keine offene Szene wie etwa beim Heroin gibt. Auch Beschaffungskriminalität kommt bislang kaum vor. Anbetracht der Tatsache, daß die Kokainkonsumenten immer jünger werden, wird sie jedoch zunehmen.

Auf der „looser"-Seite stehen die KurierInnen, die bei dem Versuch, das Kokain aus Kolumbien und anderen Ländern Südamerikas nach Deutschland zu schmuggeln nicht nur ihre Freiheit, sondern oftmals ihr Leben aufs Spiel setzen. Für ca. 1000 $ transportieren die zumeist aus äußerst armen Verhältnissen stammenden SüdamerikanerInnen den Stoff nach Deutschland. Nicht selten schlucken sie mit Kokain gefüllte Kondome. Für so manchen, dem so ein Präservativ im Magen oder Darm platzt, kommt dann jede Hilfe zu spät. Auch sonst sind sich die KurierInnen des hohen Risikos, überführt zu werden, nicht bewußt. Die Hoffnung, ihre triste Lage und die ihrer Familien mit dem Lohn aus solch einem Drogenschmuggel bessern zu können, endet in vielen Fällen in deutschen Gefängnissen. Der Gefahr des Auffliegens ihrer KurierInnen sind sich die Hintermänner jedoch sehr wohl bewußt. Aber bei den Mengen, die insgesamt auf diesem Wege durchkommen, ist ein verlorener Kurier unbedeutend. Und menschliche Schicksale interessieren die Drogenbosse und deren Gefolgsleute nicht.

Der Text wurde im Herbst 1991 abgeschlossen.

Seite 16 · Frankfurter Rundschau Samstag, 22. August 1992

Banker gegen Rauschgiftsüchtige

Schreiben an OB unterstützt die neue städtische Drogenpolitik

Die Banker machen gegen die offene Drogenszene mobil. Ein Schreiben des Bezirkspersonalrats der Landeszentralbank in Hessen vom 23. Juli, in dem der Oberbürgermeister aufgefordert wurde, „die Taunusanlage wieder zu einem der Allgemeinheit zugänglichen Erholungsraum zu machen", wird von den Personal- und Betriebsräten der Deutschen Girozentrale, der Deutschen Hypothekenbank, der Deutschen Bau- und Bodenbank, der Westdeutschen Landesbank, der Schweizerischen Kreditanstalt, der Hessischen Landesbank und der Rheinischen Hypothekenbank unterstützt.

„Mit Befriedigung haben wir von dem neuen Drogenkonzept der Polizei Kenntnis genommen, mit dem die Szene ausgetrocknet werden soll und das gemeinsam mit den gesundheitspolitischen Bemühungen der Stadt zu einer Beseitigung der unhaltbaren Zustände führen soll", heißt es im Schreiben des Bezirkspersonalrats der Landeszentralbank vom 23. Juli, das erst jetzt veröffentlicht wurde.

In einem zweiten Schreiben vom 20. August macht der Bezirkspersonalrat den OB darauf aufmerksam, daß nun auch die „in unserer Nachbarschaft domizilierenden Firmen" die Forderung nach einer Räumung der offenen Szene in der Taunusanlage mittrügen. Obwohl die Zahl der Rauschgiftabhängigen dort erkennbar zurückgegangen sei, sei „das grundsätzliche Problem" nicht gelöst. Seit Jahren fühlten sich die Mitarbeiter bedroht, die Nutzung der Taunusanlage in der Mittagspause sei fast unmöglich. ft

Boris Scharlowski

Charter in die Hölle

Der Tourismusboykott Türkei

1990 gründete sich unter maßgeblicher Beteiligung von medico international, Frankfurt, ein Zusammenschluß aus verschiedenen, zumeist kurdischen Exilkomitees mit dem Ziel der Organisation eines Tourismusboykotts gegenüber der Türkei. Ihr Motto: „Boykottiert die Türkei – schaut auf Kurdistan". In einem offenen Brief an die größten deutschen Reiseveranstalter heißt es: „Urlaub im Sinne von kultureller Begegnung kann sich nicht ereignen, wo Menschenrechte suspendiert sind und offene Unterdrückung gegen Millionen kurdischer Staatsbürger ausgeübt wird. Wir sehen uns daher veranlaßt, die Reiseveranstalter der Bundesrepublik auf die aus dem Grundgesetz und den KSZE-Abmachungen resultierenden Verpflichtungen hinzuweisen". Im speziellen Falle der Türkei sollen Möglichkeiten und Chancen eines solchen Boykotts, aktiver Ausdruck globalen Denkens, im folgenden untersucht werden. Auch wünscht sich der Autor, daß, vielleicht angeregt durch diesen Beitrag, die Kampagne nach einer (hoffentlich kurzen) Phase der Erholung die ihr zustehende Bedeutung erlangen möge.

„Gastfreundschaft pur". Noch rechtzeitig zu Saisonbeginn wurden alle Mitarbeiter eines Frankfurter Touristikunternehmens an die Strände der Türkei gekarrt, um „quasi hautnah" von dort berichten zu können. Keine Frage, welche Impressionen sie zum besten geben werden.

Doch nicht allein die Optimierung der Kundenberatung dürfte der Grund für diese mitarbeiterfreundliche Geste sein. Man könnte meinen, um nicht noch schlechter dazustehen, bediente sich die Branche mal eben selber und erhöhte so die statistische Bettenausnutzung... Denn: Das Geschäft mit der Türkei ging im ersten Halbjahr 1991 miserabel. Es erlitt in diesen Monaten schwerste Einbußen. Neben Jugoslawien mit 80% weniger Umsatz war die Türkei mit minus 50% das am meisten betroffene Reiseziel der Deutschen, und dies, obwohl sie noch im letzten Jahr Marktführerin bei den außereuropäischen Reisezielen der Deutschen (2.3% Marktanteil) war. Der Flughafen Rhein-Main zählte beispielsweise im Geschäftsjahr 1990 388.680 Einsteiger in Richtung Türkei.

Über ein Viertel aller deutschen Flugpassagiere wurden so hier abgefertigt. Aber allein bei den Einsteigern mit Endziel (!) Türkei (absolute Zahl: 91.439 Passagiere) mußten im ersten Halbjahr 1991 27.3% Einbußen verkraftet werden. Rhein-Main war somit allerdings noch unterproportional von dem allgemeinen Trend betroffen. Die Branche, seit 1986 wurden regelmäßig bis zu 700.000, im Jahr 1990 sogar rund eine Million Touristen nach jenseits des Bosporus verladen, stand Kopf.

Sind, so ließe sich bei der Suche nach den Gründen fragen, die Deutschen endlich zur Raison gekommen, und haben sie ihr Verbraucherverhalten demokratisiert? Gut stünde es ihnen an, nachdem sie nun jahrelang großzügig über die Auswirkungen ihrer Reisegewohnheiten hinwegsahen. Auch Gründe gäbe es genug.

Die Türkei: Versuchskaninchen

Die Türkei hat ihren touristischen Aufschwung erst in den letzten zehn Jahren genommen. Nicht ohne Grund korrespondiert dieses Datum mit dem Zeitpunkt des dritten Putsches der Militärs nach 1945. Ende der siebziger Jahre sah sich die Türkei mit dem Bankrott konfrontiert. Eine seit Ende des osmanischen Reiches „binnenmarktorientierte" Wirtschaftspolitik hatte zu ernsthaften Solvenzproblemen geführt. Und dies trotz zunehmender Öffnung für ausländisches Kapital seit dem Jahre 1948. Das so importierte Kapital führte zwar zu unmittelbar hohen Wachstumsraten, erhöhte aber gleichzeitig die Auslandsverschuldung. Zudem wurden die Gelder nicht oder nur geringfügig für den Aufbau einer modernen Investitionsgüterindustrie, sondern zumeist lediglich für eine import- und somit devisenabhängige Teilindustrialisierung im Bereich der traditionell exportschwachen Konsumgüterindustrie verwandt. Die Leistungsbilanzen der Türkei waren in direkter Folge dieser Entwicklung ab 1947 durchgehend negativ.

Eine besondere Rolle im Rahmen der fortschreitenden Westintegration spielte schon immer die Bundesrepublik. Neben einer seit Beginn der sechziger Jahre mehrere Milliarden unfassenden Militärunterstützung und einer großzügigen Ausrüstungs- und Ausbildungs-„Hilfe" für die Polizei leistete die Bundesrepublik eifrig finanziellen Beistand und mauserte sich zum größten Financier des türkischen Staates. Seit der Einrichtung des OECD – Hilfskonsortiums für die Türkei in den frühen sechziger Jahren stand dieses deshalb unter der Präsidentschaft der Deutschen. Ihm gegenüber war die türkische Regierung für ihre Wirtschaftspolitik verantwortlich. Selbst der Putsch vom 12. September führte nicht zu einer Einstellung der Kredite.

Ende 1977 stellte die türkische Zentralbank mit einer Auslandsschuld von 6 Mia $ ihren Schuldendienst ein. In einem 1978 / 79 vom IWF „maßgeschneiderten" Wirtschaftsprogramm, das in vielem exemplarisch für alle Strukturanpassungsprogramme der achtziger Jahre in den Ländern der sog. „Dritten Welt" sein sollte, wurde die Auszahlung eines 450 Mio $ Kredits an verschiedene Forderungen geknüpft. Neben diversen antiinflationären, ex-

Türkei-Tourismus: Ein Aufruf zum Boykott

Eine „Tourismusboykott-Kampagne Türkei“ haben elf bundesweite Organisationen am Montag offiziell gestartet. Mit der Aktion solle die „nachlassende Aufmerksamkeit der deutschen Öffentlichkeit auf die Menschenrechtsverletzungen sowie auf die bedrohliche Lage der Kurden in der Türkei gelenkt werden“, heißt es in einer am Montag in Köln veröffentlichten Erklärung, die unter anderen vom Bundeskongreß Entwicklungspolitischer Aktionsgruppen (BUKO), dem Bundesvorsitzenden der Gesellschaft für bedrohte Völker (GfbV), Tilman Zülch, und dem Sprecher der bundesweiten Arbeitsgemeinschaft für Flüchtlinge „Pro Asyl“, Pfarrer Herbert Leuninger, unterzeichnet ist.

Mit Mahnwachen, Plakaten und Zeitungsanzeigen wollen die Organisationen zu einer kritischen Auseinandersetzung mit der „menschenverachtenden und blutvergießenden Politik des türkischen Staates“ anregen und die deutsche Bevölkerung davon überzeugen, nicht in die Türkei zu fahren.

DAS 7.8.92

port- und investitionssteigernden Maßnahmen wurde der türkischen Regierung vor allem die Förderung des Tourismus dringendst ans Herz gelegt.

Wie sehr häufig führte dieser Eingriff des IWF in die interne Wirtschaftspolitik auch hier zu massiven politischen Veränderungen. Deutlichster Ausdruck dessen war der Putsch des Jahres 1980. Die Finanzspritze des IWF und einiger anderer Kreditgeber führte zur Konsolidierung der Industriebourgeoisie und des Militärs, das selber aufs Engste z.B. durch den Militärkonzern OYAK (Ende der siebziger Jahre 18.000 Beschäftigte) an eine bestimmte „wirtschaftliche“ Entwicklung des Landes gebunden war.

Jene hatte eine demokratische Durchsetzung ihrer Interessen in einem Land mit einem extrem hohen sozialen Konfliktpotential nicht erreichen können. Beide Interessengruppen schlossen sich zusammen, um gemeinsam das größte Hindernis für die Durchsetzung der genannten Programme zu beseitigen: eine traditionell gut organisierte und starke Arbeiterschaft, die seit Jahren bereits ein für das Land überdurchschnittlich hohes Lohnniveau durchsetzen konnte. Die Mittel, die zu diesem Zwecke verwandt wurden, dürften leider mehr als bekannt sein.

Selbst das Versprechen eines Wohlstandsgewinnes für alle wurde gebrochen: Massenarbeitslosigkeit und fortschreitende Verelendung breiter Schichten waren die direkte Folge der Strukturanpassungsprogramme.

Der goldene Segen des Fremdenverkehrs

Mit Einnahmen von 281 Mio $ im Tourismusbereich im Jahre 1979 mutete die Türkei, verglichen mit dem Tourismusprofi Spanien (im selben Jahr 6.5 Mia $), wie ein armseliger Zwerg an. Der Grund dafür, die Förderung des Tourismus in den Mittelpunkt der Strukturanpassung zu stellen, ist an erster Stelle in dessen devisenbringendem Charakter zu suchen. So wurde vom Ende der siebziger Jahre an deutlich im Tourismusbereich eine Investitionspraxis gefördert, die die ausländische Branche vor allem über staatliche Vorzugskredite direkt subventionierte. Die ausländischen Unternehmen profitierten in verschiedener Weise: Garantiert wurde ihnen der ungehinderte Gewinntransfer, eine anhand von Abschreibungen ermöglichte völlige Steuerfreiheit, der zollfreie Import aller Waren und äußerst günstige Bodenpachtbedingungen. Die im Vergleich beste Rendite für Reiseveranstalter im mediterranen Raum scheint deshalb ein weitaus bedeutenderes Gewicht als der ideelle Wert der Völkerverständigung zu besitzen.

Daß die Türkei trotz dieser großzügigen „Hilfe" nicht ganz leer ausgeht, beweist die Tatsache, daß sie neben den strukturellen und infrastrukturellen Vorteilen allein im Jahre 1990 rund 3 Mia $ an Devisen durch das Geschäft mit dem Tourismus erzielte. Neben dem Devisentransfer türkischer Gastarbeiter stellt der Fremdenverkehr mit die größte Deviseneinnahmequelle dar. Kann da ein Verweis auf die langfristigen Folgekosten des Tourismus die staatliche Planung erschüttern?

Einflußnahme durch Tourismusboykott?

Die aus dem Tourismus gewonnenen Devisen stellen ein Kapital dar, das in hohem Maße zur Stabilisierung der aktuellen politischen Verhältnisse in der Türkei beiträgt. Allein diese Gewinne ermöglichen es der Türkei, ihr negatives Handelsbilanzdefizit auszugleichen. Finanziert wird damit indirekt die grausame staatliche Repression gegen die politische Opposition, gegen die kurdischen und alle anderen ethnischen Minderheiten, Folter und Mord...

Aber auch auf der Seite der Reiseunternehmer wurde kräftigst am Geschäft mit der Türkei verdient. In dem Falle der Türkei besitzt die These des gemachten Trends Gültigkeit.

Es ist illusorisch, sich von einem Tourismusboykott die alsbaldige Kapitulation des türkischen Regimes zu erwarten. Aber eine Kampagne dieser Art ist immer zugleich Bewußtseinsarbeit (und vielleicht liegt auch darin ihr tieferer Sinn).

Folgende realistische Ziele lassen sich dennoch formulieren:

- Auf Reiseunternehmen, die sich am Türkeigeschäft beteiligen, muß, notfalls mit Hilfe des Mittels des Boykotts, Druck ausgeübt werden, ihre Buchungen zu stornieren.
- Unternehmen, wie etwa die TUI, müssen daran erinnert werden, daß sie sich selbst auf eine Form des Tourismus verpflichtet haben, die nicht in Widerspruch zu den Menschenrechten stehen darf. Da es für die meisten Unternehmen anscheinend keine Selbstverständlichkeit ist, die Respektierung demokratischer Grundrechte zu akzeptieren, muß darauf hingewirkt werden, daß eine ähnliche Klausel obligatorisch in ihre Geschäftsbedingungen aufgenommen wird.
- Es muß versucht werden, Trendsetter wie Reisejournale und ähnliche Publikationen von der Problematik einer Reise in die Türkei zu überzeugen.
- Urlauber und Reisende sollten sich überlegen, ob sich die alljährliche Erholung mit Folter und Tod anderer Menschen verträgt? Könnten nicht andere Reiseziele denselben Zweck erfüllen? Wären Reisen in die Türkei

Seite 4 · Frankfurter Rundschau · Mittwoch, 13. November 1991, Nr. 264

SPD fordert Druck auf Türkei

Dringen auf Menschenrechte soll Zahl der Flüchtlinge verringern

FRANKFURT A. M., 12. November (dpa/AP/AFP). SPD-Parteichef Björn Engholm möchte die Zahl der Flüchtlinge aus der Türkei in die Bundesrepublik durch politischen Druck auf den NATO-Bündnispartner in Ankara reduziert sehen. Es gehe nicht an, daß die drittgrößte Einwanderungsgruppe aus einem Land komme, das der NATO angehört und mit der Europäischen Gemeinschaft (EG) assoziiert ist, sagte Engholm am Dienstag in Paris.

Nach massiver Kritik der Grünen, die von „Niveau des Stammtisches" sprachen, stellte die stellvertretende SPD-Sprecherin Dagmar Wiebusch klar, daß der Vorstoß Engholms nicht gegen die Einwanderung von Türken gerichtet sei. Er richte sich vielmehr gegen die Mißachtung von Menschenrechten durch die türkische Regierung, „die den Flüchtlingsstrom dramatisch in Gang setzt".

Die jüngsten Äußerungen von Bundespräsident Richard von Weizsäcker zur Asylproblematik stießen in der Führung der Unionsfraktion auf Kritik. Wie am Dienstag von Teilnehmern der Fraktionsvorstandssitzung vom Montag verlautete, ging es dabei vor allem um die Absage Weizsäckers an den für Dezember geplanten Antrag für eine Verfassungsänderung. Der Vorsitzende der CSU-Landesgruppe, Wolfgang Bötsch, nannte dies „eine Ohrfeige über Fernsehen" für die Union. Der scheidende Fraktionschef Alfred Dregger kündigte an, er wolle Weizsäcker die Position der Union in einem persönlichen Gespräch erläutern.

Das Bündnis 90/Grüne will die Zuwanderung in die Bundesrepublik mit einem Einwanderungsgesetz regeln. Ihr Asyl-Experte Konrad Weiß stellte am Dienstag in Bonn einen entsprechenden Entwurf vor. Demzufolge soll Artikel 16 Absatz 2 des Grundgesetzes, in dem politisch Verfolgten das Asylrecht garantiert wird, nicht angetastet werden. Für Flüchtlinge, die kein Asyl beantragen, sollen allerdings Kontingente eingeführt werden, die jährlich durch ein neu zu schaffendes Amt für Migrationsbewegungen festgelegt werden.

Die frühere Ausländerbeauftragte der Bundesregierung, Liselotte Funcke (FDP), forderte die Einrichtung eines Ministeriums für Einwanderungsfragen und Integration von Ausländern.

allein dann zu legitimieren, wenn sie den Opfern des Regimes nutzen?

- Alternative Formen des Reisens, bei denen die soziale und politische Problematik im Sinne eines interkulturellen Dialogs im Mittelpunkt steht, und die in erster Linie den Menschen vor Ort nützen, müssen hingegen unterstützt werden.
- Und: Ein Boykott, der nur die Situation der Kurden ins Visier nimmt, greift zu kurz. Er muß gleichermaßen die Abschaffung der Unterdrückung jeglicher Opposition und Völkergruppen in der Türkei zum Ziele haben.

Chancen

Wie sind aber die eingangs genannten Entwicklungen im Türkeigeschäft einzuschätzen? Leider, so läßt es sich unschwer feststellen, sind die Gründe dafür anderer Art. Nicht Folter und staatlich legitimierter Mord halten die Deutschen vom Flug in die Türkei ab, sondern die Angst vor dem Verlust der eigenen körperlichen Unversehrtheit. Nicht der 6. August 1990, der Tag, an dem die Türkei der Europäischen Men-

Türkisch Power

schenrechtskommission mitteilte, daß eine Großzahl der Menschenrechte für die türkischen Kurden suspendiert wurde, sondern der 2. August, der Tag des Einmarsches des Irak in Kuwait, tat seine Wirkung.

Die Chancen eines solchen Boykotts sind nichtsdestotrotz gut:

Daß er in einem Moment, in dem das Land sich die Wunden der finanziellen Einbußen aus der Zeit des Golfkrieges leckt, besondere Bedeutung hätte, liegt auf der Hand.

Zudem: Ein Land, das wie die Türkei in solch hohem Grade von einem sehr stark Schwankungen ausgesetzten Wirtschaftsbereich wie dem Fremdenverkehr abhängig ist, kann sich nur in bedingtem Maße schlechte internationale Presse leisten.

Druck von außen trifft die Türkei auch in einem anderen sensiblen Bereich. Sie, die bereits Unterzeichnerin der KSZE-Akte und Mitglied der NATO ist, versucht, mit allen Mitteln im Frühjahr 1992 in die EG aufgenommen zu werden. Allerdings reibt sich ihr Demokratieverständnis in gehörigem Maße an dem der EG-Standards, so daß selbst führende deutsche Politiker wie Graf Lambsdorff den Blick vor diesen massiven Menschenrechtsverletzungen nicht verschließen können.

Es gibt also Gründe genug, Reisen in die Türkei auf einige Zeit auszusetzen.

(abgeschlossen Juli 1991)

Gegen sexuellen Mißbrauch
von Kindern in Asien

In Südostasien hat die Kinderprostitution in den letzten Jahren beängstigende Ausmaße erreicht. Immer mehr Mädchen und Jungen von 6 bis 13 Jahren werden in Thailand, den Philippinen, Sri Lanka und Taiwan Opfer des schmutzigen Geschäftes mit der „käuflichen Liebe“, während der Sextourismus aus den reichen Ländern floriert und die Fremden im Ferienland Konsumwünsche wecken.

Armut zwingt die Kinder, zum Familienunterhalt beizusteuern oder sich allein durchzuschlagen. Männer aus Westeuropa, den USA und Japan besuchen die Bars und Bordelle in Bangkok, Pattaya und Manila oder in Sri Lanka. Die Leidtragenden sind die Kinder: Sie erleiden schwere seelische Schäden und körperliche Verletzungen.

1991 starteten asiatische, europäische und nordamerikanische Kirchen, Frauenorganisationen und Kinderschutzverbände unter Beteiligung des Kinderhilfswerkes der Vereinten Nationen (UNICEF) eine internationale Kampagne zur Abschaffung der Kinderprostitution im Zusammenhang mit dem Sextourismus nach Südostasien. In den wichtigsten Herkunftsländern der Touristen werden nationale Kampagnen organisiert.

Die Vereinten Nationen verurteilen die Kinderprostitution als „moderne Form der Sklaverei“. Auch in den Industrieländern werden Kinder sexuell mißbraucht. Nach Schätzungen des Bundeskriminalamtes wird in der Bundesrepublik jedes vierte Mädchen und jeder zehnte Junge von Familienangehörigen sexuell mißbraucht. Jugendliche und Kinder werden auch in Europa in die Prostitution getrieben. Nach Studien, die dem Europarat vorgelegt wurden, arbeiteten 1989 allein in Paris 3.000 Mädchen und 5.000 Jungen im Alter bis zu 15 Jahren als Prostituierte.

In vielen Ländern der Dritten Welt ist die Zunahme der Kinderprostitution weit dramatischer. Es ist davon auszugehen, daß es inzwischen Hunderttausende Kinderprostituierte gibt. Das gilt für Indien, Kolumbien, Brasilien, Kenia, Südkorea, westafrikanische und karibische Länder. In Südost- und Südasien sind die Zahlen besonders erschreckend.

Die Gründe dafür sind andere als in Industrieländern. In Thailand, den Philippinen und Sri Lanka wurde der Tourismus massiv angekurbelt. In Thailand hat sich die Zahl der ausländischen Urlauber seit Anfang der 80er Jahre mehr als verdoppelt. 1990 wurden fünf Millionen Reisegäste erwartet.

Gastarbeiter in Bordell

Der Tourismus wurde zum wichtigsten Devisenbringer. Ähnliches gilt für Sri Lanka, das unter Bürgerkrieg und dem Verfall der Teepreise litt, und für die Philippinen.

Am massiven Ausbau des Fremdenverkehrs verdienten aber vor allem ausländische Konzerne sowie eine einheimische kleine Ober- und Mittelschicht. Verbunden mit einer einseitigen Industrialisierung und Agrarpolitik wurde die Kluft zwischen Reichen und Armen noch größer. Die Bauernfamilien verarmen, in den Großstädten wachsen die Slums. Siriporn Skrobanek, Koordinatorin der thailändischen Frauen-Stiftung, spricht von einer „unheiligen Allianz“ zwischen ländlicher Armut und Tourismusförderung.

In dieser Lage geraten zunehmend arbeitssuchende Kinder durch offene Gewalt oder wirtschaftliche Not in die Klauen des Sexbusiness, das in Thailand und den Philippinen seit den 70er Jahren wichtiges Lockmittel für Touristen ist.

Von den Regierungen Thailands und der Philippinen wurde die Werbung als Sexparadies geduldet oder sogar unterstützt. Den Anfang hatten US-Soldaten während des Vietnamkrieges gemacht. Damals schossen Sexbars und Bordelle wie Pilze aus dem Boden.

Nach dem Abzug der Amerikaner wurde im Ausland massive Werbung für den Tourismus gemacht. Klischeehafte Darstellungen asiatischer Frauen wurden verbreitet. So wurden von staatlicher Tourismusförderung und Touristikunternehmen Wunschträume von Männern in den Industriestaaten geweckt.

Dies hat dazu geführt, daß heute 70 Prozent der nach Thailand Reisenden Männer sind (auf den Philippinen über 80 Prozent). Man schätzt, daß vier von fünf männlichen Urlaubern in Thailand flüchtige sexuelle Kontakte mit Einheimischen haben, genaue Untersuchungen gibt es noch nicht. Von den erwarteten fünf Millionen Urlaubern müssen demnach drei Millionen als Sextouristen gelten, darunter 100.000 Bundesdeutsche.

Ausländische Touristen leben bisher in dem Gefühl, in der Dritten Welt ungestraft Kinder sexuell mißbrauchen zu können. Das soll sich auch in Deutschland ändern. Die Kampagne gegen Kinderprostitution will sich dafür einsetzen, daß diese Täter strafrechtlich verfolgt werden.

Denn nicht nur Einheimische gehen zu Prostituierten unter 14 Jahren. Auch Männer aus westlichen und asiatischen Industrieländern kaufen in Thailand Kindersex. Auf den Philippinen machten Sozialarbeiterinnen weiße westliche Männer als Hauptkunden der Jungen und Mädchen aus. In Sri Lanka, das in europäischen Pornomagazinen als Paradies für homosexuelle Pädophilie gepriesen wird, treten Männer aus dem Westen auf, Skandinavier, Franzosen, Briten, US-Amerikaner – und Deutsche. Nach Beobachtungen von Tourismusfachleuten kommen aus Deutschland die meisten „Kunden“ der Kinderprostituierten.

Die Bekämpfung der Kinderprostitution in Asien als Folge des Tourismus muß an zwei Stellen ansetzen: in den Ferienzielen und in der Heimat der Sextouristen. Deshalb wollen Kirchen und Organisationen aus Asien, Westeuropa, den USA und Japan sowie internationale Organisationen zusammenarbeiten. Im März 1991 startete nicht ohne besonderen Grund gerade in Frankfurt mit seinem Flughafen-Tor zur Welt eine Kampagne, die innerhalb der nächsten Jahre die Kinderprostitution in den Schwerpunktländern Thailand, den Philippinen, Sri Lanka und Taiwan beseitigen soll.

(leicht überarbeiteter Auszug aus epd-Dritte Welt-Information 1992: 1 / 91 „Tourismus und Kinderprostitution – Internationale Kampagne gegen sexuellen Mißbrauch von Kindern in Asien“)

Auge in Auge

Roland Bunzenthal

Vom (ohn)mächtigen Verbraucher

Rohstoffimporteur Frankfurt

„Seit Anfang des Jahres hat Hertie den Kauf von Tropenholz-Artikeln eingestellt“. Hans-Hermman Thesse, für den Einkauf zuständiger Vorstand des Frankfurter Warenhauskonzerns, hat sich in seiner Abteilung extra schlau gemacht: „Es werden nur noch Stämme verwendet, die zur Verjüngung von Gummiplantagen dienen.“ Nicht nur Möbel sind von der Umschichtung betroffen, auch Bestecke mit Holzgriff, Eßbrettchen und etliche andere Produkte bis hin zum Zahnstocher.

Weniger zuvorkommend dagegen die Information beim Großversender Neckermann in der Hanauer Landstraße. Man habe überhaupt noch nie Tropenholz verwendet, brüstet ein Unternehmenssprecher den Anrufer kurz ab. Erstaunlich, denn die Rohstoffe aus den Regenwäldern Südostasiens, Lateinamerikas oder Afrikas sind nach wie vor gefragt bei bundesdeutschen Holzimporteuren, die jährlich rund zwei Millionen Kubikmeter davon einführen. Appelle von Bonner Politikern zum Schutz des globalen Klimas und der tropischen Urwälder haben bisher noch keinen Niederschlag in verschärften Einfuhrbedingungen der Bundesrepublik gefunden.

Waren im Wert von 260 Millionen Mark haben die Hertie-Manager in Niederrad 1989 in der Dritten Welt eingekauft und für gut das Doppelte weiterverkauft. Das ist immerhin über die Hälfte aller von ihnen importierten Güter. Gut ein Drittel dieses Volumens stammt aus den drei chinesischen Staaten Volksrepublik, Hongkong und Taiwan, vier bis fünf Prozent aus Lateinamerika und Nordafrika. Die Länder südlich der Sahara stehen überhaupt nicht auf der Liste der Hertie-Lieferanten. Ähnlich sieht es beim Neckermann-Versand aus, der “zehn bis 15 Prozent aller Artikel“ in der Dritten Welt einkauft, inklusive der fernöstlichen Schwellenländer ist es fast die Hälfte. Die Staaten Schwarzafrikas seien nicht über die Absatzmärkte in Europa informiert, begründet Thesse diese regionale Enthaltsamkeit seines Unternehmens, sie zeigten einen Mangel an Kreativität und notwendiger Vorfinanzierung und genügten meist nicht den Qualitätsansprüchen der Konsumenten hierzulande. Ein erstaunliches Ergebnis angesichts einer 15jährigen, intensiven entwicklungspolitischen Kooperation der EG mit den sogenannnten AKP-Staaten dieser Region.

Die Rohstoff-Importeure

Wie schon vor 30 Jahren zu Beginn der Nord-Süd-Diskussion liefern die meisten Entwicklungsländer auch heute noch überwiegend Rohstoffe in die Industrieländer, auf deren heftige Preisschwankungen sie kaum Einfluß haben. Allein 38 Staaten hängen zu mehr als der Hälfte ihrer gesamten Exporterlöse von nur einem Rohstoff ab – Sambia beispielsweise zu 87 Prozent vom Kupfer. Ihre wichtigsten bundesdeutschen Abnehmer sitzen in und um Frankfurt: Die Firmen Metallgesellschaft (Blei, Zink, Kupfer), Degussa (Gold, Silber, Platin), Heraeus, Hoechst (Rohöl) und Nestlé (Kaffee, Kakao). Selbst Blumen, wichtiges Ausfuhrprodukt für Kenia oder Kolumbien, finden über Importeure in Kelsterbach ihren Weg in die gesamte Bundesrepublik.

„Die NE-Metallmärkte befinden sich derzeit unter anhaltendem Preisdruck", heißt es im aktuellen Geschäftsbericht der Metallgesellschaft (MG), nur die Preise für Blei seien wegen des guten Geschäfts mit Autobatterien stabil. Die MG kauft oder fördert selbst (über Minderheitsbeteiligungen an Erzgruben) unter anderem Metalle aus Peru, Mexiko, Thailand, Tunesien, Türkei und Papua-Neuguinea. Dort am tropischen Mount Tubilan hat die gemeinsam mit der Degussa und anderen internationalen Konzernen gegründete Ok Tedi Kupfer-Mine immer wieder für Streiks und Demonstrationen gesorgt, weil die Wälder der Insel deswegen abgeholzt wurden, giftige Abwässer die Flüsse verseuchten oder einheimische Arbeiter den unerbittlichen Arbeitsbedingungen im Dschungel zum Opfer fielen.

Inzwischen habe aber die Fähigkeit zugenommen, meint MG-Sprecher Hans Schreiber, „mit Rohstoffen so umzugehen, daß sie die Umwelt nicht nachhaltig schädigen". Seine Firma bekomme überall in der Dritten Welt nur noch dann die Genehmigung zum Erzabbau, „wenn wir den höchsten Umwelttechnik-Standard mitbringen". Es bleibe dabei aber immer die Frage, „wer bezahlt das".

Auch der Geschäftsbericht der Degussa beschäftigt sich mit dem Thema Rohstoffpreisverfall. So konnten die Frankfurter ihr Silber Ende 1989 um 14 Prozent billiger einkaufen als ein Jahr zuvor. Wichtigster Lieferant der Degussa für Platin und Gold ist nach wie vor der Apartheid-Staat Südafrika, auch wenn dessen Goldbergbau „wegen der überdurchschnittlich stark gestiegenen Personalkosten" (Degussa-Geschäftsbericht 1989) etwas gesunken ist. Bei Platin werden dagegen noch immer 85 Prozent der weltweit wachsenden Nachfrage von Südafrika befriedigt. Dort am Kap besteht für die Frankfurter Rohstoff-Manager „nach Bildung einer neuen Regierung mehr Hoffnung auf die Lösung der bekannten Probleme".

Zufrieden ist man bei der Degussa wohl nur mit der Ausbeute der Silberminen. In Peru, wo schon die spanischen Kolonial-Eroberer seit dem 16. Jahrhundert indianische Arbeitskräfte zu

Tausenden im Silberbergbau verschlissen, konnten „selbst Störungen durch Guerilla-Aktivitäten" (Geschäftsbericht '89) die Produktion kaum verlangsamen.

Die Investoren

In einer Hinsicht teilen zahlreiche Frankfurter Arbeitnehmer ein Stück weit das Schicksal mit ihren Kollegen in der Dritten Welt: Die Entscheidung über ihre Arbeitsplätze fällt häufig in einer weit entfernten Konzernzentrale. Dennoch haben deutsche Töchter ausländischer Multis – Nestlé, Braun, Opel, General Electric, Deutsche ICI, um nur ein paar der wichtigsten im Rhein-Main-Gebiet zu nennen – im allgemeinen immer noch eine wesentlich höhere Autonomie als ihre Schwesern in Entwicklungsländern. Für einen Konzern wie Hoechst mit insgesamt 220 Auslandstöchtern ist das Gründen, Kaufen, Verkaufen und Schließen von ganzen Unternehmen mit Tausenden von Arbeitsplätzen schließlich nicht mehr als ein globales Puzzle-Spiel der Markteroberung. Während beispielsweise die Hoechst South Africa Gruppe ihren Umsatz 1989 um 31 Prozent steigern konnte und damit in der Zentrale Wohlwollen erntete, verzeichnete die ägyptische Tochter „im Pharmageschäft erneut Verluste, da die Preise für Arzneimittel nur unzureichend erhöht werden durften" (Hoechst-Geschäftsbericht 1988).

Schuldenkrise, Sozialabbau, sinkende Rohstofferlöse, ungerechte Eigentumsverhältnisse und Kapitalflucht der Eliten haben die Märkte in der Dritten Welt für ausländische Konsum- und Investitionsgüter vielfach angeschlagen. Wegen gesunkener Deviseneinnahmen aus dem Export vergaben die OPEC-Staaten 1988 an den Frankfurter Baukonzern Holzmann nur noch Aufträge im Wert von 400 Millionen Mark. Ein Jahr zuvor war es noch das Dreifache gewesen.

Die Super-Profite, die bundesdeutsche Dritte Welt-Investoren in den siebziger Jahren einstreichen konnten, gehören denn auch zum Teil der Vergangenheit an. Zehn Prozent des gesamten Hoechst-Gewinns entsteht in Afrika, Asien und Lateinamerika, aber auch elf Prozent des Konzern-Umsatzes stammt von dort – die Rendite ist also eher unterdurchschnittlich.

Das ist sicher kein Anreiz für die Konzernbosse, die Löhne etwa ihrer lateinamerikanischen Arbeiter kostenwirksam an die galoppierende Inflation des Kontinents anzupassen. Über heftige Arbeitskämpfe bei Tochterfirmen wegen solchen Reallohn-Dumpings – wie sie beispielsweise Konkurrent Bayer vor kurzem in Peru und Brasilien mit polizeilicher Brachialgewalt zu beenden versuchte – kann der Betriebsrat der Frankfurter Hoechst-Zentrale dennoch nicht berichten. Mag es an der geschickteren Sozialpolitik des Chemie-Multis vom Main oder an der mangelnden Information seines Betriebsrates liegen.

Für große Teile der Dritten Welt bedeutet dies, daß ihre wichtigsten Anreize für Investoren aus dem Norden – eine rasch wachsende Zahl an potentiellen Konsumenten, niedrige Löhne und freundlich gesonnene Politiker – kaum mehr ziehen. Nur in wenigen Regionen

Weit ist Heimat

wie den südostasiatischen ASEAN-Staaten ist noch „eine zunehmende Investitionsfreudigkeit ausländischer Kapitalgeber zu beobachten", so der Degussa-Geschäftsbericht. Die Degussa selbst ist offenbar durchaus lukrativ in 24 Ländern mit Produktionsstätten vertreten. Schwerpunkte liegen in Brasilien, Indien, Südkorea, Singapur und Taiwan.

Die Lieferanten

Nur selten erregen bundesdeutsche Exporte in die Dritte Welt die Gemüter der Öffentlichkeit. Der Zusammenhang zwischen Babynahrung von Nestlé oder Milupa in Friedrichsdorf und der Fehlernährung von Kindern dort interessiert nur wenige. Daß der Baukonzern Holzmann Staudämme in Burundi, Straßen in Sierra Leone oder Hafenanlagen in Guinea baut – bedeutet zuerst einmal Arbeitsplätze hierzulande. Daß damit direkt oder indirekt die Abholzung der tropischen Regenwälder einhergeht – bedauerlich. Da an Pestiziden der Firma Hoechst – natürlich nur wegen unsachgemäßen Gebrauchs – Landarbeiter in der Dritten Welt erkranken und sterben, berührt kaum jemanden. Oder daß die traditionsreiche Frankfurter AEG südafrikanische Militärs mit Elektrotechnik und Radar-Systemen beliefert – Geschäft ist Geschäft.

Es sind allerdings weniger solche Ausnahmen „unmoralischen" Exports, die das Bild der bundesdeutschen Lieferbeziehungen zur Dritten Welt prägten. Es ist eher der beständige Milliarden-Fluß an Hochtechnologie und Luxuskonsum „Made in Germany", der Denken und Handeln nicht nur der Eliten in der Dritten Welt prägt und damit seinen Teil zur andauernden Unterentwicklung beiträgt.

(aus Frankfurter Rundschau 3.5.90)

Fesseln volkskirchlicher Struktur

... wie sich aber kirchliche Gemeinden und die Industrie- und Sozialarbeit der Kirche ins Feld der Wirtschaft wagen

Sohn: Das Amt für Industrie- und Sozialarbeit ist eine Einrichtung der Evangelischen Kirche in Hessen und Nassau (EKHN), unsere vorgesetzte Behörde die Kirchenverwaltung in Darmstadt. Wir haben etwa 20 Stellen und dazu vier oder fünf Büromitarbeiterinnen, die aber nicht ganze Stellen innehaben. Im wesentlichen arbeiten wir in fünf Regionen, mehr oder weniger identisch mit den Propstbereichen. Die größte Region ist hier Frankfurt-Offenbach, dazu kommen Wiesbaden, Gießen, Herborn / Nassau, Rüsselsheim.

Dann haben wir hier im Hause speziell eine Abteilung für junge Arbeitnehmerinnen und Arbeitnehmer (Industriejugendarbeit), die auch landeskirchenweit arbeitet, faktisch aber mit einem regionalen Schwerpunkt hier im Raum Frankfurt. Und wir haben noch einen nebenamtlichen Auftrag für Arbeit mit älteren Arbeitnehmerinnen und Arbeitnehmern.

Aufgabe unseres Amtes ist, die Kirche präsent zu machen in dem wichtigsten Lebensbereich der Menschen in der Industriegesellschaft, nämlich in der industriellen Arbeitswelt, die sonst aus dem normalen kirchlichen Leben weitgehend ausgeblendet wird. Normalerweise spricht die Kirche in ihren Arbeits- und Lebensformen die Menschen in der Freizeit in ihrem Privatleben an. Das ist außerhalb der Erwerbsarbeitswelt, zumal Erwerbsarbeit und Wohnen in der Regel auch räumlich voneinander getrennt sind.

Und das kennzeichnet auch schon eines unserer Probleme. Unsere Kirche präsent zu machen in diesem Bereich heißt, daß wir uns in einem fremden Terrain bewegen. In den Betrieben haben die Menschen normalerweise keine Erwartungen an die Kirche; sie wundern sich eher, wenn die Kirche da mal auftaucht. Da ist also erstmal Vertrauensarbeit aufzubauen, so daß man auch in Kooperationen reinkommt. Und die andere Seite dieser Geschichte ist, daß wir in der Kirche weitgehend ein Fremdkörper sind.

Wenn man sich mit Betrieben, mit Arbeitnehmersituationen, mit Strukturwandel hier bei uns und mit Ähnlichem beschäftigt, hat man es mit einem Wirklichkeitsfeld zu tun, das nicht nur lokal, sondern global ist. Unternehmen handeln global – einschließlich der Dritten Welt. Aber die Mittel, die wir haben, um an diese Perspektive über die bloße Information hinaus handelnd heranzukommen, sind im Grunde minimal.

Und das ist nochmal zusätzlich schwierig: Unsere Kirche hat ein Engagement für globale Fragen einfach von ihrer ökumenischen Existenz her. Aber normalerweise wird das als ein Thema von außen diskutiert, wenn wir z.B. danach fragen, wie die Menschen in den Ländern der Dritten Welt leben können. Das meint dann kaum die Frage, was das mit unserer Arbeitswelt und unserem Wirtschaftsgefüge zu tun hat, schon gar nicht hinsichtlich bestimmter Betriebe. Wenn wir auf den üblichen Zug von Dritte Welt-Fragen einsteigen, können wir zwar durchaus innerkirchlich Positionen gewinnen, aber leicht auf Kosten eines Bereiches, der in der Kirche ohnehin schon sehr am Rande ist, nämlich der Beschäftigung mit der wirtschaftlichen und betrieblichen Thematik hier. Da stecken wir ausgesprochen im Dilemma.

Schön wäre es, wenn Sie, Herr Stiehler, ein paar Worte zu sich sagten, wobei wir Sie hier nicht auf Ihre Funktion als Gemeindepfarrer verpflichten wollen...

Wache Gemeinden

Stiehler: Ich bin hier im Frankfurter Süden, in Niederrad, Gemeindepfarrer seit 1977 und war vorher zehn Jahre Studentenpfarrer in Köln und Marburg. Mein Interesse an Problemen der Dritten Welt geht eigentlich auf diese Studentengemeindezeit zurück, in der ich sehr viel mit ausländischen Studierenden aus allen möglichen Erdteilen zu tun hatte. Da hat es so ein bißchen Grund und Boden bekommen, mit den fortschrittlichen Kräften der Ausländer unter uns zusammenzuarbeiten – damals z. B. gegen das Schahregime. Das habe ich dann 1977 auch ein bißchen in die Gemeinde reingebracht. Ein wichtiges Thema war von Anfang an Südafrika gewesen. Auch hier versuche ich das, was wir in der Studentengemeinde weit weg von der Ortsgemeinde gemacht haben, in eine solche Ortsgemeinde reinzubringen. Daran bosseln wir seit 13, 14 Jahren.

Welches Ausmaß haben die Verbindungen der Frankfurter Wirtschaft zur Dritten Welt? Wer, wo, in welchen Sektoren – mit welchen Folgen für die Menschen in der Dritten Welt?

Sohn: Unser Zugang zu dieser Thematik ist qua Amt ein sehr indirekter. Unsere Themen sind die Betriebe hier und die Menschen in ihnen. Ich kann die Bedeutung des Gewichtes der Frankfurter Wirtschaft in Fragen der Dritten Welt nicht quantifizieren.

Es ist doch ein interessantes Phänomen, daß es dazu keine übergreifende Information gibt?

Sohn: Allenfalls punktuell oft aus Zufälligkeiten heraus. Ich bin, bevor ich hier Frankfurter Industriepfarrer wurde, lange Vorsitzender in der Industrie- und Sozialarbeit auf Bundesebene der Evangelischen Kirche in Deutschland (EKD) gewesen, und als solcher habe ich vor mehr als zehn Jahren die Untersuchungen herausgegeben, die in unserem Namen in Südafrika zur Frage der Einhaltung des EG-Kodex durch deutsche

Unternehmen dort angestellt wurden. Sie haben wie eine Bombe eingeschlagen und massive Konflikte mit einer ganzen Reihe von Unternehmen nach sich gezogen. Das waren viele Detailinformationen, aber auf unsere Kosten und unsere Verantwortung recherchiert.

Kodex für Unternehmen

Ein zweites Beispiel: Vor etwa fünf Jahren haben wir hier bei uns im Amt eine neue Mitarbeiterin eingestellt, als Sozialsekretärin. Die brachte ein Engagement in Südkorea mit. Als sie hier einstieg, gab es damals gerade in Südkorea den Konflikt der „Fair Fashion“ – Tochterbetrieb eines deutschen Textilunternehmens – , wo die Belegschaft wegen mieser Arbeitsbedingungen gegen die Betriebsleitung gestreikt hatte. Und von diesem Arbeitskampf hatten wir durch diese Mitarbeiterin sehr aktuelle, sehr konkrete Informationen, die wir dazu benutzt haben, hier zusammen mit vielen anderen Initiativgruppen – zum Teil auch bundesweit – eine Aktion gegen dieses deutsche Unternehmen zu starten.

Das betraf aber kein Frankfurter Unternehmen?

Sohn: Das war Adler in Aschaffenburg. Frankfurt war mit zwei oder drei Verkaufsstellen betroffen, vor denen wir Aktionen gemacht haben – am Flughafen und hier in der Stadt. Drittes Beispiel: Unsere Kollegen in Rüsselsheim, die es mit einem multinational eingebundenen Unternehmen, mit Opel, mit General Motors zu tun haben, sind selber sehr intensiv damit beschäftigt, für Belegschaftsmitglieder und Betriebsrat internationale Kontakte aufzubauen und dabei auch kirchliche Kontakte zu nutzen. Die Gewerkschaften tun sich sowieso schon schwer mit internationalen Kontakten. Zusätzlich stehen sie sich mit ihrer starken Monopolisierungs- und Bürokratisierungstendenz selbst im Wege. Es muß alles über den Vorstand gehen, während an der Basis möglicherweise ganz andere Interessen vorliegen. Da haben wir geholfen, intensive Kontakte zu dem General- Motors-Betrieb in Sao Paulo, Brasilien, einschließlich der dortigen Gewerkschaftskooperative, aufzubauen.

Hoechst im Blick

Ähnliches baut sich jetzt für den Bereich Chemie auf. Aber all das ist überhaupt nicht flächendeckend. Wir sind zur Zeit gerade dabei – unser Amt mit dem für Mission und Ökumene der EKHN und einigen Frankfurter Kirchengemeinden -, uns den Hoechst-Konzern etwas genauer vorzunehmen. Das werden wir gemeinsam machen – zugleich mit der Werkstatt Ökonomie in Heidelberg, ein selbstgetragenes kleines Forschungsinstitut.

Wie sieht die Zusammenarbeit aus, obwohl es in den meisten Dritte Welt-Ländern keine echte Gewerkschaftsbewegung gibt? Wo setzen Sie da an?

Sohn: Das ist örtlich sehr unterschiedlich und kommt auch auf diejenigen an, die z.B. einen Hilfeschrei loslassen. In Südkorea waren das einmal die Leute selbst aus dem Betrieb. Zweitens waren das in Südkorea protestantische

Kirchen, die sozusagen als Ersatz für anständige Gewerkschaften eingegriffen hatten. Das sieht in Brasilien wieder anders aus. Dort sind unsere Partner auf der einen Seite die Katholische Kirche, auf der anderen die Gewerkschaften.

Spielt der Kontakt Kirche zu Kirche eine entscheidende Rolle?

Sohn: Auch das ist sehr unterschiedlich. Kirche ist nur ein formaler Begriff. Es gibt Kirchen, die sich darum überhaupt nicht kümmern; im Gegenteil, die sogar stärker auf der Seite der Unternehmer stehen. Und es gibt andere Kirchen, die wirklich Ansätze einer Kirche von unten und von Basisgemeinden haben. Manchmal sind Kirchen eher hinderlich, manchmal sind sie geradezu die wichtigsten Kooperationspartner.

Ahmet, der Türke

Teilen Sie die Einschätzung, daß im Frankfurter Raum eine größere Intensität der wirtschaftlichen Beziehung zur Dritten Welt als in anderen Großstädten vorliegt?

Knackpunkt Banken und Versicherungen

Sohn: Beziehen würde ich das auf das, was in den Hochhäusern passiert, d.h. auf die Finanzwirtschaft. Das ist auch der entscheidende Sektor, während die Frankfurter Unternehmen sicher nicht überdurchschnittlich stark auffallen – Hoechst ja, aber die anderen Unternehmen sind im wesentlichen Zulieferer für die Flugzeugindustrie, die Automobilindustrie und ähnliches mehr. Das sind alles international agierende Unternehmen, die auch ihre Auswirkungen auf Länder der Dritten Welt haben, aber nicht mehr als in Hamburg oder München oder Stuttgart auch. Der eigentliche Knackpunkt sitzt hier bei den Banken, zunehmend auch den Versicherungen. Davon wissen wir überhaupt nichts.

Sehen Sie eine Verpflichtung der Privatwirtschaft zu größerer Transparenz? Beim Versuch, problematische Auswirkungen des Kapitals zu diskutieren und Maßnahmen zur Abhilfe vorzuschlagen, verfügt die schwächere, aber engagierte Seite nicht über ausreichende Informationen. Sie muß, um überhaupt Gehör zu finden, eher die Deutlichkeit der Aussage herausstellen. Unternehmerfreundliche Kreise in der EKD wollten so weit gehen, konfliktträchtiges Artikulieren von kriti-

schen Ansätzen zu untersagen. Zynischerweise so lange, wie die Ankläger nicht den Informationsstand der Kritisierten, der Mächtigen vorweisen können. Ist Transparenz als Anspruch Gegenstand von Gesprächen zwischen Chefetagen von Wirtschaft und Kirche?

Sohn: Ich kann nicht von den Gesprächen der Kirche reden. Denn aus den Gesprächen zwischen Kirchenleitung und den Wirtschaftsbossen ist unser Amt ausgeklinkt worden.

Stiehler: Das ist doch aberwitzig. Die Kirche richtet ein Amt zum Gespräch zwischen Kirche und Industrie ein, und wenn es zum Gespräch kommt, wird das Amt ausgeschaltet.

Provinzielle Arbeitnehmerrechte

Sohn: Rechtlich besteht kaum eine Verpflichtung der Unternehmen zu mehr Transparenz. Wir können das ethisch und sachlich zu begründen versuchen. Haupteinstiegspunkt für unsere Forderung ist der Hinweis, daß von internationalen Entwicklungen auch die Betriebe und Belegschaften hier tangiert sind. Sie müssen sich verändern im Kontext einer Entwicklung, auf die sie keinen Einfluß haben. Auch die Möglichkeiten der Belegschaftsvertretung, des Betriebsverfassungsgesetzes und ähnlichem reichen überhaupt nicht aus, um an die entscheidenden Prozesse heranzukommen. Das gilt auch für Europa. Sehr deutlich zeigt sich, wie die Arbeitnehmerrechte abgekoppelt sind von dem Klavier, auf dem die Wirtschaft international spielen kann. Die Unternehmen müssen verpflichtet werden, ihre Politik auf der Ebene auch offenzulegen, auf der sie sie betreiben.

Stiehler: Einen Satz zur Problematik der Transparenz aus der Sicht einer normalen Ortsgemeinde. Walter Sohn hat dieses Projekt in den Kinderschuhen angesprochen: Hoechst als transnationaler Konzern. Wir haben als nächstes vor, schlicht und ergreifend die Geschäftsberichte der Firma Hoechst der letzten Jahre zu lesen, allerdings angeleitet durch die Werkstatt Ökonomie. Denn wir Theologen sind darin absolute Waisenkinder. Aber das gehört, glaube ich, wesentlich mit dazu, in der Gemeinde Ökonomie zu lernen.

Inwieweit war Ihr Amt bei der Pharmakampagne involviert? Diese hat eine ungewöhnlich große Öffentlichkeit erreicht. Der Anstoß kam nicht von kirchlicher Seite, aber sie wurde als Mitfinanzier haftbar gemacht.

„Eine Aktion gegen das Geschäft mit der Krankheit ist längst überfällig". So heißt es im Aufruf des Bundeskongresses entwicklungspolitischer Aktionsgruppen (BUKO) zu ihrer „Pharma-Kampagne", die im Oktober 1980 beschlossen wurde ... Das Hauptziel der rund 150 Dritte Welt-Gruppen aus dem gesamten Bundesgebiet: Aufklärungsarbeit zu leisten und es den Pharma-Multis künftig nicht mehr so einfach zu machen, Arzneimittel in den Entwicklungsländern zu überhöhten Preisen zu verkaufen, Produkte über das Verfallsdatum hinaus abzugeben oder Medikamente anzubieten, die in Industrieländern aus guten Gründen nicht zugelassen sind.

Die bundesdeutsche Pharma-Industrie reagierte auf die Vorstellung der „Pharma-Kampagne“ beim Hamburger Gesundheitstag im Oktober 1981 empfindlich. „Nahezu deckungsgleich mit der Propaganda aus dem Ostblock“, wetterte die Verbandszeitschrift „Medikament und Meinung“ in einem ausführlichen Artikel. Die „BUKO-Aktivisten“ seien „ahnungslose Handlanger Moskaus“. Eine solche Reaktion kam nicht von ungefähr. Ihr eigener Ruf – das wissen die Pharma-Konzerne sehr wohl – ist nicht der allerbeste. Mit ihren Geschäftspraktiken gegenüber der Dritten Welt haben sie selber am meisten an ihrem Image gekratzt. ...

aus: Profite mit Pillen – epd-Dritte-Welt-Information 6 / 82

Sohn: Als sich das abgespielt hat, bin ich noch nicht in diesem Amt gewesen. In der Kampagne des Bundeskongresses entwicklungspolitischer Arbeitsgruppen (BUKO) stecken schon in hohem Maße kirchliche Initiativen. Deshalb würde ich an diesem Punkt BUKO und Kirche nicht so auseinanderreißen. Ich habe an dieser Stelle auch einen weiten Kirchenbegriff. Für mich sind viele Initiativen sehr viel mehr Kirche als manches, was die Kirche mit ihren offiziellen Organen tut.

Kirche verunsichert

Hier in Hessen-Nassau hat die Kampagne damals zu massiven Konflikten geführt, in denen bis zu einem gewissen Grade ein Unternehmen wie Hoechst etwas gelernt hat, nämlich – das sagen sie inzwischen selbst -, daß es auf die Dauer wenig Sinn hat, solche Gespräche abzublocken. Als Ergebnis wurde eine Arbeitsgruppe von der Landeskirche, gemeinsam mit Vertretern der Pharmakonzerne, einberufen. Sie hat so etwas wie einen Verhaltenskodex ausgearbeitet.

Auf diesen haben sich beide Seiten geeinigt. Und dieser ist jetzt die Grundlage für eine Fortsetzung dieses Gespräches in einer etwas anderen Zusammensetzung. Es gibt also inzwischen wieder im landeskirchlichen Auftrag einen Gesprächskreis über die Pharmaindustrie und ihre Bedeutung für die Dritte Welt. In diesem Kreis bin ich als Vertreter des Amtes. Bei dem Konflikt vorher waren wir nicht einbezogen. Und wir haben jetzt gerade einen Studientag in diesem Kreis vor uns, wo wir das Verhalten der deutschen Pharmakonzerne – Böhringer, Merck, Hoechst – in den Philippinen analysieren – mit Leuten aus den Philippinen und kirchlichen Vertretern, zum Teil Leute aus Kirchengemeinden, die fachlich qualifiziert sind.

Es gibt zur Zeit keinen riesigen Konflikt, sondern so ein Aneinanderherantasten. Denn es ist für uns sehr wichtig, was die an Informationen herausrükken. Aber genauso erhalten sie Informationen, die nur uns präsent sind, z.B. durch Projekte, die in entsprechenden Ländern laufen. medico international ist in dem Arbeitskreis.

Finden Sie, daß es ein offener Austausch ist?

Dialogansätze

Sohn: Also so offen, wie es im Moment geht. Ich vermute, daß die Unternehmer nicht alle Karten auf den Tisch legen. Wir tun das auch nicht. Das Gespräch läuft noch kein Jahr. Ich sehe ihm durchaus mit gewissen Hoffnungen entgegen. Aber es gab ja auch noch keinen Konflikt, wo es die Unternehmer viel gekostet hätte, offen zu sein.

Welches Interesse haben die Unternehmen an solch einem Gespräch?

Sohn: Das dürfte diffus sein. Auf der einen Seite die veränderte Öffentlichkeitsarbeit der Unternehmen, einen Schwenk weg von der harten Konfliktlinie hin zu einem öffentlichkeitswirksamen Gespräch. Sozusagen Krisenmanagement: „Solange wir mit der Kirche reden, pinkelt die uns nicht ans Bein". Zum anderen haben sie Interesse an Informationen über unsere Kanäle...

... die von diesen Unternehmen wieder ausgenutzt werden, um bessere Marktchancen zu finden?

Sohn: Wir haben nicht unbedingt etwas gegen bessere Marktchancen. Wenn sie etwas Gutes unter guten Bedingungen produzieren, haben wir nichts dagegen. Das Entscheidende ist doch, daß die Bedingungen derer, die das Zeug hinterher schlucken sollen, sinnvoll sind.

In den meisten Dritte-Welt-Ländern gehört z.B. die schlechte Wasserversorgung zu den Grundproblemen. Das hat mit der Pharmaindustrie und möglichen Absatzmärkten sehr wenig Positives zu tun. Warum ist Ihr Amt in diese zweite Phase einbezogen?

Sohn: Weil bereits die Produktionen problematisch sind... Hinzu kommen Arbeitsplatzargumente und was sonst noch alles eine Rolle spielt. Wir sind vom Amt her gerufen, damit auch die Stimme der Arbeitnehmer in den hiesigen Betrieben beim Gespräch eine Rolle spielt.

Gespräche Unternehmen-Gewerkschaften im Frankfurter Raum mit oder aus der Perspektive Dritte Welt gibt es wohl nicht?

Sohn: Nein, aber wir haben damals bei unserer Südkorea-Kampagne die Gewerkschaften eingespannt.

Bündnispartner?

Stiehler: Es gab einmal eine Gruppe kritischer Metaller, die eng an das Amt hier angebunden war, weil sie bei der IG Metall kein Bein auf den Boden bekommen hat. Sie tagte auch bei uns in der Gemeinde, nicht im Gewerkschaftshaus. Aber irgendwie ist sie eingeschlafen.

Sohn: Das hat mit personellen Änderungen bei der IG Metall und deren veränderter Linie zu tun. Und damit, daß viele von den früheren Metaller-Stammtischleuten inzwischen Betriebsratsvorsitzende sind und im Metallvorstand hier in Frankfurt sitzen. Sie sind in die Institution gegangen, aber zum Teil mit schlechtem Gewissen. Die Oppositionsphase ist ein Stück verdrängt, also nicht verarbeitet.

Gibt es über die Kontakte Ihres Amtes und die Einzelfallrunden hinaus ein kontinuierliches Gespräch zwischen Kirchen und Wirtschaft?

Sohn: Ja, sowohl mit Vertretern von Gewerkschaften und Unternehmen wie von katholischer und von evangelischer Seite. Damit diese Gruppe nicht zu groß wird, werden auf evangelischer Seite die Dekane eingeladen. Auch der Propst, die Pröpstin sind dabei, und dann Mitarbeiter und Mitarbeiterinnen aus den Ämtern – je nach Tagesordnung. Es gibt ganz unterschiedliche Themen, beispielsweise Kindergartenöffnungszeiten, weil das mit Arbeitszeitflexibilisierung zusammenhängt. Maximal zweimal im Jahr trifft man sich mit der Wirtschaft, einmal mit Gewerkschaftsvertretern.

Mit der Gewerkschaft ist dabei der Kontakt etwas enger. Das hat mit dem sogenannten Römerbergbündnis zu tun, das im Zusammenhang mit Auseinandersetzungen um Betriebsstillegungen in Frankfurt entstanden ist. Damals haben sich Kirchen und Kirchengemeinden stark gegen die Schließung von bestimmten Betrieben engagiert – Adler-Triumph, VDO und einige mehr. Der auf dieser Basis gewachsene Kontakt ist dann genutzt worden z.B. für gemeinsame Bemühungen gegen Rechtsradikale in Frankfurt. Das steht bereit, wenn es irgendwo brennt.

Stiehler: Wobei das Römerbergbündnis leider in der letzten Zeit nichts auf die Beine gebracht hat.

Sohn: Das ist zur Zeit das Schicksal vieler anderer Initiativen auch.

Wenden wir uns den Gemeinden zu, die sich in Südafrika engagierten und dabei auch ihre eigene Kirche in Trab brachten. Das ist doch eine sehr interessante Geschichte.

Kontenkündigung

Stiehler: Vor vier Jahren in Frankfurt: Kampagne Evangelischer Kirchentag gegen Apartheid. Das hatte eine Vorgeschichte bei den Südafrika-Gruppen, die seit langer Zeit die Deutsche Bank, aber auch die Commerz- und die Dresdner Bank im Auge hatten mit dem Ziel, daß sie ihre Geschäftsbeziehungen zu Südafrika abbrechen, was nie gelungen ist. Dabei wurde an das Präsidium des Kirchentages die Forderung gerichtet, sein Konto bei der Deutschen Bank aufzulösen – aus Solidarität mit den Schwarzen in Südafrika.

1970 nahm das ökumenische Programm zur Bekämpfung des Rassismus seine Arbeit auf. Bezüglich des südlichen Afrikas waren die Schwerpunkte seit Beginn die Stärkung der Kräfte zur Befreiung von Rassismus. Schon 1972 und 1974 wurde der Abzug von Investitionen bzw. die Kündigung von Konten thematisiert. Die Evangelische Kirche in Deutschland (EKD) sprach sich damals für „multiple (verschiedenartige) Strategien“ aus (Gespräche, Informationen, Aktion. Ausgeschlossen wurde die direkte Unterstützung von Gewaltmaßnahmen). Sie maß einem Dialog mit Firmen größere Erfolgschancen bei als Aktionen, die Druck erzeugen können. 1979 erteilte sie der Aktion „Kauft keine Früchte der Apartheid“ der Evangelischen Frauenarbeit eine Absage. 1981 beschloß der Ökumenische Rat der Kirchen (ÖRK), seine Konten bei Banken, die mit Südafrika Geschäfte machen, zu kündigen.

Im Juli 1986 forderte der Rat der EKD, nachdem der Südafrikanische Kirchenrat Wirtschaftssanktionen gefordert hatte, die Bundesregierung, Unternehmen und Banken auf, wirtschaftlichen Druck auf Südafrika auszuüben. Konsequenzen für die Kirche zieht er nicht.

Der Deutsche Evangelische Kirchentag hat Zeichen gesetzt. Ausgelöst durch Anfragen Einzelner und ökumenisch orientierter Gruppen entschied sich das Kirchentagspräsidium nach einer in der Öffentlichkeit viel beachteten Kontroverse zwischen dem Kirchentagspräsidium auf der einen und der Kampagne „Kirchentag gegen Apartheid“ auf der anderen Seite im März 1987 für den Abbruch der Geschäftsbeziehungen mit der Deutschen Bank. Entscheidend für diese im Kirchentagspräsidium umstrittene Entscheidung war, daß die Deutsche Bank, mit der es Gespräche geführt hatte, abgelehnt hatte politsche Bedingungen in die Umschuldungsverhandlungen mit Südafrika einzubringen.

Die vom Kirchentagspräsidium geforderten politischen Bedingungen entsprachen wörtlich denen, die der Rat der EKD in seinem Sanktionsbeschluß 1986 nannte: „Daß die südafrikanische Regierung die politischen Gefangenen freigibt, den Exilierten die Rückkehr ins Land erlaubt und die verbotenen Organisationen einschließlich des ANC (die Befreiungsbewegung Afrikanischer Nationalkongreß, Red.) wieder zuläßt und als Partner für Verhandlungen über die politische Gestaltung eines zukünftigen Südafrikas akzeptiert“.

Trotzdem lehnt der Rat der EKD die Kontenkündigung ab, weil er einen Abbruch der Gespräche mit den Bank-Managern befürchtet und in der Kontenkündigung auch eine Diffamierung andersdenkender Gemeindemitglieder sieht.

Nach der Kontenkündigung des Kirchentages gibt auch das Diakonische Werk der Evangelischen Kirche in Hessen und Nassau die Kündigung der Konten bei der Deutschen Bank bekannt. Eine Reihe von Gemeinden und Kirchenkreisen in unterschiedlichen Landeskirchen künden ebenfalls ihre Konten.

Die Evangelische Kirche im Rheinland löst 1986 ihre Geschäftsverbindungen mit der Dresdner Bank und 1987 mit der Westdeutschen Landesbank-Girozentrale. Die Evangelische Kirche in Hessen und Nassau beauftragt im Dezember 1987 einen Synodalausschuß, die kirchlichen Anlagen zu überprüfen. Bericht und Beschlußempfehlung sollen der Synode 1989 vorgelegt werden.

aus: epd- Dritte Welt – Information 1989: 5 / 87

In der Vorbereitung des Frankfurter Kirchentages waren wir zunehmend erstaunt, daß dies offensichtlich solche Schwierigkeiten und Probleme bereitet. Deshalb hat sich eine zusätzliche Kampagne von Gruppen des Kirchentages gebildet, die entschieden haben, am Kirchentag nicht teilzunehmen, sofern das Konto nicht gekündigt wird.

Nix spielen

In diese Kampagne sind wir als Gemeinde eingestiegen. Daraus wurden am Ende sechs Frankfurter Kirchengemeinden, die dann auch ihre Gastgeberfunktion in Frage stellten.

Offensichtlich ist es tatsächlich so gewesen, daß eben die sechs Kirchenvorstände, nicht so sehr die viel zahlreicheren Aktionsgruppen, entscheidend dazu beigetragen haben, daß dieses Konto aufgelöst wurde. So hundertprozentig sicher sind wir uns nicht. Aber die Kirchentagsbeiträge laufen nicht mehr darüber.

Die Kampagne hat in den Gemeinden unheimlich Spaß gemacht. Mit dem Erfolg, daß die sechs Gemeinden nach dem Kirchentag weiter zusammen etwas machen wollten – wie jetzt die Beschäftigung mit Hoechst.

Wir haben festgestellt, daß die damalige Kampagne der Deutschen Bank offensichtlich ein bißchen weh getan hat, wenn auch nicht aus ökonomischen Gründen. Ob die nun die paar Kröten auf dem Konto haben oder nicht, spielt keine Rolle. Aber das Image. Eine Bank ist angewiesen auf ein seriöses Image – eine Bank ist sauber, zuverlässig, macht keine dunklen Geschäfte. Und diese Kampagne gegen die Deutsche Bank, ebenso die Diskussion der Südafrika-Problematik in Bezug auf Commerz- und Dresdner Bank, haben diese Leute unruhig gemacht. Der Kunde muß den Eindruck haben, daß alles sauber und klar ist, wie die Außenfront oder die Angestellten in ihren Anzügen.

Der Ökumenische Rat der Kirchen in Genf (ÖRK) hat bereits seit geraumer Zeit seine Mitglieder, jeden einzelnen Christen, und seine Kirchen dazu aufgerufen, die Konten bei Banken zu kündigen, die Geschäftsbeziehungen zu Südafrika haben. Dies müßte sich in „Bankfurt“ besonders ausgewirkt haben?

Stiehler: In der Zeit damals schon. Denken Sie an den Arbeitskreis „Kein Geld für Apartheid“ der Frankfurter Frauenaktion Südafrika – jetzt Ende Juni ist wieder der „Bankentag“. Die haben sehr wesentlich dazu beigetragen, aber nicht nur in Frankfurt. Ich denke, daß damals im Zusammenhang mit dem Kirchentag eine Menge in der Richtung passiert ist.

Sind Gemeinden wegen Kontokündigungen von ihrer eigenen Kirche unter Druck gesetzt worden?

Stiehler: Der Kirchenpräsident der EKHN hat uns bei der Synode eine gesellschaftliche Belastung genannt. Da ist einer von unseren Kirchenvorstandsmitgliedern, der zwar Synodaler ist, aber es nicht so arg gewohnt ist, da in die Bütt zu gehen, aufgestanden und hat sich in einer sehr guten Weise gewehrt.

Aber das war im Grunde alles. Es gab harte Auseinandersetzungen zum erwähnten Kirchentag. Die sind uns seither auch nicht wohlgesonnen. Aber es ist eine tolle Erfahrung, wenn Kirchenvorstände mitziehen. Ich bin 1977 zur Paul-Gerhardt-Gemeinde gekommen, 1978 haben wir den Beschluß gefaßt, an den Sonderfonds des Anti-Rassismusprogramms der ÖRK 1000 Mark aus dem Etat zu überweisen, also aus Kirchensteuermitteln, und haben das auch publiziert. Da hat natürlich prompt Kirchenpräsident Helmut Hild angerufen und geklagt: „Guter Mann, was tun Sie mir an?". Und ich konnte sagen: „Ja, Bruder Hild, der Kirchenvorstand hat es beschlossen." Da kann auch eine Kirchenleitung nicht ohne weiteres dagegen angehen.

Bei der Pharmakampagne verlief das massiver. Hoechst hat mehr als durchblicken lassen, daß Kirche und Kirchensteueraufkommen etwas miteinander zu tun haben. In den Gemeinden um Hoechst wohnen einige Betuchte, die in Hoechst arbeiten und die das alles mehr auf der Ebene des Unternehmens sehen, um das mit Gewicht in oft unbedarfte Gemeinden, Kirchenvorstände und Synoden hineinzutragen.

Sohn: Das ist generell die Reaktion von Unternehmen. Es gibt kaum so viele entsprechende Briefe an unsere Kirchenleitung wie aus dem Raum Königstein, Kronberg und dem Taunus, wo die Bosse wohnen: Die Drohung mit Kirchenaustritten oder dem Vollzug, wenn von kirchlicher Seite etwas läuft, womit die nicht einverstanden sind. Ein Unternehmen wie Hoechst geht mit Ellenbogen vor.

Stiehler: Selbst der Betriebsrat dort hat in der Pharmakampagne gedroht: Also wenn ihr nicht Ruhe gebt, dann werden wir den Kirchenaustritt organisieren.

Sohn: Hoechst hat einen reaktionären Betriebsrat. Immerhin gibt es innerhalb des Betriebsrates eine oppositionelle Gruppe, mit der wir im Amt zusammenarbeiten.

Mir ist das weitere Engagement der sechs Gemeinden noch nicht deutlich geworden.

Sünde Wirtschaftssystem

Stiehler: Wir wollten nach dem Kirchentag weitermachen. Wir haben überlegt, weshalb es eigentlich einer Bank so schwer fällt, finanzielle Beziehungen nach Südafrika aufzulösen. Da kam uns im Frühjahr 1987 die Konferenz „Kirche, Christen, Wirtschaftssysteme – ein Aufruf zur gehorsamen Nachfolge" in Sao Paulo zu Hilfe. Den Studientext dazu hatten wir kurz vorher gelesen. Hier werden Rassismus, Militarismus und – als drittes Standbein – das herrschende Wirtschaftssystem als Sünde bezeichnet. So haben wir angefangen, uns mit Wirtschaftsfragen zu beschäftigen, auch bei unseren eigenen Haushalten. Spielen beim Aufstellen eines Haushaltes oder beim Ausgeben von Geld theologische Fragen, Momente, Aspekte überhaupt eine Rolle? Das ist eine spannende Sache.

Wir haben uns dann mit alternativer Geldanlage beschäftigt – mit der Ökobank und mit der Ökumenischen Entwicklungsgenossenschaft (EDCS) z.B. – und auch noch einmal die Landeskirche zu bewegen versucht, ihre Anlagegelder bei den Banken, die beim Umschuldungsgeschäft mit Südafrika verantwortlich mitmischen, zurückzuziehen. Nachdem wir so Grundstrukturen der Ökonomie kennengelernt und uns gefragt haben, wo Geld sinnvollerweise adäquat im Sinne der Armen anzulegen wäre, befassen wir uns jetzt konsequent mit einem Multi, eben Hoechst. Und das wird vielleicht am spannendsten, auch weil in dieser Arbeitsgruppe einer mitwirkt, der sein Leben lang bei Hoechst war und mit dieser Firma verheiratet ist, aber auch die Problematik sieht. Das wird noch ein ganzes Stück aufregender als etwa beim Thema Bank, wo die Bankangestellten das eigentlich nie als gegen sich bezogen aufgefaßt haben.

Wo bleibt da die Gemeinde?

Stiehler: Die Beschäftigung mit ökonomischen Fragen hat uns dazu geführt, das auch in unsere übrige Gemeindearbeit hineinzunehmen, also z. B. einen Kreis anzubieten, in dem wir sozialgeschichtliche Interpretationen biblischer Texte versuchen. Wir haben ein Jahr lang schlicht Texte genommen, in denen es ums Geld ging – äußerst spannend. Aber das bleibt bei einer kleinen Gruppe.

Ragen diese Aktivitäten nicht aus dem üblichen kirchlichen Leben in der BRD heraus? Ist das ein Reflex auf die herausragende ökonomische Bedeutung Frankfurts?

Sohn: Was diese sechs Gemeinden schaffen, ist nicht unbedingt typisch. Aber auch in anderen Regionen sitzen durchaus einzelne Gemeinden oder kirchliche Ämter an dieser Problematik. Ich möchte das nicht gerne quantifizieren, denke aber, daß dieser Zusammenhalt zwischen den sechs Gemeinden doch schon etwas Besonderes ist.

Wie verhält sich die katholische Seite? Arbeiten Sie mit ihr zusammen?

Sohn: Die bereits erwähnte Brasilien-Aktivität war ohne die Kooperation mit den Katholiken überhaupt nicht denkbar. Die war von der deutschen Zentrale der Franziskaner in Bad Godesberg organisiert worden.

Die Zusammenarbeit haben Sie gesucht. Aber was wächst hier aus dem Frankfurter katholischen Raum?

Sohn: Die Katholische Kirche ist in diesem Bereich nicht sehr aktiv. Es bleibt bei Einzelpersonen. Die spielen mitunter dann schon eine wesentliche Rolle.

Und wirkt sich die Existenz der Katholischen Hochschule Sankt Georgen aus?

Hunde-Stadt

Sohn: Nein, bei uns jedenfalls nicht, nicht in dieser Frage....

Widersprüchliche Entwicklungshilfe

Bei beiden Kirchen klafft doch genau die gleiche Lücke: Sie macht mich die hungernden Inder sehen, aber mich nicht als Arbeiter in einem bestimmten Betrieb dafür verantwortlich fühlen. Ist denn nicht dieser Widerspruch ein Ansatzpunkt für Ihre Arbeit?

Sohn: Das ist das zentrale Problem. Aber wie ist es deutlich zu machen, wenn für die Leute, die hier im Betrieb arbeiten, der Zusammenhang nicht direkt erfahrbar wird?

Im Direktionsgebäude werden die relevanten Entscheidungen getroffen. Aber was kommt davon in der Abteilung an? Erfahrbar wird das in dem Moment, wo so etwas sozusagen unmittelbar durchschlägt. Beispielsweise ist es eine unserer Vermutungen, daß die FCKW-Produktion, die in Hoechst aus Umweltgründen abgebaut werden soll, möglicherweise in Brasilien wieder aufgebaut wird. Das hat wieder unmittelbare Auswirkungen auf Arbeitsplätze hier.

Aber in dieser Situation ist mit den betroffenen Kollegen und Kolleginnen schwer zu argumentieren, weil sie dann selber mit dem Rücken zur Wand stehen. Das ist das alte Problem. Dann kann ich mit denen nicht mehr entwicklungspolitisch diskutieren.

Ist das nicht ein Defizit im entwicklungspolitischen Engagement der Kirche, daß so wenig auf strukturelle Zusammenhänge hingewiesen wird? Die karitative Schiene der Spendenwerbung trägt bestimmt nicht dazu bei, daß dieses Bewußtsein sich herausbildet. Wo bleibt die Verbindung zwischen Ihrem Amt und den kirchlichen Hilfswerken?

Sohn: Die Schwierigkeit liegt eben auch in der Sache selbst. Das ist nicht nur mangelndes Interesse oder mangelnde Fähigkeit.

Stiehler: Es gibt in der Entwicklung von „Brot für die Welt" eine positive Entwicklung, indem zunehmend Strukturprobleme angegangen werden, was natürlich bei evangelikalen Kreisen wieder auf Widerstand gestoßen ist, die deshalb „Hilfe für Brüder" organisiert haben, weil ihrer Meinung nach Brot für die Welt zunehmend kommunistisch wird.

Aber auch das ist eine Erfahrung von uns in den sechs Gemeinden bei der Beschäftigung mit Ökonomiefragen gewesen: Was wir als Entwicklungshilfe deklarieren und wofür wir uns auch in langen Jahren stark gemacht haben, war wahrscheinlich eine Entwicklungshilfe für uns, für die Wirtschaft der Industrieländer. Bei dem Hearing der Gemeinsamen Konferenz Kirche und Entwicklung (Bonn) zur Verschuldungskrise in Berlin 1989 haben die entscheidenden Stimmen gesagt: „Laßt uns in Ruhe, laßt uns unsere eigene Entwicklung gestalten". Unser Wirtschaftssystem ist anzufragen. Im Grunde geht es hier nur um Profite, die gemacht werden müssen. Und insofern ist auch ein Unternehmen mit ethischen Anfragen überfordert.

Traditionelle Spendenaufrufe

Wie aber gehen wir als Gemeinden damit um? „Seid doch ein bißchen freundlicher und tut doch ein bißchen mehr, und spritzt noch ein bißchen weniger an die Blumen, damit die Frauen in Kolumbien nicht ganz so schnell krank werden..."; oder fragen wir, was passiert da eigentlich, wenn wir, ohne an die Zusammenhänge zu denken, Blumen kaufen, die von dort importiert werden? Wer hat daran ein Interesse? Und dann muß die ganze Struktur eine andere werden. Aber wie und in welche Richtung?

Brot für die Welt wird in seinen strukturbezogenen Neuorientierungen auch entschieden gebremst. Aber allemal bleiben die tastenden bis mutigen Schritte dieser Öffentlichkeitsarbeit mit ihren traditionellen Spendenaufrufen ohne Wirkung in den Gemeinden von der Art, daß diese an Ort und Stelle strukturell aktiv werden. Hier wird die EKD auch weiterhin die Bremsen ziehen, denn Brot und die Spende sollen das Flaggschiff der Tradition Entwicklungshilfe bleiben.

Sohn: In der Tat liegt hier ein Defizit einer Kooperation zwischen den entwicklungsbezogenen Diensten und der Industrie- und Sozialarbeit.

Wie beurteilen Sie die Solidaritätsbewegung in Frankfurt? Gibt es Kooperationen?

Stiehler: Ich denke, es ist ruhig geworden. Vielleicht liegt es auch an mir. Ich war früher sehr viel mehr bei solchen Gruppierungen. Aber es kommen auch sehr viel weniger Einladungen. Die Zeit war einmal blühender.

Zu kurz gekommen ist in unserem Gespräch das herausragende Verdienst von Frauen in der Solidaritätsarbeit, z.B. in der Initiative „Früchteboykott Südafrika"...

Stiehler: ...die anfangs von der Kirchenleitung aus lächerlich gemacht wurde. Später hat man sie dann als vorbildlich dargestellt. Das ist eine ganz kontinuierliche, über zehn Jahre hinausgehende wichtige Arbeit gewesen.

Die Frauen sind aktiv geblieben, da gibt es jede Menge Organisationen. Ich habe gerade eine Broschüre mit allen Frauenorganisationen in Frankfurt bekommen, die ist dick....

Der Früchteboykott ist aus der bundesdeutschen Evangelischen Frauenarbeit (EFD) erwachsen. Die Kampagne wurde in Frankfurt beschlossen, weil die EFD hier ihren Sitz hat. Spielten die Frankfurter Erfahrungen, die Basis hier, dabei eine besondere Rolle?

Stiehler: Frauen waren die ersten, die den Boykott ins Spiel gebracht haben. Sie haben dadurch ganz schön viel Aufmerksamkeit erreicht und Informationen weitergeben können. Aber die Frauenaktionen erfolgten in anderen Städten genauso. Die haben wirklich ein Stück Bewußtsein geschaffen.

Früchte-Boykott

1977 hat die Evangelische Frauenarbeit in Deutschland (EFD) zum ersten Mal zum Boykott südafrikanischer Früchte aufgerufen. Unter dem Motto „Hier ist der Wurm drin" wurden die Verbraucher aufgefordert, z. B. keine Äpfel, Birnen oder Trauben mit dem Markenzeichen „cape" oder „outspan" zu kaufen. Bei der Aktion kann jeder mitmachen und so Solidarität mit dem Kampf für Gerechtigkeit in Südafrika zeigen. Nach zwölf Jahren zeigen sich Erfolge: Hertie, die Rewe-Leibbrand-Kette, Metro und Aldi erklärten öffentlich, daß sie keine südafrikanischen Waren mehr verkaufen.

aus: epd- Dritte Welt – Information 1989: 2 / 75

Sie haben die Ausländer angesprochen. Wie wirkt sich das in den Gemeinden aus?

Stiehler: Sehr, weil Ausländerarbeit bei uns ein Schwerpunkt ist, vor allem die Flüchtlingsarbeit. Wir haben vor einigen Jahren im Kirchenvorstand den Beschluß gefaßt, Asyl für Flüchtlinge zu bieten, die abgeschoben werden. Der Kontakt nach Schwalbach und zum Flughafen ist wichtig.

Der Schwerpunkt liegt in der Zuwendung. Das gilt auch für die Stadt. Aber man kann doch nicht sagen, daß Ausländer als politischer oder kultureller Faktor in den entscheidenden Diskussionen dabei sind?

Kairos 92

Stiehler: Im Augenblick befinden wir uns in einer wichtigen Phase, die heißt Kairos 92: Gruppen bereiten sich auf europäischer Ebene für nächstes Jahr vor, um entsprechend die 500 Jahre Entdeckung zu begehen. Dieses Datum wird schon eine Rolle spielen, zumal ich bei Jugendlichen merke, daß für einen Teil plötzlich die Indianer eine Rolle spielen.

Mit rund 300 beteiligten Dritte-Welt-Gruppen, Entwicklungshilfeorganisationen und Basisgemeinden ist „Kairos Europa" das größte europaweit arbeitende Aktionsbündnis, das es je im kirchlichen Raum gegeben hat.

„Kairos Europa“ versteht sich als Bewegung im Gefolge des Konziliaren Prozesses für Frieden, Gerechtigkeit und Bewahrung der Schöpfung. Unter den meisten Delegierten besteht Einigkeit in der Furcht vor einem „Europa der Großbanken“. Die angestrebte Freizügigkeit der Waren und Dienstleistungen berge die Gefahr, daß Firmen ihre Produktionsstätten noch leichter in Regionen verlegten, wo die Löhne niedriger seien und europaweit arbeitende Konzerne „dem gemeinsamen Markt ihre Regeln diktieren“.

Je weiter man die Probleme Nord-Süd begreift, um so schwieriger sind sie anzupacken. Und sie müssen ja konkrete Arbeit leisten. Gleichwohl: 500 Jahre Eroberung Lateinamerika erinnern auch daran, daß die Mission in entscheidendem Umfang Prozesse vorbereitet hat, die wir heute beklagen. Dahinter stand ein Missionsverständnis, das bis heute nicht entscheidend abgebaut ist. Da es auch das Amt für Mission und Ökumene der EKHN gibt, die Frage: Spielen diese Aspekte eine Rolle? Dieses Missionsverständnis teilt zwischen Christsein und Unternehmersein. Die Evangelische Kirche hat deutlich gemacht, daß sie akzeptiert, daß Unternehmer ein Maximum an Profit machen müssen. Das sei ein Wirtschaftsgesetz, das sich der ethisch-religiösen Betrachtung entziehe. Haben Sie aus Ihrer Arbeit heraus den Drang, in die Kirche hinein viel grundsätzlicher zu diskutieren, was eigentlich Christsein und damit Mission auch bedeutet?

Stiehler: Ich kann das nur mit einem 500prozentigen Ja beantworten. Wenn wir die offizielle Kirche nennen, dann ist es eine mit den Fesseln einer volkskirchlichen Struktur – sprich Kirchensteuer – gebundene. Und wie gesagt, wenn da eben jetzt von Königstein oder vom Taunus die entsprechenden Briefe kommen, dann erschreckt diese Kirche, denn dann geht es möglicherweise an die Finanzen.

Ortsgemeinden sind da sehr viel freier, sofern wir nicht der Idee erliegen, wir müßten wirklich Kirche für alle in diesem Stadtteil sein. Auch auf die Gefahr hin, daß andere wegbleiben. Und es gibt Gruppen, Aktivitäten außerhalb der Kirche, die viel wegweisender sind. Wenn ich denke, was in den guten Zeiten in Bürgerinitiativen und Dritte-Welt-Gruppen außerhalb der Kirche gelaufen ist, da kann man nur sagen: alle Hochachtung. Wie weit kann man in einer Volkskirche überhaupt wirklich Position beziehen, z.B. Kirche der Armen sein?

Sohn: Das Missionsverständnis im traditionellen Sinne ist für uns im Amt völlig uninteressant. Dem begegnen wir auch gar nicht. Mission ist draußen, wir tun unsere Arbeit hier. Für uns wichtig sind gelegentlich die Kirchen in anderen Ländern, die sozusagen ihre Missionsgeschichte hinter sich haben und jetzt selbständige Kirchen sind. Mission ist wahrscheinlich ganz anderswo nötig, nämlich bei uns selber – z.B. nachzudenken, was es eigentlich heißt, in diesem Lande Kirche zu sein. Ich denke, da

Telerväscherin Štefa

wäre vieles an Mission notwendig, einschließlich unserer eigenen Arbeit auch. Wir haben es im wesentlichen mit Sachthemen zu tun, aber wie weit müssen wir in Zusammenhang mit diesem Sachbezug klipp und klar biblische Botschaft verkündigen, gerade in einem Bereich, in dem Kirche nicht selbstverständlich ist, in einem Bereich, der radikal säkularisiert ist?

Das Gespräch mit Walter Sohn und Friedrich Stiehler führten K. Friedrich Schade zusammen mit Teilnehmern des Universitätsseminars „Global denken – lokal handeln“ im Sommersemester 1991. Dr. Sohn leitet das Amt für Industrie- und Sozialarbeit in Frankfurt.

Taufe eines Gastarbeiters

Kirsten Kratz / Barbara Schmidt

Ein Viertel Ausländer

Frankfurt am Main ist die Stadt mit dem höchsten Anteil an ausländischen Mitbürgern in Deutschland. Im März 1991 waren rund 24%, also rund ein Viertel der Einwohner Frankfurts, ausländischer Staatsangehörigkeit. Deutschstämmige Aussiedler, Angehörige der ausländischen Streitkräfte sowie ausländische Mitarbeiter der in Frankfurt ansässigen diplomatischen oder konsularischen Vertretungen werden in dieser Statistik nicht erfaßt.

Herkunft

In Frankfurt leben Staatsangehörige aus 154 Nationen, jedoch 75,7% der melderechtlich erfaßten nichtdeutschen Mitbürger kommen aus europäischen Ländern, wobei die ehemaligen Anwerbeländer die größten Kontingente stellen. Türkische Staatsangehörige sind mit 30.742 Personen (rund 20%) die zahlenmäßig größte Gruppe.

Da kaum nach Herkunftsländern differenzierte Statistiken existieren, läßt sich aus dem vorliegenden Zahlenmaterial sehr wenig zur spezifischen Situation ausländischer Mitbürger aus Ländern der sogenannten Dritten Welt schließen. Wenngleich in den letzten Jahren, unter anderem durch die Zunahme der Zahl von Asylantragstellern, die Zahl außereuropäischer Nichtdeutscher zunahm, stellen sie eine vergleichsweise kleine Bevölkerungsgruppe dar.

11,8% bzw. 17.654 Einwohner Frankfurts kommen aus Asien, wobei in dieser Zahl auch das wirtschaftsstarke Japan mit 1.694 Personen vertreten ist. Daneben dominieren jedoch politisch instabile und ökonomisch schwache Herkunftsländer. 3.827 ausländische Mitbürger kommen aus dem Iran, 1.534 aus Afghanistan und 1.469 aus Pakistan. Die restlichen Mitbürger asiatischer Herkunft verteilen sich auf über 30 weitere Herkunftsländer.

7,9% bzw. 11.850 Personen sind afrikanischer Provenienz. Die weitaus stärkste Gruppe stellen hierbei die Marokkaner mit 7.496 Personen, zweitstärkste Gruppe sind die äthiopischen Mitbürger mit 1.854 Angehörigen. Aus 40 weiteren afrikanischen Nationalitäten setzen sich die verbleibenden 2.500 Personen zusammen. Aus Mittel- und Lateinamerika stammt mit 282 bzw. 1.391 Personen nur eine kleine Gruppe der ausländischen Mitbürger.

Die folgenden Daten beziehen sich sämtlich auf die gesamte nichtdeutsche Bevölkerung.

Altersstruktur

Die Zahl der alten Menschen nimmt in der Frankfurter Wohnbevölkerung kontinuierlich zuungunsten der Erwerbsfähigen und Jugendlichen zu. Abgeschwächt wird diese Tendenz fast ausschließlich durch die ausländische Bevölkerung, die – gemessen an der deutschen – eine relativ junge Bevölkerung ist. Bei den Jugendlichen sind Ausländer überproportional vertreten, ihr Anteil bei den über 65jährigen ist mit 2,5% verschwindend gering. 53% der ausländischen Mitbürger sind zwischen 18 und 45 Jahren. Die große Mehrheit der ausländischen Bevölkerung steht im Erwerbsleben oder wird in den nächsten zehn Jahren in das Erwerbsleben eintreten. Ausländer sind damit übermäßig an der Wertschöpfung der Stadt beteiligt.

Die Altersstruktur der ausländischen Bevölkerung

	unter 6 J.	6 b. unter 18 J.	18 b. unter 45 J.	45 b. unter 65 J.	65 u. mehr J.
D.	4,8 %	9,5 %	42,5 %	26,2 %	16,9 %
A.	8,1 %	16,6 %	53,0 %	20,2 %	2,1 %

Mai 1987

Lebensunterhalt

Wichtigste Einnahmequelle für den Lebensunterhalt ist bei der ausländischen Bevölkerung die Erwerbs- und Berufstätigkeit, davon lebt die Hälfte der ausländischen Bürger. Etwas mehr als ein Drittel (37,65%) ist auf Zuwendungen durch Eltern, Ehegatten etc. angewiesen. Nur 9,1% beziehen Rente oder Einkünfte aus eigenem Vermögen oder sonstigen Unterstützungen. 3,4% erhalten Arbeitslosengeld bzw.-hilfe.

Zum Vergleich: Die deutsche Bevölkerung finanziert ihren Lebensunterhalt zu 44% aus Erwerbs- und Berufstätigkeit, zu 28,6 % aus Rente, eigenem Vermögen usw., 25% leben vom Unterhalt durch Eltern oder Ehegatten, 2% erhalten Arbeitslosengeld bzw. -hilfe.

Art der Erwerbstätigkeit

Über die Hälfte (57,7%) der erwerbstätigen AusländerInnen in Frankfurt sind ArbeiterInnen, davon sind 17,1% FacharbeiterInnen und 40,6% ungelernte sonstige ArbeiterInnen. Knapp ein Drittel (30,4%) gehört zu der Gruppe der Angestellten. 6% sind Selbständige, und deren mithelfende Familienangehörige machen 0,7% aus. Beamte, Richter oder Soldaten sind erwerbstätige AusländerInnen fast nie (1,5%). Auszubildende im gewerblichen und kaufmännisch-technischen Bereich machen zusammen 3,6% aus.

Von Erwerbslosigkeit sind AusländerInnen häufiger betroffen als Deutsche: Bei den ausländischen Erwerbspersonen betrug die Erwerbslosigkeit 1987 9,1%, bei deutschen 6,2%. Jeder fünfte erwerbstätige Frankfurter Einwohner hat einen ausländischen Paß. Zwei Drittel der ausländischen Erwerbstätigen sind Männer.

islamischen Einflußbereichs, aus Afrika und Asien sind durch einen hohen Anteil von Männern gekennzeichnet. Aus Ägypten (76%), dem Irak (76,3%), Bangladesh (80%), dem Senegal (80,8%) und dem Sudan (92,5%)

Ausländische und deutsche Bevölkerung nach der Beteiligung am Erwerbsleben

Staatsangehörigkeit / Geschlecht	Bevölkerung									
	insgesamt		Nichterwerbspersonen		Erwerbspersonen		von den Erwerbspersonen sind			
							Erwerbstätige		Erwerbslose	
	abs.	%	abs.	%	abs.	%	abs.	%	abs.	%
Ausländer	125 410	100	53986	43,0	71442	57,0	64923	90,9	6519	9,1
männlich	69718	100	23178	33,2	46540	66,8	42255	90,8	4285	9,2
weiblich	55692	100	30790	55,3	24902	44,7	22668	91,0	2234	9,0
Deutsche	492856	100	244299	49,6	248557	50,4	233161	93,8	15396	6,2
männlich	223491	100	85457	38,2	138034	61,8	129336	93,7	8698	6,3
weiblich	269365	100	158842	59,0	110523	41,0	103825	93,9	6698	6,1
Insgesamt	618266	100	298267	48,2	319999	51,8	298084	93,2	21915	6,8
männlich	293209	100	108635	37,1	184574	62,9	171591	93,0	12983	7,0
weiblich	325057	100	189632	58,3	135425	41,7	126493	93,4	8932	6,6

Zusammensetzung nach Geschlechtern

Läßt sich bei der deutschen Bevölkerung ein deutlicher Frauenüberschuß feststellen, so ist dies Verhältnis bei der ausländischen Bevölkerung umgekehrt. 1989 waren 56,1% männlichen und 44,9% weiblichen Geschlechts, wobei in den vergangenen Jahrzehnten ein immer höherer Anteil von Frauen zu verzeichnen ist. Herkunftsländer des kommen fast nur Männer. Bezogen auf Staaten der sogenannten Dritten Welt kommen aus Thailand und Kolumbien wesentlich mehr Frauen als Männer (73,3% bzw. 83,5%).

Religionszugehörigkeit

Die ausländischen Einwohner lassen sich zwei großen Religionsgemeinschaften zuordnen, der römisch-katholischen Kirche und der islamischen Religionsgemeinschaft mit 31,6% bzw.29,3%. 3% waren evangelisch, 36,2% der Ausländer gehören anderen Religionsgemeinschaften an oder machten keine Angaben.

Aufenthaltsdauer

Rund 15% der nichtdeutschen Frankfurter leben seit ihrer Geburt in Frankfurt. Zu dieser Gruppe gehören zum größten Teil Kinder und Enkel der in den 50er Jahren hauptsächlich in Südeuropa angeworbenen Arbeitskräfte. Etwas mehr als ein Drittel (35%) der nichtdeutschen Bevölkerung lebt zehn oder mehr Jahre in Frankfurt, knapp ein Drittel (32%) lebt noch keine fünf Jahre in der Stadt. Zu dieser letzten Gruppe zählen zum einen Japaner, US-Amerikaner, Briten usw., die von ihren Firmen oder Banken auf Zeit nach Frankfurt geschickt wurden, und zum anderen junge Menschen zwischen 18 und 30, die innerhalb der BRD mobiler sind (Stichtag: 31.12.1989).

Wohngebiete

Wohngebiete mit einem überdurchschnittlich hohen Ausländeranteil sind das Gallus-, Bahnhofs- und Gutleutviertel sowie die Innen- und Altstadt: Viertel, in denen in erster Linie Deutsche der unteren Mittelschicht zu finden sind. Der Ausländeranteil variiert hier von 40,6% im Gallusviertel bis 70,1% im Bahnhofsviertel.

Asylbewerber

Jährlich werden Frankfurt etwa 800 Flüchtlinge zugeteilt. 1991 wies die hessische Landesregierung 5,5% der für Hessen vorgesehenen Asylbewerber der Stadt Frankfurt zu, was 960 Asylbewerbern entsprach. Die BewerberInnen müssen in Frankfurt eine Unterkunft nachweisen können, und die meisten von ihnen besitzen verwandtschaftliche Beziehungen in der Stadt. Aus diesem Grund unterscheidet sich die Verteilung der Flüchtlinge in bezug auf die Herkunftsländer von jener des Bundesdurchschnitts. Die meisten Flüchtlinge in Frankfurt kamen in den vergangenen Jahren aus Äthiopien / Eritrea, Afghanistan, Iran, Pakistan, Sri Lanka und der Türkei. Im Januar 1991 betreute die Zentralstelle für Asylbewerber 2.426 Personen aus 44 Ländern. 510 kamen aus Äthiopien, 500 aus Afghanistan, 492 aus dem Iran 210 aus der Türkei, 153 aus Pakistan und 129 aus Sri Lanka. 43,2% der betreuten Personen wurden in Wohnungen , zumeist bei Familienangehörigen, untergebracht, 41,2% in Hotels und 15,6% in Gemeinschaftsunterkünften.

Gisela Ossig

„... zu Hause in Frankfurt"

Lebenssituation von Flüchtlingen

„Frankfurt ist eine weltoffene und internationale Stadt". Mit diesem Satz beginnt die Selbstdarstellung des Amtes für multikulturelle Angelegenheiten der Stadt Frankfurt. 132 Nationalitäten wohnen in der Mainmetropole, jeder vierte Einwohner hat keinen deutschen Paß. Am Ausländeranteil gemessen ist Frankfurt damit die „internationalste" aller deutschen Städte. Offen ist die Bürostadt für über 3000 ausländische Firmen und 264 Bankniederlassungen anderer Länder. Die Selbstdarstellung des liebevoll „Multikulti" genannten Amtes fährt fort: „In einer multikulturellen Gesellschaft müssen sich alle in der Stadt lebenden Menschen zu Hause fühlen."

Das rot-grüne Bündnis, das das Amt geschaffen hat, ging in seinen Koalitionsvereinbarungen von 1989 noch weiter: „Die Stadt Frankfurt am Main wird deshalb auch in Zukunft eine eventuell wachsende Zahl von Flüchtlingen in einem Geist der Toleranz und Humanität aufnehmen und ihnen nach Kräften ein menschenwürdiges Leben ermöglichen."

Sätze, die Frankfurter Flüchtlingsinitiativen nur noch als Hohn empfinden können. Denn unter den Flüchtlingen wächst die Zahl der Obdachlosen. Wegen ihres „Ausländerbonus" wurden der Stadt Frankfurt einige Jahre keine Asylbewerber mehr zugewiesen. Daraufhin wurde beschlossen, die vorhandenen Gemeinschaftsunterkünfte zu schließen. Für 1989 sah die bundesweite Quotenregelung aber wieder eine „Zuteilung" von 590 Asylbewerbern vor. Dies entsprach auch einer Forderung, die die Grünen – damals noch in der Opposition – 1987 gemeinsam mit Flüchtlingsinitiativen aufgestellt hatten: Abschaffung des an sich rassistischen Ausländerbonus.

Inzwischen sind die Grünen an der Frankfurter Regierung, doch die Flüchtlinge spüren nichts von den ehedem oppositionellen Versprechungen, die Situation der geduldeten Flüchtlinge zu verbessern, Gemeinschaftsunterkünfte nach Mindestanforderungen einzurichten und sogar ein Wohungsprogramm für Asylberechtigte zu verabschieden.

Nach einem Jahr rot-grüner Stadtregierung gab es gerade mal drei Unterkünfte mit 218 Plätzen. Der Bedarf liegt etwa dreimal so hoch. In den früher selbst erarbeiteten Mindestanforderungen wurde von Heimen mit 50 Plätzen gesprochen, zwei der drei Heime überschreiten die Grenze bei weitem. Um der Unterbringungspflicht zu genügen, werden Asylbewerber in Hotels rund um den Hauptbahnhof eingewiesen. „Die Ratten knabbern immer wieder die Kekse“, sagt die zehnjährige Jordanus kichernd. Drei Zimmer belegt ihre Familie im Hotel Teheran. Ihr mache der Dreck nichts, aber ihre Mutter sei es leid, nicht richtig putzen zu können.

Die Hoteliers kassieren 35 bis 70 DM pro Übernachtung – macht bei einer vierköpfigen Familie also 140 bis 280 DM fürs Zimmer – und sparen gleichzeitig die Zimmermädchen. Es „könnte schnell der sicher falsche Eindruck entstehen, daß hier von der Stadt Frankfurt das Milieu über Steuergelder aus dem Sozialetat subventioniert wird“, schrieb eine Arbeitsgruppe der Flüchtlingsinitiativen in einem Brief an die Frankfurter Sozialdezernentin im Juli 1990. Der Arbeitsgruppe gehören all die an, die täglich mit den Flüchtlingen umgehen: der Frankfurter Flüchtlingsbeirat, das Psychosoziale Zentrum, der Sozialdienst Mainzer Landstraße, der Flughafensozialdienst und die AWO-Flüchtlingsberatungstelle. Die Arbeitsgruppe rechnete hoch: Bei Mindestkosten von 1050 DM im Monat pro Bett mal der 454 im Hotel untergebrachten Flüchtlinge (Stand Januar 1990) zahle das Sozialamt jährlich 5.7 Millionen DM an die Privatbranche.

Ein Jahr nach dieser Mahnung hat sich der Zustand weiter verschlechtert. 30 bis 40 Hotels profitieren nach Insiderschätzungen mittlerweile von den Flüchtlingen. Die meisten Zimmer sind hoffnungslos überbelegt, die Flüchtlinge werden – je nach Hotelierslaune – mal mit, mal ohne Ankündigung zugunsten von besser zahlenden Messegästen vorübergehend rausgeschmissen. Als Ausweg aus der Misere fiel der Stadt neuerdings ein, zwei Hotels ganz anzumieten.

Um Plätze in denselben Hotels kämpfen auch Asylberechtigte, die zwar Anspruch, aber keinerlei Aussicht auf eine Sozialwohung haben. Eine „Kostenzusicherung für Übernachtungskosten“ kann Herr Desta-Gebru bei seiner Zimmersuche vorweisen. Täglich 11.90 DM zu übernehmen, vespricht darin das Wohungsamt dem Hotelier. Handschriftlich vermerkt ist auf dem amtlichen Schreiben: „Herr Desta-Gebru zahlt einen täglichen Eigenanteil von 23.10 DM.“ Der angeheftete Bescheid über Arbeitlosenhilfe gibt gleich über die Einkommenslage des Eritreers Auskunft. Seit 11 Monaten irrt er mit diesem Schreiben von Hotel zu Hotel. Eine Unterkunft fand er nicht.

Manche schlafen unter Brücken, die meisten fängt ihre jeweilige ethnische Gruppe auf, ist die gleichlautende Antwort der Flüchtlingsberater. Als obdachlos ist keiner der Asylberechtigten registriert. Helfen können die Berater ihrer Klientel nicht. Die wenigen verfügbaren Sozialwohnungen bekommen eher Deutsche und Aussiedler. Das Wohnungsamt begründet das mit den Großfamilien der Flüchtlinge: „Wir können doch keine Wohnugen vergeben, die überbelegt wären.“ Flüchtlinge müssen zudem ein Jahr in Frankfurt gemeldet sein, ehe sie sich überhaupt als wohungssuchend registrieren lassen können. In puncto Freizügigkeit gilt der grundgesetzlich verankerte Gleichbehandlungsgrundsatz nicht mehr. Der private Wohnungsmarkt ist den meisten Flüchtlingen verschlossen, das Sozialamt übernimmt die Maklergebühr nicht.

Ohne Hoffnung auf eine Änderung hausen bis zu zehn Leute in Einzimmerwohnungen – vor allem rund um den Hauptbahnhof. Ihre Kinder sind im Postamt Moselstraße beim Hausaufgabenmachen anzutreffen. Die Folgeschäden sind schwer. Ein Mitarbeiter vom Sozialdienst für Flüchtlinge umreißt sie so: „Die Frauen flüchten sich in psychosomatische Krankheiten, Männer in den Alkoholismus, immer mehr Kinder greifen zum reichlich angebotenen Rauschgift oder werden selbst zu Dealern."

Erwartungen oder Hoffnungen verbindet der Sozialarbeiter weder mit dem multikulturellen Amt, noch mit der rotgrünen Regierung: „Davon spürt der einzelne Flüchtling nichts." Der Frankfurter Flüchtlingsbeirat gibt sich da moderater. Es sei gut, daß es das Amt gebe, auch wenn es keine Verbesserungen gebracht habe. Nicht einmal ein Jahr lang traf sich eine „Arbeitsgruppe Flüchtlinge" im Amt. Gegenüber den fünf Flüchtlingsinitiativen klagte Amtsleiterin Rosi Wolf-Amanasreh, gegen bürokratische Mauern anzurennen. Seit dem Frühjahr 1990 ruht die Arbeit, zuvor hatte die Leiterin den Auftrag erhalten, zu den Grünen und der SPD in Kontakt zu treten.

Es braucht schon eine Menge privater Initiative, ehe das Amt doch mal Hilfestellung geben kann. Der Trägerverein der Krebsmühle „Hilfe zur Selbsthilfe" stellte Räumlichkeiten für ein Wohn- und Arbeitsprojekt für Asylberechtigte zur Verfügung. Einzelzimmer, soziale Betreuung und Einblick in die verschiedenen Werkstätten der Krebsmühle soll 20 Flüchtlingen geboten werden. Hilfe kam vom Multikulturellen Amt bei den zähen Verhandlungen mit dem Sozialamt um den Versorgungssatz von täglich 43.31 DM.

Das Versprechen einer humanen Aufnahme scheinen die Regierenden nicht auf die Grundlage des Lebens in einer Stadt, auf die Wohnung bezogen zu haben. Der Unterschied zwischen Worten und Taten wurde einmal mehr deutlich, als vor den Toren Frankfurts jene Flüchtlinge um Einlaß baten, die in Sachsen und Thüringen rot und blau geschlagen worden waren. Während die Ärmeren von Frankfurts Einwohnern, die Studenten aus ASTA, Evangelischer Studentengemeinde und Flüchtlingsbeirat den Zurückgekehrten sofort zu helfen versuchten, nahm sich das Amt für Multikulturelles drei Wochen Zeit, bevor jemand nach Schwalbach kam.

(Der Text berücksichtigt die Situation bis Juli 91.)

9.7.1992 Frankfurter Rundschau · Seite 17

Peruanerinnen wurden zur Prostitution gezwungen

Zwei mutmaßliche Menschenhändler festgenommen

Von unserem Mitarbeiter Matthias Arning

Die Polizei hat einen Mann und eine Frau festgenommen, die unter dem Verdacht des Menschenhandels stehen. Nach den Ermittlungen haben die beiden zwei 24 und 28 Jahre alte Frauen in der peruanischen Hauptstadt Lima als Hausangestellte anwerben lassen und sie dann später in Frankfurt auf den Strich gezwungen. „Das ist eine gängige Praxis", berichtete Polizei-Sprecher Manfred Feist. Doch nur wenige Fälle können aufgeklärt werden. Zu groß sei die Angst der Verschleppten und Getäuschten vor den Menschenhändlern. Diesmal war die Aufklärung allein dem Umstand zu verdanken, daß eine der Peruanerinnen einem Freier aus Offenbach von ihrer Odyssee erzählt hatte.

Nach dem Bericht der Frau waren die beiden im Mai in Lima von einem Mann angesprochen worden, der von der Polizei bislang noch nicht identifiziert werden konnte. Er versprach ihnen, was nach Angabe von Polizei-Sprecher Feist immer wieder versprochen wird: Nach Deutschland sollten die jungen Frauen fliegen, alte Menschen und Kinder betreuen. Mit guter Verdienstaussicht: 2000 Mark monatlich. Das Ticket für den Flug werde selbstverständlich zur Verfügung gestellt, Reisepapiere besorgt.

Am 28. Mai landeten die Frauen auf dem Rhein-Main-Flughafen. Dort wurden sie von einer anderen Peruanerin in Empfang genommen: Die 27jährige brachte sie nach Wöllstadt in die Wohnung eines 50jährigen Italieners. Dort wurde ihnen gesagt, was sie künftig zu tun hätten — sich als Prostituierte in einem Bordell zu verdingen.

Papiere und Gepäck wurden ihnen abgenommen. Der 50jährige brachte die jungen Frauen in dem Bordellbetrieb unter und machte ihnen unmißverständlich klar: Erwartet werden mindestens 20 Freier am Tag, für den „Liebesdienst" hätten sie zwischen 30 Mark und 50 Mark zu kassieren. Die Komplizin, die das Geld täglich abholte, rügte die Einnahmen als zu gering. „Sie hat", berichtete Polizei-Sprecher Feist, die jungen Frauen „zur Mehrarbeit angehalten".

Über vier Wochen lang. Bis der des Spanischen kundige Freier aus Offenbach sich das Schicksal der 24jährigen erzählen ließ und die Kriminalpolizei alarmierte: Die Kripo holte beide Frauen aus dem Bordell heraus. Sie werden seitdem von einer Frauenorganisation betreut. Die 27jährige und der der Polizei durch andere Straftaten bekannte 50jährige wurden schließlich am vergangenen Donnerstag festgenommen — auf der Zeil, beim Verkauf von Sonnenbrillen.

Das Zuhälterpärchen, das mittlerweile in Untersuchungshaft sitzt, „hat wohl auf eigene Rechnung gearbeitet", vermutet Feist. Anhaltspunkte für einen Organisationshintergrund gebe es nicht. Doch der Tathergang entspreche der Praxis des Menschenhandels, wie es ihn immer wieder gebe: Versprechungen werden gemacht, Drohungen ausgesprochen. Um die Frauen zu verängstigen und ihnen einzuschärfen: Die Polizei werde sie sowieso festnehmen, wenn sie sich an sie wenden würden. „Das ist ein Druckmittel", sagte der Polizei-Sprecher.

Wieviele Frauen jedes Jahr angeworben und zur Arbeit als Prostituierte gezwungen werden, lasse sich nicht sagen: Nur wenige Fälle werden bekannt, und „sie sind immer wieder anders".

Ulla Mikota

Global verdienen – lokal abschieben?

Dienstleistung von asiatischen Frauen wird tabuisiert

Frauenhandel[1] und Frankfurt treffen sich im Bereich der kommerziellen und privaten Dienstleistung[2]. Mehrere Faktoren spielen eine Rolle: Flughafen als „Tor zur Welt“, starke amerikanische Militärpräsenz, hohe Nachfrage nach frauenspezifischer Dienstleistung entsprechend den Frankfurter Arbeits- und Sozialstrukturen und sozialer Magnet für die Frauen durch Verwandtschafts- und Bekanntschaftsbeziehungen. Obwohl es keine genauen Zahlen darüber gibt, wieviele asiatische Frauen auf diesem Markt Arbeit suchen, gilt Frankfurt z.B. als „das“ Zentrum illegaler Haus- und Dienstmädchen in der Bundesrepublik. Zehn- bis zwölftausend illegale Filipinas werden im Rhein-Main-Gebiet vermutet. Nach den Erfahrungen in der Beratungsarbeit der Ökumenischen Asiengruppe arbeiten diese vor allem als Haus-, Dienst- oder Kindermädchen in amerikanischen und deutschen Haushalten.

Da die von asiatischen Frauen erbrachte Dienstleistung zum großen Teil dort stattfindet, wo auch deutsche Frauen entweder gesellschaftlich diskriminiert (z.B. Prostitution) oder 'nicht bezahlt' werden (Hausarbeit, Kindererziehung), hat sich den Beobachtungen der Ökumenischen Asiengruppe nach in Frankfurt ein signifikanter „informeller Sektor“ entwickelt; eigentlich ein vieldiskutiertes Strukturmerkmal sog. Dritte Welt-Ökonomien. Billigte man den männlichen Arbeitsmigranten im Industriesektor der 60er und 70er Jahren zumindest verbal den Status des

1 Wie – hier vor allem asiatische – Frauen in die Bundesrepublik kommen, hat sich im Laufe der Jahre „diversifiziert“. Während im Heiratshandel vor allem über Katalog und Zeitschriften vermittelt wird, sind im Bereich der Haus- und Dienstmädchen Schlepperorganisationen tätig. Verwandschafts- und Bekanntschaftsvermittlungen spielen in beiden Fällen inzwischen eine große Rolle. Wie groß die Gruppe von Frauen ausfällt, die heute noch mit physischer Gewalt „verschleppt“ wird, ist nicht genau zu quantifizieren. Deutlich ist jedoch der Rückgang der Ausübung direkter Gewalt zugunsten von Formen struktureller Gewalt.

2 Mit privaten Dienstleistungen sind in erster Linie Tätigkeiten im Haushalt und Kindererziehung gemeint, die unabhängig von einer Ehe oder einem eheähnlichen Verhältnis geleistet und, wenn auch meist gering, bezahlt werden. Damit sollen weder grundsätzlich Dienstleistungen von Frauen in deutsch-asiatischen Ehen negiert, noch von vornherein jede deutsch-asiatische Ehe als Dienstleistungsverhältnis charakterisiert werden. Es ist aber zu vermuten, daß bei den sog. Katalog-Ehen, bei denen die Männer ja einen Kaufpreis zahlen müssen, die Anspruchshaltung auf Dienstleitungen verstärkt vorhanden ist. Ansonsten besteht in diesem Bereich – analog deutscher Familienstrukturen – eine kaum zu quantifizierende Grauzone.

„Gastarbeiters“ mit einer begrenzten Legalisierung seines Aufenthaltes und Eingliederung in das Sozialsystem, z.B. Bezahlung nach Tariflöhnen noch zu, wird die Arbeit der Frauen zwar nachgefragt, gern in Anspruch genommen und gleichzeitig gesellschaftlich tabuisiert. Sobald jedoch individuell auffällig, z.B. durch Kündigung obdachlos, wird sie nach herrschendem Recht und Gesetz abgeschoben. Das Heer arbeitssuchender philippinischer Putzfrauen und Kindermädchen oder sonstiger Migrantinnen ist ja angesichts der sozialen Not in ihren Heimatländern und der in Aussicht gestellten Möglichkeit, für sich und ihre Familien in den reichen Ländern ein besseres Lebensniveau zu erreichen, schier unerschöpflich. Somit ist nicht zu „befürchten“, daß auf dem Dienstleistungsmarkt ein Engpaß entsteht.

US-Amerikaner hinterlassen menschliches Elend

Auf welche gesetzlich und menschlich rechtlose und damit unsichere Situation sich die Frauen bei ihrer Suche nach einem besseren Leben oft einlassen müssen, wird zur Zeit durch die verstärkten Truppenverlegungen der amerikanischen Armee in Frankfurt und im Rhein-Main-Gebiet massiert deutlich. Die Ökumenische Asiengruppe berät in letzter Zeit viele Filipinas, die für amerikanische Armeeangehörige entweder im Haushalt Dienste leisteten oder in eheähnlichen Verhältnissen mit Soldaten lebten. Durch die Reduzierung der amerikanischen Armee in Frankfurt sitzen viele dieser Frauen – die sicher nicht zuletzt wegen ihrer sozialen Ventilfunktion von den amerikanischen Behörden geduldet wurden – in der Regel mit Kleinkindern auf der Straße. Die amerikanische Gesetzgebung ist, was Familien- und Vaterschaftspflichten angeht, insgesamt Männern gegenüber äußerst großzügig. Illegale Frauen haben da schon gar keine Chance, irgendwelche Rechte durchzusetzen. Viele der Soldaten behaupten – trotz mehrjährigen Zusammenlebens mit Frau und Kind – nie etwas mit ihnen zu tun gehabt zu haben. Wem sie in solche Fällen glauben, darüber läßt die amerikanische Militärbürokratie keinen Zweifel. Solche Probleme existieren ihrer Meinung nach nicht.

Die Ökumenische Asiengruppe fordert von der Stadt Frankfurt, nicht nur über freiwerdende Liegenschaften und Flächen mit der amerikanischen Armee zu verhandeln, sondern sich auch für die Interessen der obdachlosen Filipinas einzusetzen, die in den amerikanischen Housing Areas gelebt und gearbeitet haben. Das Mindeste ist die Verhandlung über die Bereitstellung einer oder mehrerer Wohnungen seitens der Amerikaner für die obdachlosen Frauen. Nur so erhalten die Frauen eine Chance, ihre und die rechtliche Situation ihrer Kinder zu klären.

Bröckelt auf der einen Seite sozusagen ein „Markt“ für die Frauen stark ab, gibt es z.B. in den Mittelschichthaushalten im Frankfurter Westend einen richtigen Boom an thailändischen und philippinischen Haus- und Kindermädchen. Da die Frauen meist nur einen illegalen Aufenthaltsstatus haben, sind diese Arbeitsverhältnisse genauso informell und unverbindlich wie bei den Amerikanern. Für die Arbeitgeber bedeutet dies die absolute Freiheit des „hire and fire" – für die asiatischen Frauen dagegen die latente Epreßbarkeit in Form niedrigen Lohns, sexueller Übergriffe und schlechter, unsicherer Arbeitsbedingungen. Wird eine Frau z.B. krank, wird sie in der Regel entlassen. Damit verliert sie häufig nicht nur ihren Arbeitsplatz, sondern auch ihre Wohnmöglichkeit. Die bürgerliche Dienstmädchenkultur der Jahrhundertwende feiert Auferstehung auf der Basis einer geschlechtsspezifischen internationalen Arbeitsteilung. Man kann sich durchaus ein Szenario vorstellen, daß eine Filipina als Hausmädchen indirekt die Voraussetzungen dafür schafft, daß Chef oder Chefin in einer Frankfurter Bank oder international agierenden Firma mit den Philippinen enorme Gewinne realisiert, die damit an der Armutspirale dreht, die philippinische Frauen dazu bringt, ihre Dienste in Übersee anzubieten.

Asiatische Frauen: Wichtiger Wirtschaftsfaktor

Ist die personelle Größenordnung der Haus- und Dienstmädchen eher noch öffentlich wahrnehmbar – z.B. im Straßenbild des Westends und des Grüneburgparkes, in dem sie die Kinder ausfahren –, bleibt der ökonomische Stellenwert des Frauenhandels, des Pornofilmgeschäftes mit asiatischen Frauen und Kindern oder der Gewinne der Touristikunternehmen und Fluggesellschaften am sog. Sextourismus für die Frankfurter Ökonomie im unterschätzten Dunkel. Vielleicht könnte die Gewerbesteuer zumindest in einigen Fällen darüber Aufschluß geben.

Keine Statistiken braucht man allerdings, um festzustellen, daß sich der deutsch-asiatische Heiratsboom insgesamt „positiv" auf das Frankfurter Geschäftsleben auswirkt. Die samstäglichen Variationen der Autokennzeichen vor den asiatischen Supermärkten Frankfurts machen deutlich, daß ein Großteil des Alltagsbedarfes deutsch-asiatischer Paare offensichtlich nur in Frankfurt befriedigt werden kann. Auch die asiatische – besonders die thailändische – Gastronomie Frankfurts boomt unter dem Defizit eines multikultrellen Angebotes ländlicher Gebiete. Der Besuch in einem thailändischen Restaurant bedeutet für viele Frauen das einzige Stück kultureller Identität in einer ansonsten fremden Kultur. Frankfurt bietet diese „Inseln" in rasant zunehmendem Tempo.

Aber nicht nur heimwehkranke Asiatinnen oder passionierte Thailand-Touristen suchen hier das heimatliche oder nostalgische Flair, sondern auch die Frankfurter Yuppie- und Intellektuellen-Szene gibt ihr Geld inzwischen regelmäßig für die leichte Thai-Küche aus und macht diesen Gastronomiezweig zu einem beachtenswerten Frankfurter Wirtschaftsfaktor.

Ob und welchen Zusammenhang es zwischen dem Frauenhandel / Sextourismus und den zunehmenden exotischen Genüssen gibt, die sich z.B. auch in der Angebotspalette der großen Kaufhäuser Frankfurts unter dem Slogan „Aus exotischen Ländern frisch auf unseren Tisch“ niederschlagen? Es geht der Ökumenischen Asiengruppe nicht darum, irgendjemandes kulinarischen Appetit zu verderben. Es muß aber nach Ursache und Wirkung gefragt werden, d.h. Armut der Frauen als Migrationsursache einerseits z.B. und Steigerung der exotischen Konsumpalette andererseits z.B. stehen in problematischer Beziehung, werden mit zweierlei Maß gemessen. Der ständige Preisverfall bei vielen landwirtschaftlichen Produkten aus der sog. Dritten Welt, z.B. Kaffee, wird mit Freude hingenommen. Entstehen gesellschaftliche Kosten für die Armen dieser Länder, werden die Grenzen dichtgemacht. Genießt man auf der einen Seite die Köstlichkeiten der asiatischen Gastronomie in Frankfurt, denen man sich im Extremfall nur hingeben kann, weil derzeit die philippinische oder thailändische Babysitterin auf den Nachwuchs aufpaßt, fühlt man sich für soziale und gesellschaftliche Probleme der Frauen nicht zuständig und schon gar nicht für die Ursachen der Migration der Frauen in unsere eigene Stadt aus einem fremden Kontinent.

„Opfer“, „Käuflich“ oder „Überlebende“?

Frauen aus Afrika, Asien oder Lateinamerika migrieren in reiche Länder, um sich selbst, ihren Familien in ihren Herkunftsländern ein besseres Leben zu ermöglichen. Häufig ist die Verantwortung für ihre Familie grundlegender Teil ihrer Erziehung. Dafür möchten sie hart arbeiten, dafür nehmen sie sehr viele Risiken in Kauf: z.B einen Mann, den sie kaum oder gar nicht kennen, Schulden für ein Flugticket, um einen versprochenen Arbeitsplatz auf einem anderen Kontinent zu erreichen, die Enttäuschung und Schande in ihren Familien, wenn sie es „nicht schaffen“.

In den letzten Jahren ist im Zusammenhang mit asiatischen Frauen viel über „Opfer“ geschrieben worden – eine Charakterisierung, gegen die sich immer mehr asiatische Frauen wehren und die angesichts des Mutes und der Risikobereitschaft migrierender Frauen auch offensichtlich in der Regel fehl am Platze ist. Zumindest wenn der Opferstatus zum Charakterzug angeblich schwacher asiatischer Frauen stigmatisiert wird.

Sehr viel zutreffender wäre es, der Frauen Migration als ’Strategie des Überlebens’ in einer Welt ökonomischer und struktureller Gewalt zu interpretieren[1]. Inwieweit dieser Versuch des Überlebens gelingt, liegt häufig jedoch nicht im individuellen Handlungsbereich der Frauen, sondern wird determiniert von ihrer strukturellen Machtlosigkeit und gesellschaftlichen Diskriminierung. Konkret wird diese in einer fremden Kultur, der Nicht-Beherrschung der Sprache, einer feind-

1 vgl. dazu Thürmer-Rohr, Christina: Frauen in Gewaltverhältnissen. Zur Generalisierung des Opferbegriffs, in: Mittäterschaft und Entdeckungslust, Studienschwerpunkt »Frauenforschung« am Institut für Sozialpädagogik der TU Berlin (Hg.), Orlanda Frauenverlag, 2. Auflage 1990, S. 28

seligen Gesetzgebung, einer verständnislosen Umwelt.

Die Ökumenische Asiengruppe

Hier setzt die Arbeit der Ökumenischen Asiengruppe an. Durch Beratung und Betreuung durch Landsfrauen, Sprach- und Orientierungskurse, Öffentlichkeitsarbeit, Lobbying usw. wollen wir die Lebensbedingungen für die Frauen verbessern, sich selbst zu helfen und möglichst weitgehend über ihre Interessen zu bestimmen und diese realisieren zu können. Seit ihrer Gründung vor zehn Jahren hat die Asiengruppe ihren Sitz in Frankfurt, dem Schwerpunkt ihres Engagements.

In der Beratung geht es vor allem um rechtliche Fragen wie Aufenthaltsstatus, Sorgerecht für Kinder... Zentrales Problem ist dabei die Kopplung des Aufenthaltsstatus an den Ehestatus während der ersten vier Ehejahre. Wir betreuen Frauen bei Behördengängen, Arztbesuchen, leisten Dolmetscherinnenarbeit, intervenieren bei Krisensituationen. Wir machen „street work" in den Bordellen, kümmern uns um Frauen, wenn wegen der Sperrgebietsverordnung Bordelle geschlossen werden. Wir versuchen Frauen, die aufgrund ihres illegalen Status im Gefängnis einsitzen, bis zu ihrer Abschiebung aus dem Gefängnis zu holen und sie anderweitig unterzubringen. Hierbei handelt es sich vielfach um Frauen, die durch Schlepperorganisationen in die Bundesrepublik kommen und sich ihres illegalen Aufenthaltsstatus überhaupt nicht bewußt sind.

Häufig kommen Frauen zu uns in die Beratung, die nicht wissen, wo sie die nächste Nacht verbringen sollen. Zum Teil sind dies Frauen, die von ihren Männern mißhandelt werden. Nach dem Vorbild deutscher Frauenhäuser will die Ökumenische Asiengruppe mit Unterstützung des Frauenreferates der Stadt Frankfurt noch in diesem Jahr ein Zufluchtswohnung für asiatische Frauen eröffnen.

Wir verstehen die finanzielle Unterstützung durch die Stadt Frankfurt auch als Akzeptanz, daß die sog. Dritte Welt in unseren Kommunen – und in besonderer Weise in Frankfurt – präsent ist. Noch deutlicher muß allerdings werden, daß mit dieser Unterstützung keine altruistischen oder karitativen Almosen verteilt werden. Indem Frauen aus Afrika, Asien und Lateinamerika in vielerlei Hinsicht dazu beitragen, daß unsere Leistungsgesellschaft funktioniert, d.h. wir als städtische Gemeinschaft also ihre Dienste in Anspruch nehmen, haben sie auch ein Recht auf Unterstützung.

Diese Hilfe der Stadtregierung gegenüber ausländischen Frauen darf sich auch nicht nur auf die Gewährung von Finanzmitteln beschränken. Wir interpretieren die materielle Förderung durch die Stadt Frankfurt zwar als ein positives Zeichen für einen Sensibilisierungs- und Bewußtseinswandel gegenüber ausländischen Frauen, der allerdings erst am Anfang steht. Leider werden positive Ansätze und Bemühungen, z.B. die „Anhörung zur Situation ausländischer Frauen in Frankfurt" (VeranstalterIn: Frauenreferat und

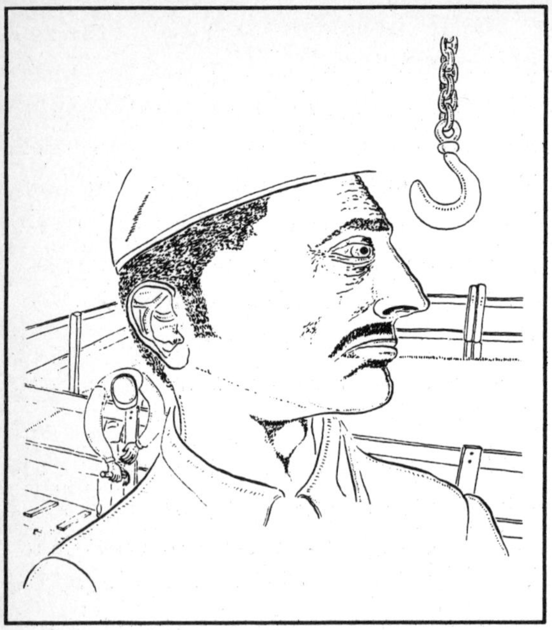

Wo bist Du, mein Sohn?

Amt für Multikulturelle Angelegenheiten) durch fehlende Kommunikationsstrukturen zwischen den für ausländische Frauen zuständigen Behörden wieder konterkariert.

Die Stadtregierung muß verstärkt selbst in ihren eigenen Strukturen politische Zeichen setzen, daß heißt, selbst Verantwortung übernehmen, z.B. indem sie die faktischen Arbeitsverhältnisse der Frauen als Haus- und Dienstmädchen legalisiert und damit sozial absichert.

Sie sollte die Abschiebung der Frauen außer Kraft setzen, die ihre Männer wegen Mißhandlungen verlassen. Da Frauen ihre Aufenthaltsberechtigung verlieren, wenn die Ehe vor dem Ablauf von vier Jahren aufgelöst wird, entsteht hier für die Frauen eine oft ausweglose Zwangssituation. Die Einschränkung bzw. Anwendung dieser Bestimmung wird z.Zt. von den hessischen Frauenbeauftragten diskutiert und soll als Empfehlung an die Kommunen gehen.

Als weiteres wichtiges Signal für die Anerkennung der zahlreichen Verbindungen der Stadt Frankfurt mit der sog. Dritten Welt fordert die Ökumenische Asiengruppe seit längerem die Etablierung einer/s Entwicklungsbeauftragten und aktive Arbeitskreise mit Beteiligung von Behörden und zuständigen Frauen- und Dritte Welt-Projekten.

„Global verdienen – lokal abschieben" darf nicht die Politik der Stadt Frankfurt sein.

Gerhard Zwerenz

Der Gastarbeiter Trumbetaš

Den Namen Dragutin Trumbetaš wird man sich merken müssen, denn er steht für einen Künstler, der unter uns lebt und dennoch fremd ist, und für eine Zeichenkunst, die wir gern übersehen würden, machte sie sich nicht so unübersehbar.

Trumbetaš ist ein Arbeiter, der nebenbei malt. Vielleicht ist er aber auch ein Maler, der nebenbei arbeitet, weil er für seine Familie und sein Brot verdienen muß.

Trumbetaš ist ein Kroate. Er könnte aber auch Italiener, Spanier, Grieche, Türke sein. Sie alle und noch ein paar andere Nationalitäten stellen die Hauptruppen der „Gastarbeiter“, welches deutsche Wort inzwischen international Karriere machte. Man versteht es überall. In jeder Sprache, und man versteht es in jeder anderen Sprache besser als in der deutschen, wo der Begriff „Gast“ dem folgenden „Arbeiter“ hohnspricht.

Trumbetaš wollte nach Westdeutschland, aber er hatte eine mehr ins Künstlerische verweisende Ausbildung genossen, und wir benötigen meist Hilfsarbeiter. Also durfte Trumbetaš nicht in die Bundesrepublik. Da verdingte sich seine Frau als Schneiderin in einer Kleiderfabrik und wurde angenommen. Nun verdingte Trumbetaš sich in derselben Fabrik als Bügler, und das westdeutsche Arbeitsreich stand ihm offen. Er war als Bügler nicht gerade erfolgreich. Auch als Packer brachte er es nicht zu übertriebenem Ansehen. Seit geraumer Zeit ist er Schriftsetzer in einer Druckerei.

Trumbetaš ist eine Doppelbegabung, denn er zeichnet nicht nur, er schreibt auch.

Dieser bescheidene Mann aus Kroatien, der nie laut wird und nie auftrumpft, ist ein unbestechlicher, cooler Beobachter seiner Umwelt.

In seinem Blick liegt etwas, das anzeigt, welcher Raubvogel hier auf Beute lauert. Ein Maler und Zeichner ist vor allem erst einmal Auge. Nichts entgeht ihm. Alles, was sich auch nur im geringsten regt, erregt seine Aufmerksamkeit.

Wir Mitteleuropäer sind verbildet. Wir haben verlernt, zu sehen, was sich rings um uns begibt. Die Bild-Kunst verstellt uns mehr die Wirklichkeit, als daß sie sie uns öffnete. Eine lange Tradition des Akademismus deckt die Zeichenkunst mit vorgeprägten Figuren und Begriffen zu. Wer sich derart hat zudecken lassen, mißversteht die Zeichnungen von Trumbetaš als Naiven-Kunst. Der Fehlschluß liegt nahe. Kroatien ist ein Heimatland der Naivenmalerei. Sie

Gastarbeiter am Bahnhof

wurde dort zum staatlich geförderten Exportartikel. Ausstellungen dieser Art gibt es in aller Welt.

Zweifellos verdankt Trumbetaš der kroatischen Naivenmalerei allerlei Anregungen und Techniken. Doch ist es grundfalsch, Trumbetaš auf diese Richtung festzulegen.

Der deutsche Betrachter seiner Bilder wird unversehens an George Grosz erinnert, dessen Werke Trumbetaš erst kennenlernte, als er längst selbst zu zeichnen begonnen hatte. An George Grosz denkt man wegen der plötzlich zustoßenden Gefährlichkeit dieser Blätter. Es gibt Zeichnungen von Trumbetaš , die bieten sich auf den ersten Blick als Idylle dar. Nach und nach öffnen sie ihre zweite und tiefere Dimension. Sie erregen uns. Sie packen uns. Sie schlagen auf uns ein. Wer davon nicht getroffen wird, zeigt nur, er besitzt in seiner Unbetroffenheit keine Seele. Er ist kalt, weil er gefühllos ist. Er bleibt schmerzlos, weil der Schmerz nicht bis zu seinem Gehirn durchdringt. Die Bilder des Dragutin Trumbetaš eröffnen uns Westdeutschen unsere eigene Welt von einer unbekannt gebliebenen Seite. Eigentlich zeigen die Blätter eine exotische Welt. Sie scheint irgendwo in weiter Ferne zu liegen. Sie ist uns nicht vertraut. Wir wissen nur zufällig davon, fragmentarisch.

Betrunkene Gastarbeiter

Warum aber sollen wir genauer hinsehen, der Gastarbeiter ist uns ebenso alltäglich vertraut wie die Litfaß-Werbung. Kein Grund für Aufmerksamkeit. Kein Grund, davon Aufhebens zu machen. Kein Grund für Genauigkeit. Genauigkeit aber ist der Beginn menschlicher Anteilnahme. Wenn Trumbetaš einen Gastarbeiter nur in Umrissen zeichnet, ist er genau. Er zeichnet ihn so fragmentarisch wie wir Nicht-Gastarbeiter ihn sehen, weil wir ihn so sehen wollen. Ungenau und auf Distanz. Nur keine Nähe, keine Mitmenschlichkeit.

Trumbetaš ist ein geradezu hinterlistiger Fanatiker der Genauigkeit, und das reicht bis in die Details. Es gibt in Trumbetaš gesamtem Werk nicht ein einziges, falsches, erfundenes oder erlogenes Detail. In ihrem von Wäsche, Kochtöpfen, Konservendosen, Limonadenflaschen vollgestopften primitiven Zimmer wäscht sich eine nackte Gastarbeiterin, und die Hand, die zwischen ihren Beinen von hinten sichtbar wird, ist nicht einfach die Hand einer sich reinigenden Frau, es ist die unter Zwang gekrümmte Gastarbeiterhand, die noch bei der hygienischen Verrichtung dem Zwang nicht entgehen kann.

Obszönität? Ja, aber nicht die Obszönität des Nackten oder Sexuellen, sondern die Obszönität des Konflikts. Die

Gastarbeiter am Sonntag Nachmittag

Gastarbeiter am Arbeitsamt

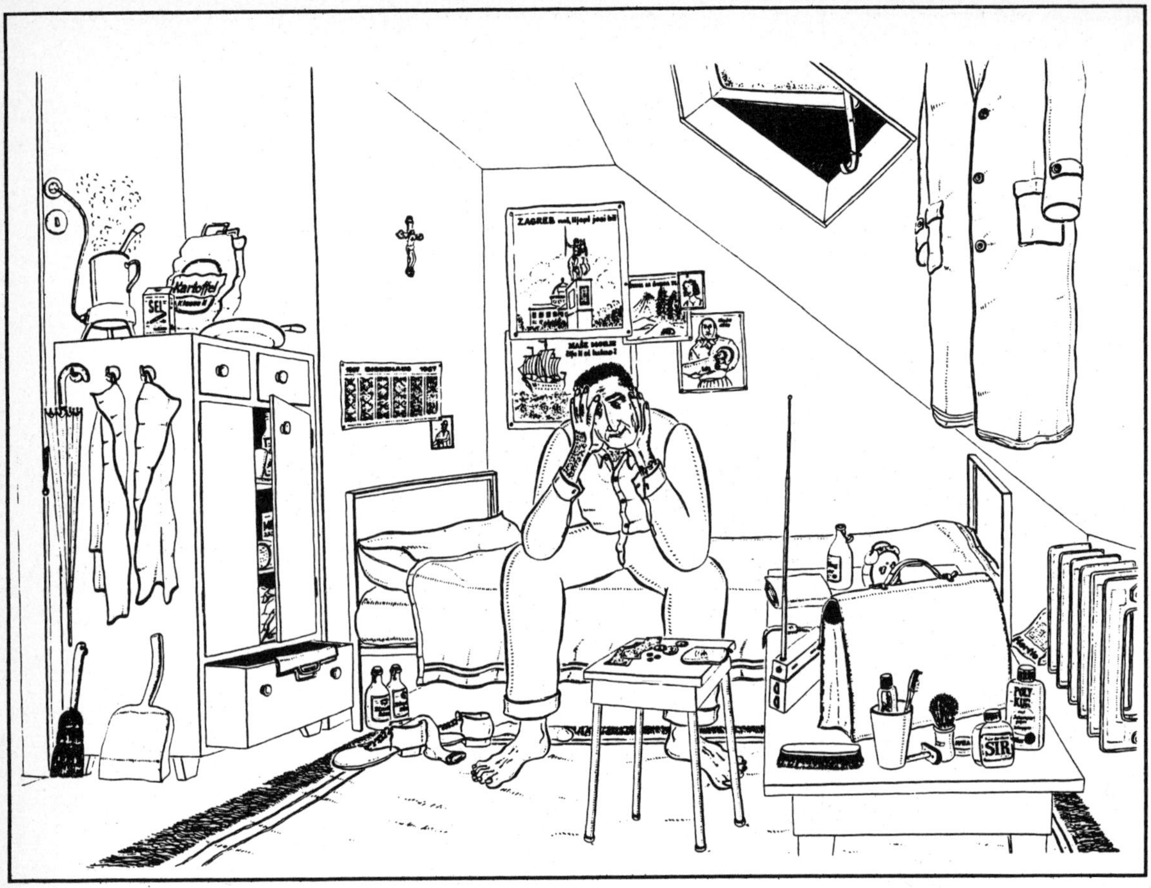

Tontschek überlegt

Frau, vorgeführt in völliger Privatheit, ist an ihrer zwanghaften Hand-Haltung, den vergrößerten, zupackenden Fingern als Gastarbeiterin identifizierbar. Die Hand wird zu einem bezeichnenden Gastarbeiter-Utensil, wie sie hundertfach rings im Zimmer zu sehen sind. Es gäbe in Trumbetaš Werk kein einziges falsches, erfundenes oder erlogenes Detail, sagte ich, und füge jetzt hinzu: Diese Gastarbeiterinnenhand, in der sich ein Detail aus dem Naturalismus ins Realistische und formverändert Bedeutsame überhöht, enthält mehr Wahrheit als eine Fotografie. Gleichwohl wird Trumbetaš hier angreifbar. Auch handelt er sich damit Konflikte ein. Solange er in der scheinbar ruhigen und bloßen Zustands-Zeichnung des Gastarbeitermilieus verharrt, nimmt man ihn hin. Man erkennt sich wieder in dem Spiegel, der einem vorgehalten wird. Die winzigen Aggressionen, die das Arrangement vielleicht austeilt, empfinden die Betroffenen nicht oder verkraften sie als minimal. Schließlich hat jeder schon was von künstlerischer Freiheit gehört.

Packt der Künstler jedoch härter zu, richten sich die Aggressionen des Beschauers nicht auf das Gezeigte und was dem Gezeigten als Realität zugrunde liegt, sondern auf den, der diese Bilder herstellt.

Gastarbeiter -Wege

Wenn es dem Menschen wie Schuppen von den Augen fällt, so ist er dafür keineswegs immer dankbar. Blindheit kann mitunter ein ganz angenehmer Zustand sein, und sehend zu werden bedeutet oft, Schmerz zu empfinden.

Der Stolz, der sich zur Wehr setzt, ist verständlich und dennoch falscher Stolz, denn er verschleiert die Lage. Die Szene vor dem Bordell gleicht ihrer Struktur nach derjenigen im Arbeitsamt, wie Trumbetaš sie zeigt: Ein Gang, nach vorn sich verbreiternd und öffnend, eine Sitzbank voller wartender Gestalten, weiter im Vordergrund stehende und gehende Männer und Frauen, die etwas feilbieten; nicht ihre Geschlechts-, sondern ihre Arbeitskraft. Das wirkt in seiner Brutalität obszöner als die Szenerie vor dem Puff. Die produktionsmittellosen Fremden vor den Türen in Wartestellung, und hinter den mit Buchstaben gekennzeichneten Türen das anonym waltende Schicksal, das Arbeitskraft kauft, Arbeit verkauft, Geld gibt für Lebenszeit und Leben. Ein Handel, nichts weiter. Die Verwaltung des Handels.

Die aggressive Sozialkritik mit Tiefendimension stößt uns an, wirkt also, hoffentlich, anstößig. Die Gastarbeiter in ihrer Mehrheit sind bei uns oft, was früher unsere eigenen Arbeiter waren, ein Ersatz-Proletariat für Tätigkeiten,

Der kleine und große Gastarbeiter

Hier stinkt es nach Giftmüllskandal (*„Zyklus Bankfurt ist Krankfurt“*)

Gastarbeiter tanzen mit deutschen Putzfrauen

die Deutsche nicht verrichten wollen. Dabei stellen sich neuerliche Hierarchien her, am schlimmsten sind immer die Illegalen dran und, nicht zu vergessen die Palästinenser, die Menschen ohne Heimatland, Heimatstaat, es gibt Arbeitsplätze in chemischen Fabriken, für die sich meist Palästinenser finden, weil die Gefährdung der Gesundheit dort so groß ist, daß jeder andere sich entsetzt von diesem Job abwendet. Nur wer so im Druck ist, daß ihm kein anderer Ausweg offensteht, akzeptiert solche Arbeit.

Auch wenn es unter der Minorität weitere Minoritäten gibt, bleibt die Minorität für uns der Fall, an dem unsere Toleranz sich bewährt oder nicht.

Es ist die Frage, ob wir alles einfach hinnehmen, was aus der Anwesenheit von Millionen Gastarbeitern aus Italien, Kroatien, Griechenland, Marokko, Palästina und der Türkei an menschlichen und moralischen Problemen für uns erwächst. Auch können wir uns der ökonomischen Einsicht nicht verschließen, daß wir an die Grenzen unserer Produktivität stoßen. Mit modernisierten Maschinen und ins Land gerufenen Menschen erreichten wir noch Produktionszuwachsraten und vermehrte Konsumtion. Fragt sich nur, um welchen Preis und ob die Grenzen unserer Produktivität nicht ebenso wie die unserer Humanität überschritten sind.

Frühstück (*Zigeuner Zyklus*)

Penner (*Gefängnis-Zyklus*)

Wir wollen es nur nicht wahrhaben, wie wir die Vergiftung und Vernichtung der Natur nicht wahrhaben wollten, bis die ersten Katastrophen eintraten. Die Antike hatte ihre Sklaven, die Feudalherren besaßen ihre leibeigenen Bauern, der Kapitalismus brachte das Proletariat hervor. Halten wir uns etwa unsere Gastarbeiter wie die Südafrikaner sich ihre Schwarzen? Für die niedere und schwere Maloche und gegen geringeres Entgelt? Nein, wir sind nicht ganz so schlimm, aber auch nicht gut genug. Wer den Gastarbeiter anblickt wie der Fabrikherr des vorigen Jahrhunderts den ausgemergelten, schlecht wohnenden und unterernährten Mann anschaute, der am Schraubstock oder Webstuhl für ihn schuftete, hat Glasaugen im Gesicht und anstelle des Herzens die Brieftasche. Die Kälte des Blicks hat Trumbetaš in vielen seiner Zeichnungen eingefangen. Als Provokation. Hoffentlich finden wir das so störend, wie es gemeint ist.

Hier wendet er sich in international verständlicher Art und Weise an uns, in einem Bilder-Idiom, das keine Grenzen kennt und anerkennt, sie im Gegenteil aufheben und niederbrechen will. Das Werk dieses hochsensiblen Künstlers vervollständigt die Kunst, die so sehr der Vervollständigung bedarf, weil die Welt der Arbeiter, der Minoritäten, der Unterdrückten, Ausgebeuteten bisher immer zu kurz kam, auch im großen Bereich der Zeichnungen und Bilder.

Dragutin Trumbetaš geht in seinen Zeichnungen wie alle proletarische Kunst vom Schmerz aus, den die Herrschenden nicht empfinden, sondern zufügen, und den die Masse schweigend erträgt, denn wer aufschreit, kann ausgewiesen werden.

Einer ist gekommen und hat gearbeitet und hier gelebt und um sich geschaut und alles aufgezeichnet: sich und uns.

(erheblich gekürzt aus: Dragutin Trumbetaš , Gastarbeiter, Büchergilde, Frankfurt 1977)

Aber das Zimmer war so kalt

Interview mit Drago Trumbetaš

In der Nähe von Bahnhof, Mainzer Landstr. 69, war eine Firma Heinrich Peters & Co. Sie stellten 1966, als ich nach Deutschland kam, Frauenkostüme und Mäntel her. Und ich war erstmal Bügler, habe Mäntel gebügelt..., aber ich habe nie einen Akkord erreicht. Ich wußte nie so recht, wie man das tun soll. Mit einem Dampfbügeleisen hab ich drei Monate gearbeitet, und immer haben sich auf dem Stuhl Mäntel angesammelt. Und da war ein rundes Ding, das sich drehte, und in jedem Kasten waren Teile, also Mäntel oder Röcke oder irgendwas, und ich mußte immer reinschmeißen ... wie ein Fließband. Ich mußte so schnell arbeiten wie alle anderen auch, die schon 18 oder 20 Jahre dort gearbeitet haben. Und da hab ich gesagt, das geht nicht, deshalb sollte ich in den Packsaal gehen, dort habe ich dann diese Sachen verpackt in Kartons und abgeschickt mit Hilfe eines deutschen Arbeiters ...

Da war ich ein Jahr. In dieser Zeit hab ich noch nicht gezeichnet, erst als ich als Schriftsetzer angefangen habe, bei Weißbecker zu arbeiten. Dann habe ich beschlossen, auch zu zeichnen. Dann habe ich gedacht, jetzt werde ich erstmal Gebrauchsgrafiker. In dieser Zeit bot sich ein amerikanisches System ... (Famous Art School) an. Schriftlich habe ich Arbeiten irgendwo nach Belgien geschickt, und von dort bekam ich einen Monat später eine Antwort, was gut ist oder nicht. Es war so ein Fernstudium für Gebrauchsgrafiker. Aber das hat mir nicht gefallen. Die haben mir immer vorgeschrieben, ich soll so oder so Menschen zeichnen, auf amerikanische Art. Und da hab ich den Kurs, obwohl ich dafür 2000 DM bezahlt habe, einfach in die Ecke geworfen, und eines Tages habe ich angefangen, im Zimmer zu zeichnen.

Aber das Zimmer war so kalt. Und so kam erste Zeichnung von Gastarbeiter raus. Und später hab ich immer weiter gearbeitet, aber erst 1972 habe ich dann einen Plan entwickelt. Auf ein Papier habe ich Arbeitsplan geschrieben. Darunter gleich 50 Bildtitel und nach diesem Plan gearbeitet. Und jetzt gibts zu diesen Titeln zusätzlich noch viele andere Bilder. Aber ich hab dann auch andere Sachen gearbeitet, also z.B. mit dem Titel „Bankfurt ist Krankfurt". Und jeden Zyklus zeichne ich in eine andere Art. Der Gastarbeiter-Zyklus ist so gezeichnet, als ob man naiv malt, und doch realistisch. Nachher kommt der Zyklus über Zigeuner und über das Gefängnis, wo ich in dem schlimmsten Ge-

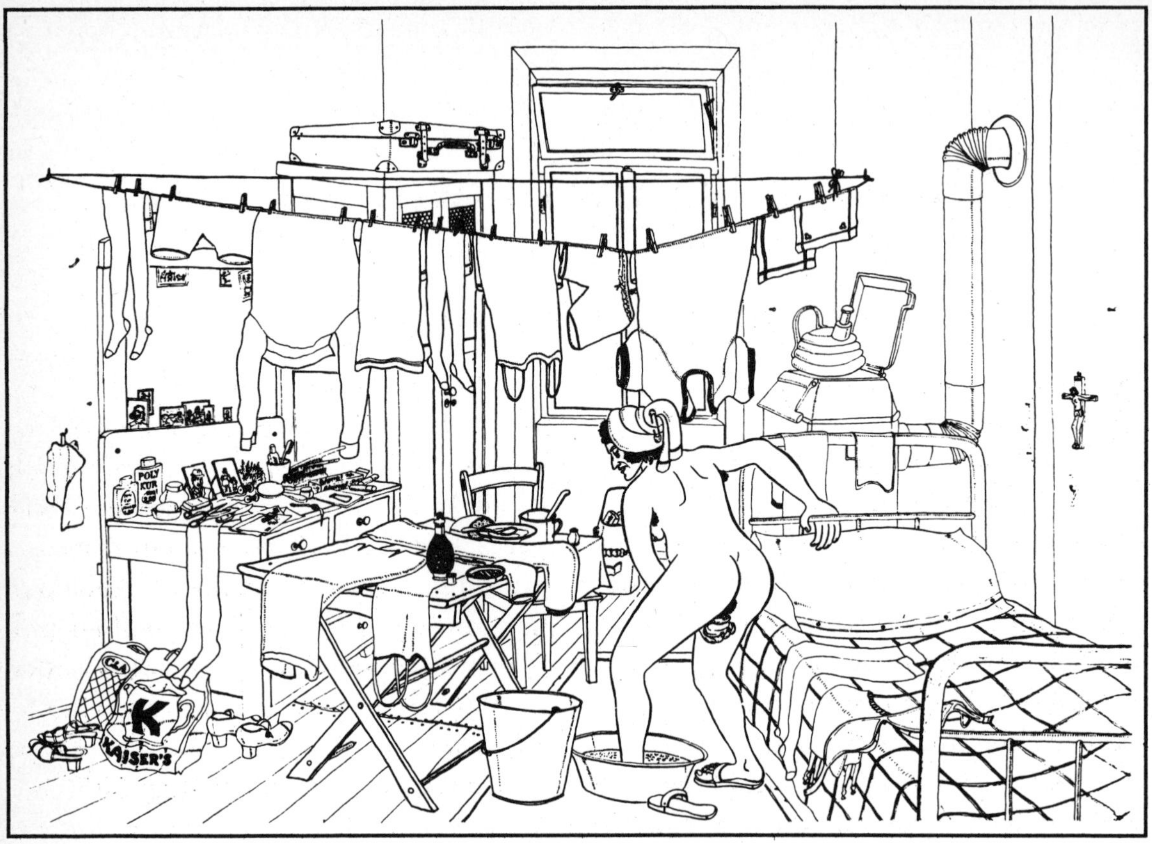

Putzfrau Ana macht's sich hübsch

fängnis Kroatiens war.

Ich arbeitete vor meiner Zeit in Deutschland in Zagreb in einem Verlag, und ich war drei Jahre grafischer Redakteur für drei Zeitschriften zuständig für das Layout – aber bei uns nennt man das Spiegel (auf deutsch). Ein Redakteur der Partei kam zu uns in die Redaktion und sagte auf einmal bei einer Sitzung: „Der Trumbetaš ist hier überflüssig. Ich werde seine Arbeit übernehmen." Und da hat man angefangen, auf mich Druck zu machen. Und ich war so blöd, habe einfach gekündigt. Habe dann die Frankfurter Rundschau gekauft und geblättert, und überall , wo eine Anzeige „Schriftsetzer" war, hab ich hingeschrieben, solange bis eine Antwort nicht kam. Und dann kam Antwort von dieser Fabrik, ich soll kommen. Sie schickten mir die Arbeitserlaubnis, sie schrieben nicht, was ich arbeiten werde. Und als ich da war, hat man mir gesagt: „Ach, Sie sollen nicht da in Druckerei arbeiten. Da werden Sie viel weniger verdienen. Bei uns werden Sie als Bügler zweifach oder dreifach, mehr verdienen".

Ich dachte, vielleicht stimmt das ja. Aber es war nicht so. Nur ich war über ein Jahr dort. Erst dann bin ich als Setzer tätig gewesen. 1968 habe ich angefangen, diese Zeichnungen unter dem Titel Gastarbeiter zu machen ... Zuerst das Bild mit einer Putzfrau, die sich wäscht. Die Handlung habe ich aber erst

Gastarbeiter-Mansarde

später hineingebracht, erstmal war es nur ein Teil von dem Zimmer, dann 'Der Blick durch das Fenster', dann der Stuhl und Tisch. Also aus vier Bildern ist dieses Bild entstanden. Und ich habe zu Hause noch viele Bleistiftzeichnungen über Putzfrauen. Das ist ein kleiner Zyklus, da könnte man eine Mappe machen.

Es stimmt alles, was ich gezeichnet habe. Da, in diesem Zimmer hab ich geschlafen. Fünf Jahre. Und das war genau so. Später hab ich hier gewohnt, das war in Sandweg 128, vierter Stock. Darüber ist auch ein Film gedreht, ein Dokumentarfilm. Und der Inhaber von dem Haus hat das erlaubt. Aber seine Tochter hat mir das sehr übel genommen, obwohl nirgendwo im Film steht, wo die Wohnung ist und in welchem Stock. Und als ich vor drei Jahren dieses Zimmer wiederhaben wollte, weil es frei war, hat sie mir gesagt: „Nein, Sie bekommen dieses Zimmer nie. Sie haben unsere ganze Familie schlecht gemacht, und meinen Vater haben Sie auch verspottet". Aber er hat überhaupt keinen Schaden gehabt!

Ich weiß nicht, wer heute da oben wohnt. Damals wohnte hier eine Landsmännin hier rechts. Und darüber hab ich sogar ein Theaterstück geschrieben, schönste Szene im ganzen Theaterstück war mit dieser Landsmännin. Sie war so dick und ziemlich krank. Rechts war wieder ein Landsmann, der immer in

Tontschek vor dem Puff

Gastarbeiter-Kreuz

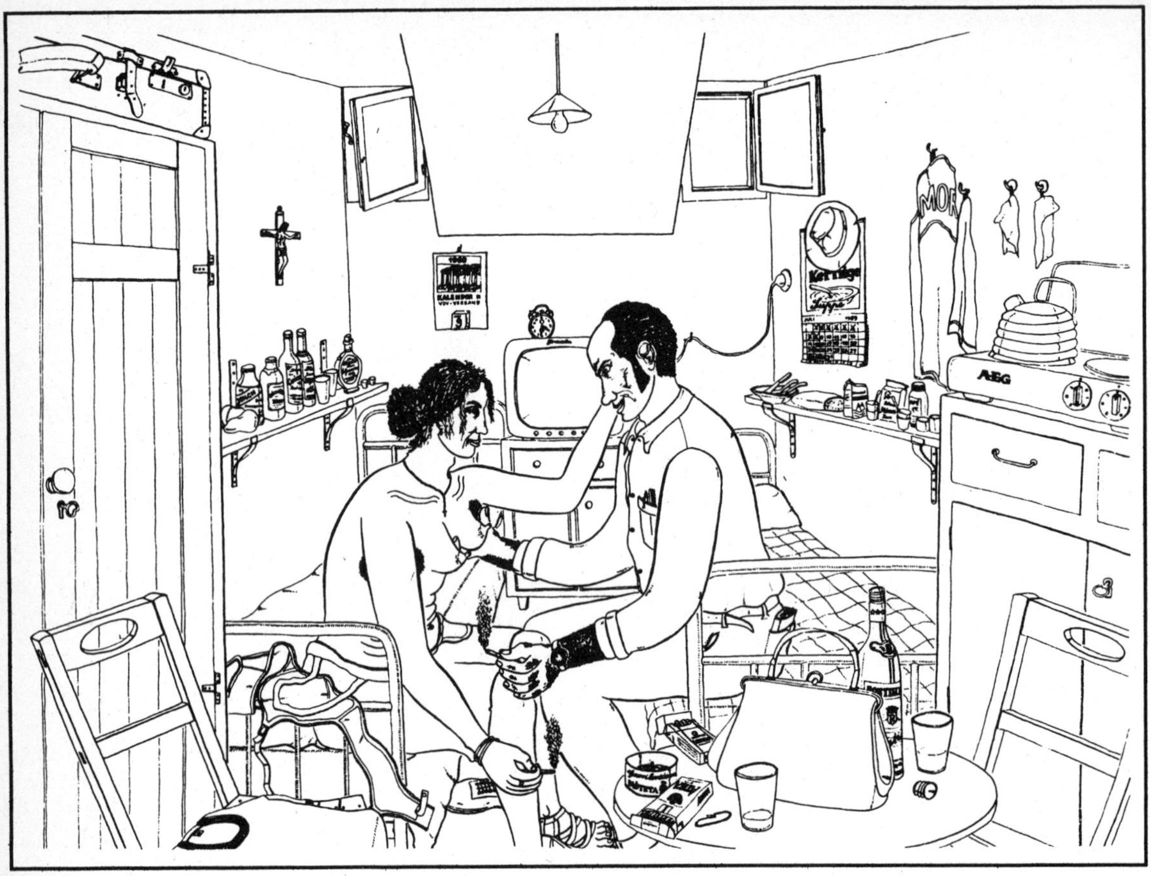

Gastarbeiter-Liebe

Kanälen arbeitete. Ich hab sogar Gedichte über manche Bilder geschrieben, auch Roman, dreiteiliges. Das ist alles total – also Bilder, Gedichte, Roman und Theaterstück – verflochten.

Das war die Zeit mit diesem Gastarbeiterkreuz. Die evangelische Kirche hat noch ein Seminar darüber gehalten. Das war in der Bergerstraße gezeichnet. Ich ging – damals hat man diese Leitungen für U-Bahn-Bau verlegt – durch die Straßen, hab mir Skizzen gemacht, überall, Fotos. Ich habe fotographiert, weil sonst konnte ich keine Einzelheiten zeichnen.

Und dieses Zimmer ist in Bergerstraße. Es besteht noch jetzt. Da wohnt eine weit entfernte Verwandte von mir. Ich hab da eine Handlung reingebracht. Gastarbeiterliebe. Zimmer ist genauso; er bezahlt nur vielleicht 60 / 50 DM dafür, ich weiß nicht. Ist schon 30 Jahre drin. Ich hab nur diese Sachen gezeichnet, die ich erlebt habe oder dokumentarisch belegen kann.

Das ist eine Szene, die ich mir vorgestellt habe. Ein nicht identifizierbarer Kopf, kann alles mögliche sein: ein Schwarzer, irgendwelche Ausländer. Handlung stimmt, immer.

Und ich hab hier im Zyklus eine bestimmte Person eingeführt. Der Mann heißt Tontschek, ein Gastarbeiter, der ein bißchen blöd ist, so daß er

Tontschek bei der Arbeit

Gastarbeiter-Frühstück

überall herumläuft, durch alle möglichen Bilder. Gezeichnet ist Anfang von Freßgasse. Da gibts so viel Handlung: Gastarbeiterbanken oder sagen wir, Schule für Gastarbeiter, Gastarbeiterversicherung, Gastarbeiterkäfig, Gastarbeiterheim, Gastarbeitertheater.

Und hier für die Beamten... Deutsche Beamtenversicherung, Beamtenbank, das gibts. Beamtenkrankenhaus, das gibts, Beamtenwohnungsverein, das gibts, Beamtenselbsthilfewerk, da gibts GmbH, Beamteneinkaufs-GmbH, das gibts auch. Dann hab ich hier geschrieben: Beamtenstaat, und dahinter steht immer: ein kluger Kopf. Der ist lebendig, weil er raucht... Hier ist Bordell, nur jetzt nennt man ihn nicht Bordell, der war so lange Jahre Bordell „Bonbon“, Breite Gasse. Das war dort früher. Jetzt ist es auch pleite gegangen, Palais d'Amour, das ist auch pleite.

Da ist der Tontschek, der geht zur Arbeit. Mit vielen gezeichneten Problemen „Kein Kinderspielplatz“ ... Da war Reklame von Ammerschläger, Konstabler Wache, oder hier von Camel „Ich geh meilenweit für eine Zigarette“, und solche Sachen sind alle hier versteckt.

Ich hab neulich eine Ausstellung gehabt unter dem Titel: „Hundfurt“. Da war sogar ZDF gekommen und hat das alles aufgenommen und einen Film über zehn Minuten gedreht, aber unter dem Titel „Bankfurt“, komisch!

Tontschek geht zur Arbeit

Dieses Zimmer war in Heddernheim, ganz oben unter dem Dach. War 1,82 m breit. So. Da war ein Kollege, er war eigentlich ein Schneider. Und er schrieb ständig Briefe an ein Mädchen irgendwo in Cuxhaven. Und ich schlief da am Bo-

Tontschek schreibt Brief an Frau

Türkische Familie ist gekommen

den zehn Tage bei ihm, da hab ich später diese Zeichnung gemacht.

Das war auf dem Roßmarkt. Und damals stand überall „Deutsche Bank". Ohne diesen Strich, was Deutsche Bank jetzt hat. So, das ist eine türkische Familie, die nach Frankfurt gekommen ist. Und da ist ein Beobachter, das bin ich.

Also das war eine Tatsache, dieses Bild. In Rundschau war ein Artikel, stand so an einer Haltestelle eine Frau. Später hat sich herausgestellt, das war eine Frau aus Kroatien. Und dann kam ein Türke und wollte Liebe machen mit

Liebe machen, bitte

Abteilung II, Stara Gradiška (*Gefängnis-Zyklus*)

ihr. Da hat sie ihn geohrfeigt. Er hat sie geohrfeigt. Und da hat sie ihn wieder geohrfeigt. Dann kam die Polizei. Dann haben sie ihn zur Polizeistation gebracht und gefragt: „Was wollten Sie denn eigentlich?“ Er sagte: „Nichts, ich wollte nur Liebe!“ Ein Redakteur beim ZDF, Hans Dieter Grabe, hat nach diesem Bild ein Film mit mir gedreht („Liebe machen bitte“).

Was hatte Ihre Verhaftung und Ihre Verurteilung zu einer Gefängnisstrafe in Jugoslawien mit Ihrer Tätigkeit hier zu tun?

Abteilung II, Zimmerälteste, Stara Gradiška (*Gefängnis-Zyklus*)

Ich mag die Demokratie, das ist der Grund. In Jugoslawien, da hat man mich eingesperrt. Ich war der Korrespondent von Zeitschrift „Neues Kroatien" 1972, 1973 und 1974, und da hat man mich erst 1980 geschnappt, als ich kein Korrespondent mehr war. Man diffamierte uns alle als Faschisten.

Eine Frage zu Ihrer Verhaftung: Hat sie hier stattgefunden?

Nein, dort, hier war ich nie verhaftet. In Jugoslawien waren in den letzten 20 Jahre ungefähr 100.000 Kroaten im Gefängnis. Und manche waren zu 10 / 20 Jahren verurteilt. Man wollte mich zu 13 Jahren und mehr verurteilen, und am Ende sagten sie mir: „Wir geben Dir nur anderthalb Jahre." Und dann hab ich weitergekämpft, es blieben nur sechs Monate.

Haben Sie die Graphiken so ganz allein aus sich heraus gestaltet oder im Kontakt mit anderen Landsleuten?

Ja ganz allein! Ich habe nach Plan gearbeitet und beschlossen, ich werde keinem Menschen was sagen, bis ich vierzig Bilder (Zyklus „Gastarbeiter") fertig habe. Da habe ich drei Jahre gearbeitet, immer, als ich nach Hause kam, gleich. Ich hab mir gedacht, wenn jemand erfährt, daß ich eine so gute Idee habe, dann wird man sie stehlen.

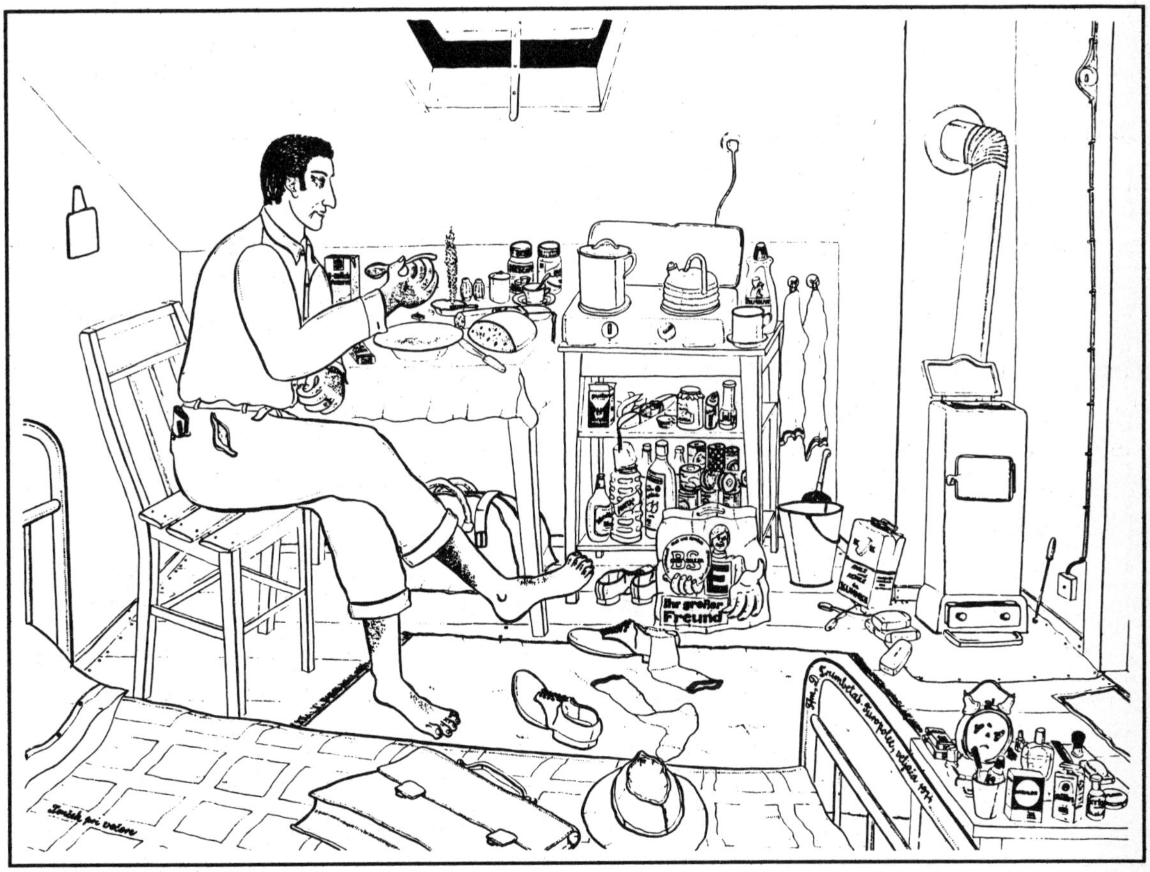

Tontshek bei Abendmal

Putzfrau Mariza trinkt Kaffee allein

Gibt es denn andere, die zeichnen?

Ich war Einzelner, aber ich hab damals irgendwie Angst gehabt, es wären viele, wenn sie erfahren, daß ich zeichne, wenn ich dann meine fünf Bilder zeigte, dann werden alle anfangen. Später haben viele gezeichnet, aber ich hatte schon hundert Bilder.

Wie haben Sie die Bilder bekanntgemacht?

Ah, das war wieder interessant. Weil ich damals bei der Frankfurter Rundschau Schriftsetzer war. Und da dachte ich, ich zeige einfach Bilder. Ich hab diese Mappe genommen, die wurde in Zagreb gedruckt per Hand, also Siebdruck. Dort hatte ich eine Ausstellung 1975. Und habe Mappe mitgebracht zur Rundschau. Man hat mich zu Peter Iden geschickt, den Theaterkritiker. Als ich ihm diese Mappe zeigte, sagte er: „Ja, was wollen Sie denn?“ Ich habe erwidert: „Ich hab jetzt eine Ausstellung hier in Frankfurt, können Sie nicht vorbeikommen?“ „Ach, vielleicht komm ich vorbei“. Aber er ist nie gekommen. Und dann habe ich Büchergilde Bilder gezeigt, ich mußte ganze Menge von Bildern hinbringen, und dann sind wir zu Gerhard Zwerenz gefahren, er wohnte damals in Offenbach, 1976. Er schrieb das Vorwort („Gastarbeiter“, in Frankfurt 1977 erschienen).

Angeklagter, Sie sind freigesprochen! *(Zyklus „Bankfurt ist Krankfurt")*

Wie war die Resonanz in der Stadt? Haben Sie das Gefühl, daß die Menschen das aufgenommen haben, Ihre Landsleute, die Deutschen?

Die Landsleute, aber auch die Masse der Deutschen haben kein richtiges Wissen über sozialkritische Malerei. Da kommt jemand z. B. zur Ausstellung und fragt mich: „Wer hat Dir erlaubt, solche Bilder zu zeichnen?" Oder: „Wieso zeichnest Du hier, Du kritisierst uns Deutsche und ißt hier bei uns? Also Du beißt die Hand, die Dich ernährt". Aber ein großer Teil von Menschen war begeistert. Damals war dieses Trend in ganz Deutschland, 1975, 76, 77, 78, da war in ganz Deutschland ein linker, kritischer Aufwind. Und ich hatte in zwei / drei Jahren 60 Einzelausstellungen, manchmal monatlich fünf. Und Fernsehen war da, und Radio. Aber jetzt hat sich die Sache überall in ganz Europa geändert, so daß man mit kritischen Sachen überhaupt nicht ankommt. Obwohl ich auch andere Probleme angefaßt habe, im Zyklus „Bankfurt ist Krankfurt" habe ich Verschmutzung und alle möglichen Probleme angegriffen, also Fixer z. B., alles mögliche hier in Europa, Bild- und Gewalt-GmbH in Europa und so.

Hier das Problem mit alten Menschen. Das Bayerische Sozialministerium hat damals gesagt, zuviele alte

Krankenbesuch

Um denn Herd (*Zigeuner-Zyklus*)

Industrieabfall (*„Zyklus Bankfurt ist Krankfurt"*)

Menschen stören das Gleichgewicht. Und darüber redet man noch heute, daß es immer mehr alte Menschen gibt, wer sollte für Rente usw. arbeiten? Das hab ich genau Industrieabfall genannt. Also ganz hart alle Sachen, ganz anders gezeichnet als der Gastarbeiter-Zyklus. Zigeuner-Zyklus („Das Leben wie eine Schlange") ist wieder anders gezeichnet.

Und das ist ein Bild aus dieser Serie über „Hundfurt". Kommunales Museum für Hundescheiße ... Und das heißt: Von Mensch zu Mensch. Mit Anweisungen, wie er hier also sein Häufchen abgeben soll. Weil in Deutschland sind Hunde Menschen!

Das ist dieser Majdanek-Prozeß, leider denk ich. Dauerte 25 Jahre, und am Ende waren alle Beschuldigten tot. Und das heißt: Angeklagter, Sie sind freigesprochen. Und hinter ihm sind alles tote Schädel. Und das ist deutsche Justiz. Und der Adler hat Wehrmachtstiefel, hat Unterhosen auch. Also das sind alles versteckte Sachen.

Und das war Giftmüllskandal. War großer Skandal. Und ich hab hier geschrieben: Hier stinkts nach Giftmüllskandal. Als ob ein Schwein das sagt. Aber das Schwein ist in Deutschland eigentlich ein Tier des Glückes, weil man hier sagt: „Ich hab Schwein!". Bedeutet Glück. Bei uns ist das Schwein ein Schwein, ein Hund ein Hund. Aber hier ist ein Hund eine Gottheit.

Mit D. Trumbetaš sprachen Teilnehmer des Universitätsseminars „Global denken – lokal handeln" unter Leitung von K. Friedrich Schade Ende 1990.

Zur Person: 1990 / 91 Arbeit an dem Zyklus „Lieber Vincent" (Hommage an van Gogh). Ausstellungen in Neu-Isenburg 1991, Galerie Sinntrotz und Zagreb 1992, Moderne Galerie, „Studio Josip Račić.

1991 wurde Trumbetaš' zweites Theaterstück „Dieb" vom kroatischen Kulturministerium mit einem Preis ausgezeichnet.

1992 wurde in Zagreb der Zyklus „ORWELL 1991" ausgestellt. Es sind Graphiken gegen den serbischen Angriff auf Kroatien.

Georgios Konstantinidis

Kommunale Ausländerbeiräte und politische Partizipation

Eine dauerhafte politische Beteiligung der ausländischen Einwanderinnen und Einwanderer erfolgt nur durch die Schaffung von politischen Vertretungsorganen. Eine solche Mitwirkungsmöglichkeit erbitten auf lokaler Ebene kommunale Ausländerbeiräte und Ausländervertretungen, die in vielen Städten und Gemeinden demokratisch gewählt worden sind. Ursprünglich sind die Ausländerbeiräte in den siebziger Jahren als beratende Organe der Verwaltung ernannt worden, trugen verschiedene Namen (Beiräte,

Tauben- und Gastarbeiterplage

Ismet ist allein

Kommissionen, Arbeitskreise usw.) und wurden aus ausländischen und deutschen Mitgliedern zusammengesetzt. Im Laufe der Zeit sind in vielen Städten und Gemeinden Ausländerbeiräte von der ausländischen Bevölkerung direkt gewählt worden.

Durch die demokratische Wahl wachsen die Ausländerbeiräte über ihre ursprünglich beratende Funktion hinaus. Sie wurden in Vertretungsorgane der Betroffenen umgewandelt. Teilweise sind sie aus ernannten Ausländerkomissionen entstanden, wenn das von den ausländischen Mitgliedern gefordert wurde und von den KommunalpolitikerInnen gewollt war. Die Zahl der demokratisch gewählten Ausländerbeiräte in Deutschland ist verhältnismäßig klein, aber in letzter Zeit steigt sie langsam und kontinuierlich. 1991 wurden in zwei wichtigen Großstädten – München und Frankfurt – Ausländerbeiräte gewählt. Dazu kommt, daß manche Bundesländer dazu übergegangen sind, die Ausländerbeiräte in ihrer Gemeindeordnung zu verankern. Danach sind die Kommunen verpflichtet, Ausländerbeiräte wählen zu lassen, wenn eine gewisse Anzahl von AusländerInnen in ihrem Gemeindegebiet leben. Das Saarland unter Lafontaine ist das erste Bundesland, welches diesen Weg beschritten hat. Sehr wahrscheinlich wird auch Hessen bei der bevorstehenden Änderung der Gemeindeordnung folgen. Weitere rotgrün regierte Bundesländer könnten sich dieser Entwicklung in Zukunft anschließen.

Man sollte im Auge behalten, daß Deutschland ein föderalistisches Land ist und die Einrichtung von Ausländerbeiräten im Ermessen der Gemeinde liegt. Tendenziell gibt es gewählte, teilgewählte und ernannte Ausländerbeiräte. Das schließt Zwischenmodelle nicht aus. Einen Vertretungscharakter für die ausländische Bevölkerung können nur die gewählten Ausländerbeiräte für sich beanspruchen.

Georgios Konstantinidis ist Mitglied der neuen Frankfurter Kommunalen Ausländervertretung und Vorsitzender des Ausländerbeirates Bornheim-Ostend.

Der Beitrag wurde 1991 verfaßt. Am 17. 7. 92 teilte das Hessische Ministerium des Inneren mit, daß in 99 der 426 hessischen Städte und Gemeinden – gemäß der vom Landtag verabschiedeten Novelle der Kommunalverfassung – Ausländerbeiräte eingerichtet werden müssen.

Satzung
über die Bildung, die Aufgaben und die Zusammensetzung einer Kommunalen Ausländer- und Ausländerinnen-Vertretung in Frankfurt am Main

Aufgrund der §§ 5, 50, 51 Nr. 6 der Hessischen Gemeindeordnung in der Fassung vom 1. April 1981 (GVBl. I S. 66), zuletzt geändert durch Gesetz vom 26. Juni 1990 (GVBl. I S. 197) hat die Stadtverordnetenversammlung der Stadt Frankfurt am Main am 25. 4. 1991 § 6650 die folgende Satzung über die Bildung, die Aufgaben und die Zusammensetzung einer Kommunalen Ausländer- und Ausländerinnen-Vertretung in Frankfurt am Main beschlossen:

§ 4
Befugnisse und Pflichten der Kommunalen Ausländer- und Ausländerinnen-Vertretung

(1) Anhörung
Die KAV ist von der Stadtverordnetenversammlung und dem Magistrat zu allen Angelegenheiten, die Ausländer- und Ausländerinnen betreffen, nach Maßgabe der folgenden Regelungen anzuhören.

(2) Teilnahme an Sitzungen
Die KAV kann an allen Sitzungen der Stadtverordnetenversammlung, der Ausschüsse und der Ortsbeiräte durch entsprechend benannte Mitglieder teilnehmen. Die Zahl der Teilnehmer und Teilnehmerinnen soll bei der Stadtverordnetenversammlung maximal fünf, bei den Ausschüssen und bei den Ortsbeiräten maximal zwei Mitglieder betragen.

(3) Hinzuziehung von Betroffenen und Sachverständigen.
Die KAV kann den Ausschüssen und den Ortsbeiräten Personen im Sinne des § 62 Abs. 6 HGO, der Stadtverordnetenversammlung sachkundige Einwohner/Einwohnerinnen im Sinne des § 72 Abs. 2 HGO (Kommissionen) vorschlagen.

(4) Vorschläge
Die KAV kann der Stadtverordnetenversammlung und den Ortsbeiräten Vorschläge in allen wichtigen Angelegenheiten übermitteln, die die Ausländer und Ausländerinnen berühren. Diese Vorschläge werden dem/der Stadtverordnetenvorsteher/Stadtverordnetenvorsteherin bzw. dem/der Ortsvorsteher/Ortsvorsteherin zugeleitet. Sie sollen als Anregungen behandelt werden.

(5) Anregungen und Anfragen
Die KAV kann Anregungen und Anfragen über laufende Angelegenheiten der Verwaltung, die die Ausländer und Ausländerinnen betreffen, an den Magistrat herantragen. Die Festlegung der für die Bearbeitung zuständigen Organisationseinheit obliegt dem Oberbürgermeister/der Oberbürgermeisterin.

(6) Stellungnahmen
Die KAV kann zu allen Berichten und Vorträgen des Magistrats Stellungnahmen abgeben, die ihr von der Stadtverordnetenversammlung vorgelegt werden. Zur Wahrnehmung dieser Befugnis werden der Geschäftsstelle der KAV alle in öffentlicher Sitzung zu behandelnden Drucksachen an die Stadtverordnetenversammlung und die Ortsbeiräte übersandt. Die KAV kann ferner zu allen Beschlüssen Stellung nehmen, die ihr vom Magistrat vorgelegt werden. die KAV soll die Vorlagen unverzüglich in ihrer nächsten Sitzung behandeln. Fehlende Stellungnahmen hindern die Stadtverordnetenversammlung, die Ortsbeiräte und den Magistrat nicht an einer Beschlußfassung.

(7) Information der KAV
Die Stadtverordnetenversammlung, die Ortsbeiräte und der Magistrat informieren die KAV über ihre Entscheidungen, die die Ausländer und Ausländerinnen betreffen. Sie können die KAV auf Anfrage von den bisher in einer Angelegenheit getroffenen Entscheidungen unterrichten.

(8) Äußerungspflicht
Die KAV soll sich auf Wunsch der Stadtverordnetenversammlung oder des Magistrates äußern. Mit Zustimmung der Stadtverordnetenversammlung kann ein/eine Vertreter/Vertreterin der KAV von der Stadtverordnetenversammlung gehört werden.

(9) Öffentlichkeitsarbeit
Die KAV kann über alle Punkte, die sie im Rahmen ihrer Zuständigkeit in ihren Sitzungen berät, in eigener Verantwortung die Öffentlichkeit unterrichten, und auch Presseerklärungen herausgeben, soweit es sich nicht um vertrauliche Verhandlungsgegenstände handelt. Sie hat davon den Magistrat in Kenntnis zu setzen.

(10) Jahresbericht
Die KAV erstellt einmal jährlich einen Bericht über ihre Arbeit auf Stadt- und Ortsbeiratsebene. Dieser Bericht wird von den Mitgliedern der KAV gemeinsam erstellt. Abweichende Stellungnahmen von Teilen oder von einzelnen Personen der KAV sind in den Bericht aufzunehmen. Der Bericht wird der Stadtverordnetenversammlung zugeleitet und in ihr behandelt.

Besuch auf der Baustelle *(Zyklus „Bankfurt ist Krankfurt")*

Theater zum Mitdenken? Nur wenn es schick ist.

Interview mit Cornelia Niemann

Bietet der kulturelle Sektor die Möglichkeit einer positiven Darstellung fremder Kulturen, das Näherbringen anderer, auch ferner Denk- und Lebensweisen?

Der kulturelle Sektor alleine nicht. Es gibt aber Ansätze, zum Beispiel dieses von der Stadt geförderte multikulturelle Fest.

Berlin wird oft in diesem Zusammenhang positiv erwähnt. Dort gibt es ein Haus der Kulturen, und von dort hat beispielsweise das Indienfestival 1991 / 92 seinen Ausgangspunkt genommen. Dieses Festival ist das größte Kulturaustauschprogramm, das jemals in der Bundesrepublik lief – ein Riesenaufwand an Film, Theater und Tanz. Das erhält einen Stellenwert, auch weil es in der zeitlichen Abfolge und in der örtlichen Präsentation eine Verdichtung erfährt, die einer breiteren Aufmerksamkeit Chancen eröffnet. Da wird ein Akzent gesetzt. Wurde in Frankfurt jemals Derartiges erwogen?

In der Größenordnung nicht. Aber es gab auf Festivals immer mal Schwerpunkte, auch bei dem „Theater der Welt". Indien, ja, das ist hoch interessant, aber ich weiß nicht, inwieweit das nicht wieder etwas anderes ist: das Kennenlernen einer anderen Welt, weit weg. Schauen wir uns an, was die, die im Gallusviertel wohnen, an Kultur auf die Beine stellen, woher die kommen oder wie es bei ihnen aussieht. Dann sieht man, das sind ganz verschiedene Vorhaben.

Sonntags, wenn ich an den Dom gehe, ist der Domplatz voller Kroaten, weil dann der kroatische Gottesdienst läuft. Da hat man plötzlich das Gefühl, man ist im Ausland. Das ist auch Kultur, die hier stattfindet. Da sitzen sie im Schirn-Café, und es ist der reinste Heiratsmarkt, oft mit Musikgruppen. Das ist natürlich überhaupt nicht offiziell.

Indien, das ist schon viel Exotik, sehr weit weg. Aber ich finde es auch falsch zu sagen, wir hätten mit Indien nichts zu tun. Es gibt zum Beispiel hier viel mehr Inder, als wir denken. Und so ein Festival könnte ja auch den Sinn haben, ihre Kultur dort, kombiniert mit einer Darstellung ihrer Situation hier, zu zeigen.

Sie monieren, daß es so etwas hier nicht gibt. Wer muß dann aber klarmachen, daß es ein Interesse daran gibt? Sagen wir mal, Linda Reisch, die derzeitige Kulturdezernentin Frankfurts, ordnet jetzt jemanden ab, damit in der Richtung was passiert. Das käme dann wieder ganz von oben. Man kann sich nicht immer hinsetzen, und den anderen vorwerfen, daß sie es nicht von oben betreiben...

Das meinte ich auch überhaupt nicht. Ich denke auch, das Interesse ist da. Es gibt auch indische Gruppen hier. Es gibt viel ehrenamtliche Kulturarbeit, z.B. das Indische Kulturinstitut, so etwas wird von der Stadt nicht oder viel zu wenig finanziert.

Weil es nicht attraktiv ist. Kunst oder Kultur, das ist alles gar nicht neu, sondern schon seit Jahrhunderten so, werden unterstützt, wenn sie einen repräsentativen Charakter haben.

Goethe ist für heute nicht mehr repräsentativ. Aber was ist repräsentativ? Wenn Theater die Bretter sind, die die Welt bedeuten, und man sich anguckt, wie vernetzt die Welt ist, dann muß das doch gerade auch repräsentativ sein. Natürlich nicht ausschließlich, aber als Teil der akzeptierten Kultur?

Man muß auch sehen, was heute überhaupt noch im Theater stattfindet. Wenn ich heute ein Thema habe, das mir ungeheuer am Herzen liegt, von dem ich will, daß möglichst viele Leute davon wissen, dann gehe ich nicht an die städtischen Bühnen, sondern ins Fernsehen. Das offizielle Theater, die offizielle Kunst, ist nur etwas für Leute, die sich für Kunst überhaupt interessieren. Darüber erreiche ich doch nicht mehr die großen Massen. Bleibt also Fernsehen, oder vielleicht auch noch Kino, oder ich gehe über die Dörfer und arbeite „kleinklein", vor Ort mit den Leuten, die es wirklich betrifft.

Gerade in Frankfurt gibt es im Bereich der Musik ein recht großes Interesse an Werken aus Ländern außerhalb Europas, auch außerhalb des Okzidents. Warum nicht beim Theater?

Weil die Musik eine absolut internationale Kunst ist. Musik und Tanz kann ich überall anbieten, aber sobald es mit der Sprache losgeht...

Leider wird nur ein bestimmtes Bild von Theater transportiert, das man über das Ohr wahrnimmt und nicht über das Auge. In asiatischen Ländern beispielsweise geht das Theater vielmehr über die Körpersprache.

Ja, gut. Aber weil das Publikum sehr genau weiß, worum es sich dreht. Wir sitzen davor und haben von Tuten und Blasen keine Ahnung, da wir nicht genau wissen, was diese Bewegung oder jene Figur darstellt. Da wird Kenntnis voraussetzt. Und wenn man die nicht hat, ist es Exotik.

1990 / 91 lief im Schauspielhaus das Stück „Geld, Geld, Geld", eine Revue, die sehr gut besucht war.

Das ist ja auch ein Thema, das direkt interessiert.

Aber es war zu Politik und Wirtschaft ebenso kritisch wie erhellend. Vielleicht hat es auch Unternehmer wachgerüttelt. Kann das Theater auch mal einen Eklat in diese Richtung wagen?

Sicher.

Gibt es in Frankfurt ganz bewußt politisches Theater?

Nein, das ist einfach zu erklären. Es gibt nämlich auch gar nicht mehr ein so ganz bewußtes „politisches Bewußtsein". Das ist im Moment ein ziemlicher Brei. Da waren die sechziger, siebziger Jahre schon wesentlich interessanter. Aber das ist umgeschlagen.

Es hat keinen Sinn, nur dem Theater dafür einen Vorwurf zu machen, vor allem, weil das Theater es lange probiert hat. Gerade der Aufbruch der 68er Jahre ist im Theaterbereich lange aufrecht erhalten worden – mit Kommunen, die weitergearbeitet haben, Kollektiven, mit anderen Produktionsformen. Aber die ästhetischen Anforderungen haben sich verändert. Die Leute wollen etwas anderes sehen. Und sie wollen eigentlich, auch wenn sie in ein alternatives Theater gehen, eben professionelles Theater sehen. Aber das schafft andere Bedingungen. Wenn ich professionelles Theater mache, brauche ich Leute, die ausgebildet sind, entsprechende Gehaltsvorstellungen haben. Durch die höheren Anforderungen kommen auch höhere Abhängigkeiten von Geldern der Stadt usw. mit rein.

Theater kostet immer mehr, als das, was durch die Einnahmen gedeckt werden kann. Nun ist es Sinn der Subventionen, daß Dinge gemacht werden können, von denen man eigentlich von vornherein weiß, daß sie sich nicht selbst tragen können, zu ermöglichen, sich nicht dem Publikumsgeschmack anpassen zu müssen. Es ist wahr, daß es nach wie vor zuwenig Subventionen gibt. Das alternative Theater Ende der 60er, 70er, das ging über den Idealismus und die Knochenarbeit der Leute, die es gemacht haben. Und das kann ich auch von mir sagen: Irgendwann hat man das leid. Ich wehre mich sehr dagegen, daß der Künstler noch den Idealismus verkörpern soll, den die anderen schon längst nicht mehr haben.

Wie finanzieren Sie sich?

Kabarett ist eine sehr einfache Kunst, weil man mit ziemlich wenig Zutaten arbeiten kann. Wir finanzieren uns über das Geld, das wir einspielen. Und wenn wir eine Produktion machen, versuchen wir, von der Stadt ein paar Tausender zu bekommen. Aber für größere Gruppen ist das einfach schwierig. Trotzdem hat sich enorm viel verändert. Es gibt inzwischen einen viel größeren Topf für die freien Theatergruppen. Das ist schon ein Schritt nach vorn. So etwas gibt es auch nicht in so vielen Städten.

In Frankreich gibt es kaum Subventionen im Bereich des freien Theaters, dafür aber zunehmend Sponsoring durch die Wirtschaft. Die Wirtschaft hat einen Bedarf an Repräsentation, Imagepflege. Da fördert sie auch Unbequemes, Unkonventionelles, weil es ori-

ginell ist. Sie muß ja nicht gleich ein Stück über die Dritte Welt finanzierten.

Manche tun das, sicher, weil sie so frei sind, so tolerant, so großzügig. Oder sie haben ein schlechtes Gewissen.

Wenn die Stadt das politisch auskostete, käme die Wirtschaft in Legitimationszwang. Man müßte das nur in einen öffentlichen Zusammenhang stellen, also z.B. unter den Aspekt „Global denken – lokal handeln".

Aber wenn ich ein Stück mache, in dem ich den Leuten sage: Die Unternehmer gewinnen unendlich viel, und wer hat eigentlich was davon? Dann sagen 75% des Publikums, das wissen wir doch nun wirklich schon längst, warum soll ich zu dir ins Theater kommen?

Für mich persönlich liegt die Aufgabe der Kunst nicht unbedingt darin, aufzuklären, zu informieren. Die liegt bei den politischen Gruppen, also in diesem Fall vielleicht bei den Dritte Welt-Gruppen. Was die Kunst tatsächlich kann, ist darstellen. Wahrnehmbar machen, was eigentlich die Konsequenzen dieser und jener Fakten bedeuten. Wenn die Kunst sagt, wir wollen als erstes einmal informieren, dann sind wir beim Agitprop-Theater. Das kann einen Moment ganz spannend sein, aber das ging drei, vier Jahre, und danach war es tot.

Man muß auch sehen, was die verschiedenen Kunstformen leisten können. Und gerade Bilder auf dem Theater – das zu schaffen, daran muß man auch lange arbeiten. Das ist mehr als sich hinzustellen und zu sagen, im Moment haben wir in der Stadt dieses und jenes Problem.

Ich komme zurück auf Goethe, der in seinem Faust wirklich Profundes über die Zukunft der modernen Wirtschaft gesagt hat. Was er über die Rolle des Geldes zum Ausdruck bringt, vor so vielen Jahren, ist heute besonders relevant. Gibt es eine Sensibilität, die frei ist, sich zu sagen: Ich bringe Goethe, weil es modern ist, was da drinsteht?

Es gibt durchaus Klassikerinszenierungen, wo eben Probleme, die uns heute auch angehen, abgehandelt werden. Und solche Inszenierungen gibt es gerade im deutschen Theater, im Rahmen unserer subventionierten Theater. Die Schwierigkeit: Es ist halt immer noch ein Klassiker. Man fragt sich dann auch, muß man jetzt zum 25.ten Mal diesen Klassiker aufarbeiten und zeigen, was da noch Modernes drin ist. Kann man da nicht gleich was Neues schreiben? Andererseits muß man sich auch klarmachen, daß Schreiben einer der am schlechtesten bezahlten Berufe ist. Also, ein Stückeschreiber verdient wesentlich weniger als der Regisseur, der das Stück inszeniert. Allemal: Wenn man sich am Theater festbeißt, wird es schwierig, weil das Theater nicht mehr das eigentliche Medium unserer Zeit ist.

Welche Rolle spielen Zeitpunkt und Vernetzung von Aufführungen mit anderen Veranstaltungen zu Musik, bildender Kunst ...? Zwar bin ich eher vorsichtig, wenn ich nach jemandem rufte, der das aus höherer Sicht dann alles zusammenpackt. Aber sehen Sie,

Chancen, wenn man einiges einfach besser verbindet?

Natürlich geht das. Aber ich weiß zum Beispiel vom Mousonturm, daß die Verantwortlichen immer händeringend nach einem Schwerpunktthema gucken. Es ist gar nicht so einfach, das wirklich zusammenzubringen, z. B. weil man auch abhängig ist von dem, was gerade auf dem Markt ist, was gerade machbar ist, was man kriegen kann usw. Wenn man bündeln will, ist das auch eine Geldfrage. Da brauche ich Unterstützung.

Es gibt in Frankfurt Volkstheater. Kommt da etwas wie Frankfurter Wirklichkeit vor, z. B. Ausländer in Frankfurt?

Ganz ehrlich, ich war da noch nie drin. Deswegen kann ich das jetzt gar nicht sagen. Es gibt durchaus einen Versuch, Volksmusik oder Volkstheaterformen mit politischen Inhalten zu machen, wobei das gar nicht oktroyiert sein muß. Volkstheater in diesem Sinne ist Dario Fo oder auch Kabarett in Deutschland. Also zwischen Volkstheater und Volkstheater ist ein Riesenunterschied. Inwieweit jetzt im Frankfurter Volkstheater bei Liesel Christ emanzipatorisches Volkstheater passiert, das will, nein, das kann ich nicht beurteilen. Beim Blick auf den Spielplan habe ich eher das Gefühl: nein.

Bei uns konserviert Volkstheater eher. Volkstheater ist oft etwas anderes gewesen, comedia dell'arte oder Shakespeare, oder sei es auch Brecht. Das war immer sehr abwechslungsreiches und spannendes Theater. Warum macht Brecht Spaß? Oder auch Shakespeare? Ich würde das eher als Volkstheater sehen, als das, was das Ohnesorgtheater bietet.

Naja, das ist Bestätigungstheater. Man muß aber auch ehrlich sein. Es kostet ja auch Mühe, sich Dinge anzuschauen, die eher zum Mitdenken anregen. Das ist also nicht immer nur erholsame Unterhaltung, die aber viele Leute eben von Kunst erwarten. Und zu allem, was über Unterhaltung hinausgeht, gehen sie dann eben nicht hin – nur wenn es schick ist.

Mit Cornelia Niemann sprachen die Teilnehmer des Universitätsseminars „Global denken – lokal handeln" im Sommersemester 1991 unter Leitung von K. Friedrich Schade. Niemann ist Schauspielerin und leitet zur Zeit eine Kabarettgruppe.

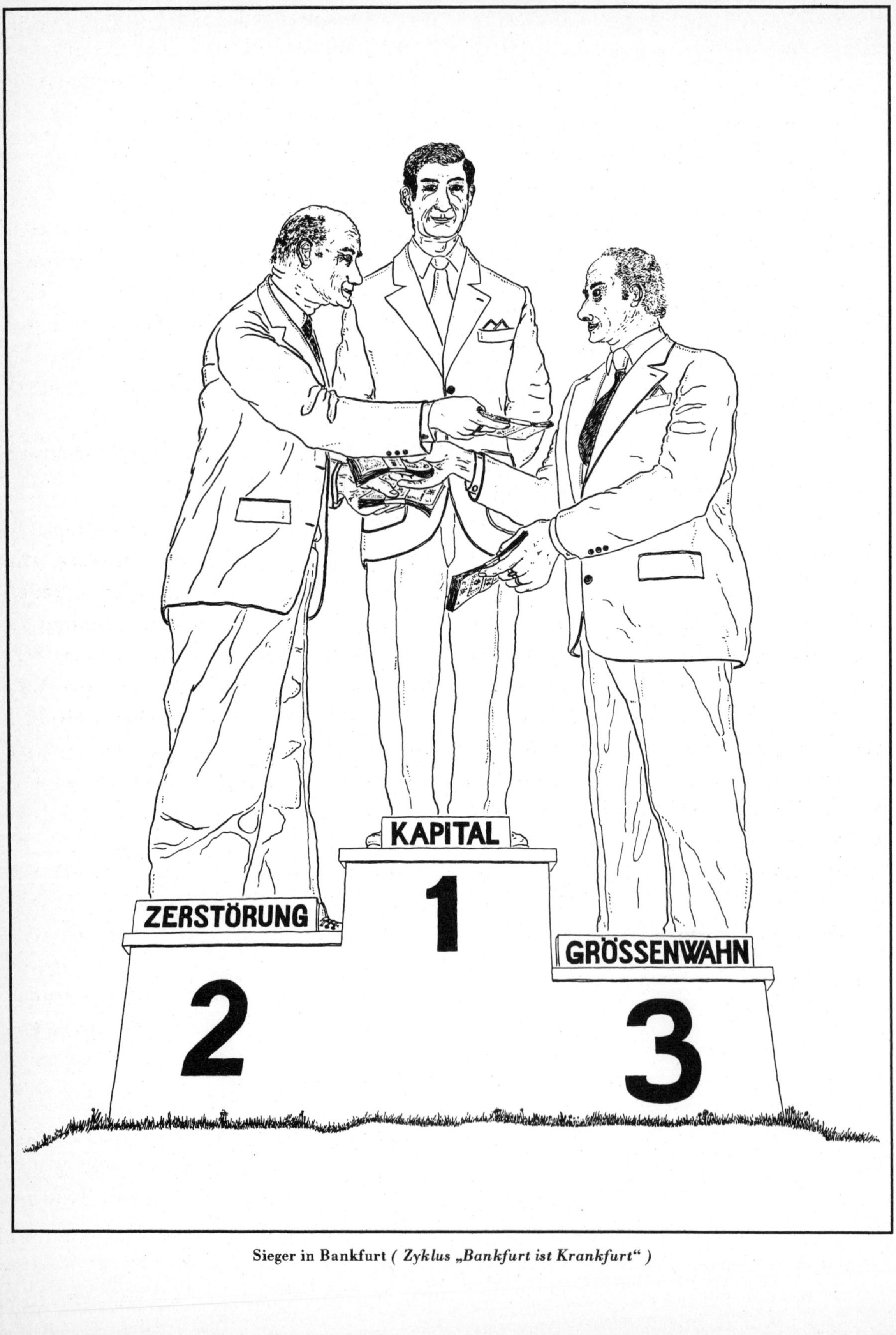

Sieger in Bankfurt *(Zyklus „Bankfurt ist Krankfurt")*

Mit Dritter Welt verbinden wir das Exotische

Interview zum Stichwort Literatur mit Werner Mackenbach

Zu unserem Verlagsprogramm gehören Bücher, die man unter die Rubrik Ausländer oder Dritte Welt fassen könnte. Wir veröffentlichen sowohl Literatur von Ausländern, die hier in der Bundesrepublik leben, also sog. Ausländerliteratur, die früher einmal dieses unglückliche Etikett Gastarbeiterliteratur hatte, als auch Literatur aus der sog. Dritten Welt.

Haben Sie eine bestimmte Zielgruppe im Auge? Gastarbeiterliteratur könnte ja auch implizieren, daß Sie für Gastarbeiter publizieren?

Wir haben keine bestimmte Zielgruppe bezogen auf Ausländer, die in der Bundesrepublik leben, sondern den Anspruch, sowohl im Literarischen als auch im Sachprogramm Bücher zu machen, die interessant sind. Wir haben also nicht die besondere Zielsetzung, Literatur von Ausländern für Ausländer zu machen, so aus einem Sozialarbeitergestus heraus, wie es früher öfters der Fall war. Man muß Literatur von Ausländern, die hier leben, genauso ernst nehmen, d.h. auch genauso hohe Kriterien an sie anlegen wie an die allgemeine Literatur. Insofern gibt es da eigentlich keine Trennung zu dem allgemeinen Programm.

Unser spezielles Interersse hängt damit zusammen, daß die multikulturelle Gesellschaft, ein Stichwort, das ich schon fast nicht mehr hören kann, interessante Phänomene auch in der Literatur enthält. In einer Gesellschaft wie der unseren gibt es Minderheiten anderer ethnischer Herkunft. Was entsteht daraus an künstlerischen Ausdrucksformen, unterscheiden sie sich, wo sind Reibungspunkte mit der Mehrheitskultur oder der Mehrheitsliteratur? Insofern sind auch beide Aspekte für uns interessant, sowohl Literatur, die von Ausländern, die hier leben, geschrieben wird, als auch Literatur aus der sog. Dritten Welt, die wir hier auf den Markt bringen, von Leuten, die nicht hier leben.

Wie vollzieht sich das bei Autoren, die in Frankfurt leben? Die kommen ja nicht gleich auf Sie zu?

Ja, das ist wie vieles im Buchgeschäft Zufall oder Kontakt. Also ich bin Germanist und habe lange Jahre bei der Volkshochschule (VHS) gearbeitet mit Ausländern – auch weiterhin. Ein Projekt „Ausländerliteratur" ist gerade zu Ende gegangen. Da ergeben sich Kontakte zu Autoren.

Wir fingen an mit einem Buch einer Türkin, die 25 Jahre, 20 Jahre in Frankfurt gelebt hat. Das war praktisch das erste Buch einer Ausländerin,

Kanake mit Buch

welches wir veröffentlicht haben, das explizit unter dieser Rubrik Ausländerliteratur oder dieses Etikett, was nicht mehr so stimmt, zu fassen ist. Das hatte zur Folge, daß sich eine Reihe anderer Autorinnen und Autoren an uns gewandt haben. Und ich kenne Autoren aus meiner Verlagsarbeit. Wenn man Übersetzungen aus dem Ausland anfertigt, geht es meistens nicht über diese mehr oder weniger zufällige Schiene. Wir kümmern uns selbst sehr um Manuskripte oder schon existierende Bücher in anderen Sprachen, sichten und überlegen, was könnte interessant sein für die Leserinnen und Leser hier. Dabei arbeiten wir zusammen mit der Gesellschaft zur Förderung der Literatur aus Afrika, Asien und Lateinamerika, die beim Börsenverein des Deutschen Buchhandels angesiedelt ist, unterstützt von der Bundesregierung. Sie wurde zur Vermittlung der Literatur aus der Dritten Welt in der BRD gegründet. Mehrmals im Jahr verschickt sie einen Rundbrief mit Gutachten zu verschiedenen Werken ausländischer Autoren.

Ist es Zufall, daß die Gesellschaft in Frankfurt sitzt? Oder hat das mit der Buchmesse zu tun?

Sie könnte genauso gut in München, vielleicht weniger in Bonn arbeiten, aber wenn sie hier angesiedelt ist, liegt das nicht darin begründet, daß Frankfurt einen so hohen Ausländeranteil aufweist, sondern an der Art und Weise, wie das Buchgeschäft funktioniert. Hier ist eine Verlagslandschaft, die sich mit ausländischer Literatur auseinandersetzt, das könnnte aber auch München, Düsseldorf, Köln und Berlin sein.

Ist in Frankfurt die Beschäftigung mit ausländischer Literatur besonders ausgeprägt?

Ausgeprägt ist die Auseinandersetzung mit ausländischer Ausländer-Literatur, d.h. Übersetzung. Das fängt an bei den großen Verlagen, Suhrkamp, Fischer, die einen großen Teil ihres Programms mit ausländischen Autorinnen und Autoren bestreiten, und geht dann bis hinein in die kleineren Verlage, wie unser Verlag, oder der Brandes- und

Apsel- Verlag oder auch Verlage und Vertriebe, die von Ausländern selbst gegründet wurden, wie z.B. Zambon internationale Buchhandlung, oder Vervuert Verlag, der auf Literatur aus Lateinamerika spezialisiert ist. Insofern gibt es hier schon eine bestimmte Szenerie, die stärker ausgeprägt ist als in anderen Städten. Ähnlich in Berlin für Bücher aus dem türkischen Raum, dem arabischen in München, auch Zürich mit einer Verlagsszenerie, die sich intensiv mit Dritter Welt beschäftigt.

Was artikuliert sich zu 1492-1992?

Es gibt das große spanische Programm des Suhrkamp Verlages. Das ist gemünzt auf die 500 Jahre.

Da ragt Frankfurt nicht besonders hervor. Die Buchmesse allein begründet nicht besonders intensive inhaltliche Relationen zur weiten Welt?

Frankfurt hinkt in manchen Bereichen sogar hinterher, gerade was Literatur aus der Türkei oder von turksprachigen Völkern betrifft. Diese Gesellschaft zur Förderung der Literatur finanziert z.B. keine Literatur aus der Türkei, weil die in diesem Falle nicht als Dritte Welt gilt. Die EG fördert dafür notwendige Übersetzungen nicht, weil die Türkei Dritte Welt ist, nicht EG. Das ist verrückt. Da liegt Frankfurt zurück – gemessen an dem, was an türkischer Bevölkerung in Frankfurt lebt. Es gibt allerdings in Frankfurt einen der rührigsten Verlage auf dem Gebiet, der Dagyeli Verlag.

Zur Kulturpolitik Frankfurts. Wir haben hier einen sehr hohen Kulturetat – gemessen an anderen bundesdeutschen Städten -, aber der Anteil für „alternative Projekte" ist sehr gering. Finden Sie es symptomatisch für die Situation in der Stadt, daß das Schlagwort der Multikulturalität nur als Phrase verwendet wird?

Ich bin da betroffen. Deshalb ist das vielleicht auch nicht objektiv, was ich sage. An konkreter Förderung der Literatur der Ausländer oder von ausländischer Literatur passiert von seiten der Stadt aus sehr wenig. Das trifft im Prinzip alle kulturellen Institutionen oder literarischen Zentren, die es in Frankfurt gibt. Da passiert eigentlich auch wenig. Da ist jetzt im Literaturhaus ein bißchen was angelaufen.

In Frankfurt gibt es die Leute, die Geld, die Erfahrung haben mit anderen Ländern, weil es viele Geschäftsbeziehungen auch zum Süden gibt. Viele Menschen, auch ganz normale Bürger, reisen als Touristen in die Dritte Welt.

Freitag, 21. August 1992 Frankfurter Rundschau · Seite 19

Autorin aus Puerto Rico erhält „LiBeraturpreis"

Die Schriftstellerin Rosario Ferre (40) aus Puerto Rico erhält für ihren Roman „Kristallzucker" den diesjährigen „LiBeraturpreis" einer Initiative im Ökumenischen Zentrum der Christuskirche in Frankfurt am Main. „Schriftsteller aus Entwicklungsländern haben es schwer, in den deutschen Büchermarkt einzubrechen. Für Frauen ist das noch weitaus schwieriger", begründet Ingeborg Kaestner, die Vorsitzende der Initiative, den mit 1000 Mark dotierten Preis.

Der Roman „Kristallzucker" ist ein Beitrag zur Diskussion über die Unabhängigkeit Puerto Ricos. tob

Müßte das sich nicht auch im Verkauf von Büchern niederschlagen? Frankfurt, das müßte man spezifizieren, hat intensive Relationen zum Süden. Andererseits, das ist unsere Hypothese, schlägt dies sich nicht nieder in der politischen und sonstigen Kultur, nicht in der Nachfrage nach Literatur oder Theater oder was auch immer. Dort, wo die intensivsten Beziehungen zum Süden bestehen, nämlich bei den Unternehmen oder bei den Personen, die in diesen Unternehmen arbeiten, findet dieser Prozeß hinter verschlossenen Türen statt. Was dort auch an Problemen erfahren wird, bleibt ohne Eingang in die öffentliche Diskussion. Ist das richtig?

Ja und nein. Es stimmt als allgemeines Urteil. Auf der anderen Seite passieren schon Dinge, die wir vielleicht gar nicht so mitkriegen. Ein Beispiel: Es gibt eine Deutsch – Iberoamerikanische Gesellschaft, die regelmäßig, vor allem ökonomisch-finanzielle Kontakte in die Länder des lateinamerikanischen Raumes hat, die aber auch für Literaturvermittlung sorgt. Sicher in einem sehr beschränkten Rahmen, gemessen an dem, was an Mitteln sonst da fließt. Was andererseits z.B. die Türkei angeht, so passiert da sehr wenig von Seiten der Unternehmen oder auch der Stadt, gegenüber einer recht homogenen Gruppe – mit Ausnahme des Sozialarbeiterbereiches.

Ist es schwierig, lateinamerikanische Autoren hier unterzubringen?

Nach meinem Eindruck ist es noch am leichtesten, lateinamerikanische Autoren auf den Markt zu bringen, verglichen mit türkischen z.B.. Wie im Buchgeschäft allgemein, reduziert sich fast alles auf ein paar große Namen.

Das Buch ist eine anspruchsvolle Art der Artikulation. Wie machen sich hier lebende Ausländer kulturell bemerkbar, wie teilen sie sich gegenseitig mit, wie tauschen sie sich über ihre politischen und wirtschaftlichen Probleme aus, was vielleicht auch literarische Formen annimmt?

Es gibt Überreste, soweit ich das beurteilen kann. Es bestand vor allem in den siebziger Jahren eine Reihe von Zirkeln hier in Frankfurt, gegründet von Ausländern, die sich verstanden als übergreifender ethnischer Zusammenhang, mit dem Ziel, Literatur von hier lebenden Ausländern zu besprechen, zu veröffentlichen. Mir ist eine jugoslawische Schreibwerkstatt bekannt. Es gibt, was mir jetzt spontan einfällt, im Rahmen der Volkshochschule bezeichnenderweise Literaturkreise von jungen Türken, die erst mal ihre türkische Literatur und Sprache kennenlernen wollen und sich dann auch mit dem auseinandersetzen, was hier geschrieben wird. Nur von Dritten weiß ich, daß sich auch pakistanische Schriftsteller treffen.

Eine abfallende Tendenz gegenüber den siebziger Jahren? Ist das beim Interesse des Publikums ähnlich?

Es ist eine abfallende Tendenz, die ich zum großen Teil sogar positiv einschätze, weil ein Prozeß stattfindet, der weggeht von der Literatur der Anklage und Betroffenheit, der Selbstverständigung. Heute gehen Autoren auch eigene Wege. Weil ja auch nicht einsichtig ist, daß ein italienischer Autor wie Franco Biondi, der in Deutsch schreibt, mehr gemeinsam haben soll mit dem italienisch stämmigen Autor Salvatore Sanna, der in Italienisch schreibt (beide leben hier seit Jahrzehnten), als mit einem deutschen Schriftsteller seiner Generation. Die ethnische Zusammengehörigkeit wird für die Literatur nach meinem Empfinden unwichtiger, als sie vorher war. Sie ist nicht ganz unwichtig, und es gibt auch immer noch Zusammenhänge zwischen den Autoren, aber sie werden unbedeutender.

Das ist für die einzelnen nationalen Gruppierungen unterschiedlich. Wenn ich eine Veranstaltung mit einem türkischstämmigen Autor mache, dann ist sie zu 80 Prozent mit türkischen oder türkischstämmigen Besuchern besetzt. Eine Veranstaltung mit einem italienischen Autor ist wie eine Lesung mit einem deutschen Autor. Es gibt da Phasenverschiebungen. Viele ausländische Autoren wollen aus dem Ghetto heraus, als einzelne Autoren wahrgenommen werden, nicht festgelegt auf ihre Herkunft.

Das deutsche Publikum liebt das Exotische. Es nimmt andere Autoren, die von top quality sind und sich mit universelleren Problemen befassen, nicht wahr?

Mit dem Ausländischen verbinden wir das Exotische. Diese Erwartung muß bedient werden. Bei einem Autor, der hier lebt, erwartet man wahrscheinlich, daß er etwas zu seiner Situation schreibt, d.h. Gastarbeiterliteratur produziert. Wenn er da nicht hereinpaßt, hat er eine sehr lange Durststrecke vor sich, um wahrgenommen zu werden. Trotzdem gibt es Phänomene, die nicht nur mit diesen Erwartung zusammenhängen. Warum gibt es diesen Anspruch an Exotik vor allem bei lateinamerikanischen Autoren und nicht bei türkischen, die viel exotischer sind? Vielleicht gibt es auch so eine Dialektik zwischen Nähe und Ferne. Lateinamerika ist uns von der Kultur her näher als die türkische Literatur, die uns viel fremder erscheint. Bei der arabischen Literatur wird alles, was märchenhaft ist, verkauft, obwohl es literarisch vielleicht unbedeutend ist, aber moderne arabische Autoren sind unheimlich schwer zu verkaufen. Da wird das Klischee halt nicht bedient.

Gibt es in Frankfurt einen Kreis multikultureller Schriftsteller und Schriftstellerinnen, die sich austauschen können?

Nicht allgemein. Es gibt die IG Medien, in der Schriftsteller organisiert sind. Zumindest mir ist nicht bekannt, daß es irgendjemanden gäbe, der sich aktiv darum kümmern würde. Vielleicht beim Förderverein des Schriftstellerverbandes in Hessen? Der Werkkreis Literatur der Arbeitswelt ist in Umwälzung begriffen, auf bundesweiter Ebene gibt es ihn so nicht mehr, nur noch als einzelne lokale Werkstätten, z.B. auch noch in Frankfurt, aber nicht mehr unter dem Namen. Ansonsten ist das Literaturbüro zu erwähnen, das den Literaturboten herausgibt. Es ist sehr schwer, denke ich, die Schriftsteller unter einen Hut zu kriegen.

Die Erfahrung deutscher Schriftsteller in anderen Regionen der Welt nimmt zu. Müßte sich dies nicht in ihrer Schreibe niederschlagen?

Es gibt durchaus einzelne Beispiele, wo deutschstämmige Schriftsteller versuchen, das Problem der Fremde in einer ganz anderen Art und Weise zu behandeln, als es bisher der Fall gewesen ist.

Wie wünschen Sie sich eine kommunale Kulturpolitik? Mehr Gelder in alternative Projekte oder gerade in die klassischen Einrichtungen, wie Theater, Ballett...

Ich würde das nicht trennen und es für fatal halten, wenn man die „Ausländerkultur“ abdrängte in den alternativen Bereich. Es müssen aus dem Ausland stammende Autoren und Autorinnen und Künstler in dem sog. großen Kulturbetrieb vermehrt wahrgenommen werden – und zwar nicht als Ausländer. Gleichzeitig sollte man gezielt Einzelinitiativen unterstützen.

Für Museen, Theater oder Musik stehen relativ viel öffentliche Gelder zur Verfügung, so daß es hier nicht das Finanzproblem ist, sondern die Frage der Konzeption. Ich kann nicht so recht erkennen, daß – mit Ausnahme des Völkerkundemuseums – globale Aspekte eine Rolle spielen, vor allem in diesem kritischen Sinne, daß es auch ein Nord-Süd-Problem gibt. Die Stadt, wie auch z.B. die Museen, sagen vielmehr, wir müssen Attraktivität für Unternehmer bieten. Und die haben ihren eigenen Kulturbegriff. Ganz wenig Förderung findet seitens der Privatwirtschaft statt.

Wir sehen in der Literatur auch eine politische Funktion, Anstoß für einen Dialog zu sein auch über das, was in der Privatwirtschaft in Bezug auf die Dritte Welt passiert. Das ist natürlich ein hochgestecktes Ziel. Sehen Sie Möglichkeiten oder Forderungen nach einem direkteren Herantreten an die Privatwirtschaft in Frankfurt, die Verflechtungen hat in der Dritten Welt, daß auch sie ein Bewußtsein von „Global denken, lokal handeln“ in die städtische Gesellschaft hineinträgt? Und wie holt man die Kompetenz, die im wirtschaftlichen Bereich da ist, und den Erfahrungsreichtum, auch wenn er sehr selektiv ist, in den „bürgerlichen“ Lebensbereich herein?

Es ist eine spannende Frage, ob man das schafft. Es müßte möglich sein, daß gerade in Frankfurt von der privaten Wirtschaft dieser Bereich Dritte Welt oder Ausländer als ein kultureller Aspekt wahrgenommen und auch so hier eingebracht wird. Warum gibt es nicht einen privaten Förderkreis von Unternehmern?

Man sieht ja schon recht gut in Frankfurt, was passiert, wenn die Wirtschaft in die Förderung von Kultur ein-

greift. Z.B. die Deutsche Bank: Zu welcher Funktion verkommt Kultur, Kunst, wenn ich mir anschaue, wie da für zwei, drei Millionen Mark bei lokalen Künstlern eingekauft wurde, um die Türme zu dekorieren, damit die Bankangestellten erkennen, welches ihr Stockwerk unter den 32 oder 34 ist? Welches Interesse hätte unternehmensgeförderte Kultur an politischen Gehalten? Bei staatlichen oder von der Stadt geförderten Projekten sieht man bereits, wie der Kultur die Zähne gezogen werden. Gerade im Theaterbereich, der viel näher an den Töpfen sitzt als Literatur z.B., ist der Einfluß, wenn man einen kritischen Anspruch hat, verheerend.

Im optimistischsten Falle ist es eine Gratwanderung. Zumindest müßte solch ein Prozeß öffentliche Transparenz haben. Aber eine Stadt muß schon nach der Verantwortung der Wirtschaft fragen.

Das ist eine generelle Frage, die sich aber besonders stellt für Literatur aus dem Ausland. Sie ist heute weitestgehend geförderte Literatur. Gelder sind immer verbunden mit Gefahren, aber auch der Alternativbereich, das haben wir in den letzten Jahren gesehen, ist keine Insel, sondern unterliegt zumindest dem Massengeschmack auch und paßt sich an an die großen diktierten Trends an. Ich denke schon, daß man weder die Stadt noch die Privatwirtschaft aus der Verantwortung entlassen kann. Es gilt, einzufordern, daß diese Dritte Welt nicht nur in Form von Statistiken und Verlustrechnungen wahrgenommen wird. Das ist eine Frage der politischen Auseinandersetzung. Das schließt nicht aus, daß man auch Anderes unternimmt, für das man wahrscheinlich sehr schwer an Förderungen herankommt. Aber auch da ist nicht alles Schwarz-Weiß. Konzerne fördern auch Programme, die in sich politisch sind. Sie sind in der Lage, dies zu verkraften. Im Prinzip ist Literatur ungefährlich, man kann sich damit schmücken, selbst mit den revolutionärsten Inhalten.

Die Goethe-Universität ist eine Frankfurter Einrichtung. Hat sie irgendeine Ausstrahlung in dem uns interessierenden literarischen Bereich?

Es gibt in den Erziehungswissenschaften die Pädagogik: Dritte Welt mit ein paar Nebeneffekten, aber insgesamt über das eigentlich Normale hinaus keine gezielten Initiativen, die mir bekannt wären. Da könnte sicher was passieren. Warum z.B. hat bei den Poetikvorlesungen meines Wissens noch kein Ausländer gelesen? Man könnte viele kleine Zeichen setzen.

Hat Frankfurt auf die Buchmesse Einfluß? Ist sie ein Frankfurter Ereignis? Sie findet zwar in Frankfurt statt, aber ob die städtische Gesellschaft groß davon Kenntnis nimmt?

Das Interessante bei der Buchmesse sind die internationalen Lizenzgeschäfte, nicht das Buch. Weil das so ist, sind bestimmte Sprachen, bestimmte Kulturen auch vorgegeben, d.h. das Lizenzgeschäft ist am interessantesten mit

Aufenthaltserlaubnis?

englischsprachigen Ländern. Das verläuft nach ganz anderen Gesetzen, die mit dieser Stadt nichts direkt zu tun haben.

Gut, die Buchmesse kann man auch ein bißchen wie eine Show sehen, aber ich habe den Eindruck, daß in manchen anderen Städten schon ganz andere Kombinationen laufen. Literatur z.B. ist ja nicht jedermanns Sache und interessiert bis nur zu einer bestimmten Grenze, die ist vielleicht verschiebbar, allerdings nur geringfügig.

Aber wie man alles in die Öffentlichkeit bringt, spielt ja auch eine Rolle. Ich denke z.B. an das Tropenmuseum in Amsterdam, das so anders aufgebaut ist als hier in Frankfurt, mit mehr action und mit audiovisuellen Hilfsmitteln, Tanz, Musik, Literatur, Kochen und Essen, aber kritisch. Die Kombination verschiedener kultureller Ausdrucksformen ist für manche belebend und eine Zugangsmöglichkeit. Könnten Sie sich da noch mehr Phantasie in Frankfurt vorstellen?

Sie sind abgeschottet zueinander, der Literaturbetrieb, der Theaterbetrieb, der Museumsbetrieb. Es gibt wenig Multimediales, Multikulturelles in diesem Sinne jetzt. Es wird versucht im Mousonturm, aber das ist dann bestimmt auch eine elitäre Scene. Da wäre sicher mehr denkbar. Auch im Historischen Museum, das mitten in der Stadt liegt.

Über 4 Mio hat dort die Ausstellung "Frankfurt 750 Jahre Messestadt" gekostet. Dabei wurde nichts abgeleitet aus dieser Tradition der europäischen und internationalen Märkte, der kommunikativen Rolle der Stadt und der mit ihr verbundenen Völker. Mit nur einem Prozent dieser Summe hätte man einen anderen Akzent setzen können.

Auch bei den Darstellungsformen. Warum passiert das immer in Form dieser wirklich starren Ausstellungen? Warum gibt es da nicht ein Rahmenprogramm, das noch ganz andere Möglichkeiten miteinbezieht?

Das Interview wurde 1991 von StudentInnen des von K. Friedrich Schade geleiteten Universitätsseminars „Global denken – lokal handeln" geführt.

Werner Mackenbach leitet den DIPA-Verlag in Frankfurt.

Wolfgang Bender

Euro-Afrika in Frankfurt

An einem Wochenende in Frankfurt ist zugleich in einem der einschlägigen Musiklokale eine Band direkt aus Afrika zu hören, anderswo tritt eine der typischen deutschen Afro-Bands auf, und in der Universität wird ein südafrikanisches Theaterstück aufgeführt. Zu all dem findet in einer angemieteten Halle ein Fest von Ghanaern ganz unter sich statt, eine Hochzeit etwa, die dazu einen lokalen Afro-Diskjockey engagiert haben, der mit seiner Anlage und einer besonderen Plattenauswahl die gewünschte Tanzmusik liefert.

Es kann aber auch ein Wochenende geben, da passiert nichts dergleichen. Damit steht Frankfurt vergleichsweise zu den Millionenstädten Hamburg und Berlin recht provinziell da. Es gibt keine permanente Präsenz afrikanischer Bands, keine entsprechenden Lokale, außer – immerhin inzwischen – den eritreischen und äthiopischen Restaurants.

In Köln, Berlin und Hamburg sind aber auch wesentlich mehr Afrikaner, und somit ist das nicht verwunderlich. Seit Jahren gibt es den „AKV", den afrikanischen Kulturverein, der immer wieder versucht, dem Mangel am Angebot afrikanischer Kultur praktisch abzuhelfen. Zusammen mit anderen Initiativgruppen wird alljährlich das *Karibuni Afrika* Festival veranstaltet. So gibt es zumindest einmal im Jahr afrikanische Musik, Tanz und Kunst ein paar Wochen lang in größerem Umfang. Doch auch die finanziellen Ressourcen von *Karibuni* reichen nicht aus, um etwa ganze Bands aus Afrika direkt einzufliegen. So werden auch immer wieder Gruppen zum Auftritt kommen, die zu den sogenannten Afro-Bands gehören. Das sind dann Bands, die nicht aus Afrika kommen, sondern die aus Afrikanern – oder auch aus Westindern – bestehen, die sich in der Bundesrepublik gefunden haben und mit Hilfe dieser Auftritte und Tourneen ihr Überleben organisieren.

Viele dieser Gruppen hätten vor einem afrikanischen Publikum keine Chancen, könnten in Afrika nicht überleben. Vor einem deutschen Publikum, das keine Ahnung hat, das aber voll „abfährt auf Rhythmus", läßt sich so gut wie alles verkaufen. Schon in Paris und London wären diese Gruppen bald „entlarvt". Hierzulande ist zum einen die Unkenntnis Schuld an dieser Situation und zum anderen auch eine gehörige Portion unterschwelligen, unreflektierten 'Rassismus'.

Denn was ist das anderes, wenn ich all das, was „*bumbum*" macht, als afrikanisch feiere! Dabei wird die Situation der eventuell zuschauenden Afrikaner sehr schwierig. Auch wenn sie erkennen, daß sie es mit Scharlatanen oder zumindest recht miesen Musikern zu tun haben, werden sie kaum diese schlecht machen wollen. Sie müssen gute Miene zum bösen Spiel machen. Besonders dann, wenn die deutschen Fans total auf der jeweiligen Band stehen. Als noch Saraba aus Berlin regelmäßig bei Frankfurter Uni-Festen engagiert wurde, trafen diese Musiker auf ein Publikum, das kaum noch hinhören wollte, was da gespielt wurde, solange der Rhythmus stimmte. Der Afro-Tamtam-Bonus war so stark, da konnte die Band gut oder schlecht spielen, mehr oder weniger gut besetzt sein, das spielte keine Rolle.

Allerdings läßt sich innerhalb der vergangenen ca. zehn bis fünfzehn Jahre insofern ein erheblicher Fortschritt aufzeigen, als seinerzeit Afro-Disco-Abende Seltenheit waren und nur außerhalb der gängigen Lokale angeboten wurden. Heute dagegen gehören Afro-, Salsa-, Reggae-, Rai-Discos zum regelmäßigen Angebot unter anderem etwa der Brotfabrik. Darüber erreicht die in den jeweiligen Herkunftsländern populäre Musik auch unsere Ohren. Obwohl selbst die Auswahl der Disk-Jockeys oder die Wünsche des Publikums eine wichtige Rolle spielen.

Die Frage nach der viel beschworenen „Authentizität“ läßt schnell neue falsche Vorurteile aufkommen. Nicht jeder Afrikaner ist ein Trommler, und der „Rhythmus im Blut“ macht auch noch keinen Musiker. Oder: Akustisch ist echt, elektrisch ist Kopie westlicher Musik. Im einzelnen Fall kann das gerade andersherum sein: Der akustische Trommler macht dem Publikum was vor, während der elektrische Gitarrist genau die afrikanische Musik spielt, die „authentisch“ in seinem Heimatland gerade modern ist. „Afrikanisch“ ist ohnehin eine Fiktion – afrikanische Musik ist als solche nicht existent. Es gibt nur jeweils lokale, manchmal auch regionale oder nationale Musikstile. Das „Afrikanische“ entsteht dann in Europa, wenn Afrikaner dem Wunschbild – oder dem Klangwunsch – des Publikums entsprechen wollen und dazu noch die einzelnen Musiker aus den verschiedensten Gegenden des Kontinentes kommen.

Um diesem Dilemma zu entkommen, bleibt den unterschiedlichsten Gruppen von Afrikanern, aber auch den anderen Nationalitäten nur noch übrig, sich selbst untereinander zu treffen. Da ist es dann nicht notwendig, irgendwelchen Klischees zu entsprechen, Erwartungen einzulösen; da können sie dann unter sich so sein , wie sie es zu Hause wären.

Wie schwierig „interkulturelles Verstehen“ ist, zeigte auch vor kurzem die Reaktion auf den Auftritt der Yoruba Bata Trommel- und Tanzgruppe in Frankfurts Sommerprogramm. In der Presse war vom „bruchstückhaften Improvisieren“ die Rede. Zwar hatte der Journalist besten Willens gut beobachtet, aber mangels Wissens falsche Schlüsse gezogen, denn in der Tat gehört es zu den charakteristischen Eigenschaften vieler westafrikanischer traditioneller Tanzstile, daß kurze Passagen, Folgen von Schritten, Sprüngen und Figuren sehr intensiv eingebracht werden, die dann abrupt abgebrochen werden, um dann nach kurzer Pause wieder neu loszugehen. Dabei sind das festgelegte, bekannte, geübte Schritte, die zu den Trommeln exakt passen müssen und schon deshalb nicht beliebig sein können.

Da wird die „ehrliche“, authentische Auftrittsweise dieser Gruppe ihr selbst zum Nachteil. Die seit Jahrzehnten durch die Welt tourenden – dominant aus dem frankophonen Afrika stammenden – „Nationalensembles“ einiger Länder wie Senegal und Guinea haben da von Anfang an vorgebaut und perfekte Bühnenrepräsentationen inszeniert, mit einem Anfang und einem „richtigen“ Ende. Das kommt dann beim außerafrikanischen Publikum als „authentischer“ an als etwa die tatsächlich „echte“ Art des Yoruba Bata Ensembles. Eine grundsätzliche Frage wäre es jedoch, ob nicht ohnehin schon die Verpflanzung dieser dem Gott Schango geweihten Musik auf die Bühne, den entfremdeten folkloristischen Kontext, dieser jede echte Authentizität entzieht?

Die modernen Tanzbands, die regelmäßig aus Ghana nach Frankfurt kommen, um dann vor einem fast ausschließlich afrikanischen – ja, ghanaischen Publikum zu spielen, werden fast immer aus eigenen Mitteln der in Deutschland lebenden Ghanaer hierher geholt. Innerhalb der ghanaischen „Community“ spricht sich die Nachricht über die Ankunft einer Band, wie etwa den berühmten Afro High Kings mit Amakye Dede, in Windeseile herum. Ein Orchester, das mehrmals hintereinander zur besten Band seines Landes gekürt wurde, will niemand versäumen. Die Tournee ist ebenso ohne jeden Veranstalter – außer vielleicht dem DGB Hamburg – eigenständig organisiert. Die jeweiligen Konzerte sind voll ausgebucht. Wird im Fernsehen für diese Veranstaltungen geworben, so erreicht das nur wenige interessierte Deutsche. Diese fühlen sich dann in der Nacht des Konzertes entsprechend verloren. Immerhin, sie bekommen die Gelegenheit, etwas von Ghana mitzubekommen. Wie ziehen sich die Leute an, wie tanzen sie, was wird gegessen, wie spielt die Band? Wie zu Hause in Ghana stellt sich die Gruppe in ihrer jeweiligen Sprache vor, sind die Lieder in ghanaischen Sprachen – aber die Deutschen können die sachkundigen Tänzer und Tänzerinnen gerne nach den Liedinhalten fragen. Es ist tatsächlich ein wenig wie zu Besuch in Ghana.

In Frankfurt gibt es auch einige „Kulturvermittler“ abseits der offiziellen Kulturszene. Da ist Jean Trouillet, der noch zu Pflasterstrands Zeiten dort Weltmusik propagierte und „promotete“. Jetzt ist er auch weiter aktiv – beim Journal Frankfurt. Seine Konzertserie *Weltbeat* zusammen mit der Saalbau hat schon eine ganze Reihe bekannter Stars aus der „Dritten Welt“ nach Frankfurt gebracht.

Zu den Vermittlern gehören all die Veranstalter von Afro-Tanzworkshops, ob sie nun aus Afrika oder sonstwoher kommen. Dann die Bauchtänzer und Bauchtänzerinnen mit ihren Ateliers, wie etwa Dietlinde Karkutlis' „Studio Arabeska“.

In Frankfurt ist ein Plattenlabel und ein Plattenvertrieb afrikanischer populärer Musik zu Hause, das für ganz Deutschland einmalig ist. Da sind Platten der verschiedensten Musikstile Afrikas in Originalproduktionen zu bekommen. Ein Katalog erleichtert den Zugang zur Fülle des Angebots. Die in Lizenz aus Afrika übernommene Auswahl von Schallplatten gibt eine erste Ein- und Hinführung zur modernen afrikanischen Musik. Zu diesem Angebot hat Günter Gretz im Laufe der Jahre auch einige der berühmtesten Orchester aus Afrika – immer zum ersten Mal – nach Frankfurt geholt, darunter die „Amazonen" von Guinea, Bembeya Jazz sowie schon lange vor seinem internationalen Aufstieg Youssou N'dour aus dem Senegal. Unter diesem bescheidenen Aspekt hat Frankfurt immer was zu bieten.

Im Kunstbereich war über Jahre die Afrika-Galerie, geleitet von Helga Exler, ein Ort, der sich immer wieder der modernen afrikanischen Kunst angenommen hatte, auch wenn damit überhaupt kein großes Geld zu machen war. Leider wird sie jetzt nur noch zeitweise an die Öffentlichkeit treten. Dafür hat seit 1985 das Völkerkundemuseum Frankfurt den Schwerpunkt seiner Ankaufspolitik auf die moderne Kunst aus Afrika verlagert. Das ist zur Zeit – und noch bis in das kommende Jahr hinein – durch eine größere Überblicksausstellung und eine ständig wechselnde kleinere in den beengten Räumen der alten Villa am Schaumainkai zu sehen. Eine Auswahl von Bildern und Skulpturen Senegals, Nigerias, Zaires, Kenias, Zimbabwes ermöglichen einen Einblick in die moderne Kunst Afrikas und die Ankaufspolitik des Museums.

Neu ist, daß sich sogar die Kunstszene Frankfurts, noch dazu die Galerie der Städelschule, der Portikus, mit der afrikanischen Moderne auseinandersetzt. Dort wurde vor kurzem der Künstler Cheri Samba von Kinshasa, Zaire ausgestellt. Damit hat sich Frankfurt an die Spitze der Städte gestellt, deren Kunstszene überhaupt globale Entwicklungen wahrnehmen will. Cheri Samba gehört zu den wenigen Künstlern seines Kontinents, denen es gelungen ist, weltweit bekannt zu werden. Das Interesse an seiner Ausstellung in Frankfurt beweist auch, daß es sich tatsächlich um einen großen Künstler handelt, der dem Publikum sehr viel zu bieten hat. Der Portikus- und Städelschuldirektor Kaspar König kann sich rühmen, einen guten Griff getan zu haben.

Der Artikel wurde im Sommer 91 verfaßt.

Biserka Felbinger-Weber

Die Filmgruppe Kaleidoskop

Bei der Suche nach Möglichkeiten, Filme aus den sogenannten Dritte Welt-Ländern auch in Frankfurt zu zeigen, kamen im Sommer 1990 einige Filmfreunde auf die Idee, in Eigeninitiative Filmarbeit zu machen. So entstand in Zusammenarbeit mit dem Dritte Welt-Haus die Filmgruppe Kaleidoskop. Die Benutzung der Räume und der Technik des Dritte Welt-Hauses erleichterte die Arbeit. Die anfänglich ungeklärte Frage der Finanzierung des Projekts wurde in Gesprächen mit Vertretern des Ausschusses für entwicklungsbezogene Bildung und Publizistik der Evangelischen Kirche Hessen-Nassau und des Deutschen Filmmuseums vorläufig geklärt. Es sind im wesentlichen diese beiden Institutionen, die die Kaleidoskop-Initiative unterstützen. So wurde mit Hilfe des Deutschen Filmmuseums im November 1990 ein Filmwochenende mit Beiträgen aus Afrika, Asien und Lateinamerika organisiert. Dies war gleichzeitig der Beginn einer Filmreihe, in der zweimal monatlich im Kommunalen Kino Frankfurt / M Filme aus und über die oben genannten Kontinente gezeigt werden.

Über das Medium Film wird der Versuch gemacht, einen umfassenderen Einblick in die Lebenszusammenhänge der Bewohner der „Dritte Welt-Länder“ zu vermitteln. Es ist ein Versuch, hiesige Menschen der Realität der Dritten Welt zu nähern, in der Hoffnung, oft bestehende Vorurteile und Irrtümer über „andere“ Kulturen ein wenig zu korrigieren. Dabei geht es auch um die aktuelle Situation an Ort und Stelle, wobei es auf die Wechselwirkung zwischen verschiedenen Kulturen, die in einer Stadt wie Frankfurt täglich erfahrbar ist, ankommt. Das heißt: Wie leben die Menschen in ihren Ursprungsländern, was bringen sie mit und wie gehen wir damit um?

Es werden Spiel- und Dokumentarfilme, künstlerisch und sozial engagierte Filme gezeigt. Die Reihe soll verdeutlichen, daß der Eindruck, der Film sei inzwischen zu einem eigenständigen Ausdrucksmittel der Kulturen Afrikas, Asiens und Lateinamerikas geworden, berechtigt ist. Berechtigt im Sinne eines der Gründer des Lateinamerikanischen Films – Fernando Birri -, der für ein „Kino der Suche nach nationaler Identität“ plädiert. Die unterschiedliche Entwicklung der Filmtradition ist in den jeweiligen Ländern unmittelbar geknüpft an materiellle Möglichkeiten. Die aber sind knapp bemessen, so daß die Filmindustrie der Dritten Welt oft an Hilfe von außen angewiesen ist. Eingebunden in das bestehende Abhängigkeitsverhältnis zwischen Nord und Süd, sehen sich Filmemacher gezwungen, bestimmte Konzessionen zu erfüllen, die die Eigenständigkeit ihrer Kino-Kultur gefährden. Um alle diese Fragen zu problematisieren, ist die Arbeit der Gruppe Kaleidoskop auf die Resonanz eines interessierten und kritischen Kinopublikums angewiesen. Daher werden im Anschluß an die Filmvorführungen Gespräche mit Regisseuren und Fachleuten ermöglicht.

Aus Afrika, Asien und Lateinamerika

„Käme SCHATTEN DER ERDE nicht aus Tunesien, sondern aus einem west-europäischen Land oder gar Amerika, eine nachhaltige Kritik, mehrwöchige Kinolaufzeiten und ein hervorragender Sendeplatz im Fernsehen wären ihm gewiß" (Karsten Visarius, FAZ 3. 4. 1983). Weil die Verhältnisse so sind, versucht die Gruppe, dem in eigener Initiative und mit Unterstützung des Deutschen Filmmuseums entgegenzuwirken. Vorbilder sind das bereits seit einigen Jahren erfolgreich arbeitende „Mittwoch-Kino" im Kommunalen Kino Freiburg sowie das Projekt „alle(r)weltskino-Forum für eine Welt" im Raum Köln / Bonn.

Ein anderer Grund, warum diese Filmarbeit gemacht wird, liegt sicherlich in der Stadt Frankfurt begründet. Ein nicht geringer Teil ihrer Bewohner sind Menschen aus anderen Kulturkreisen. Ihre Andersartigkeit ist nicht nur durch eigene kulturelle Traditionen geprägt, sie ist auch durch Kategorisierung „Ausländer", „Asylsuchender" oder „Arbeitsimmigrant" potenziert. Sie wird oft als Bedrohung empfunden und ihr wird nicht selten mit Unverständnis und Intoleranz begegnet. Die Filme sollen die Unterschiedlichkeit der Kulturen als etwas Positives begreifbar machen. Frankfurt ist eine Stadt der Widersprüche. Zwischen wirtschaftlichem Reichtum und hilfesuchenden Menschen nisten sich allmählich Unverständnis und Ablehnung als urbane Dauereinrichtung ein. Das Filmprojekt ist ein Eingeständnis an pluralistische Filmkultur und zugleich ein Beitrag zu mehr Toleranz und Aufgeschlossenheit untereinander.

Ein Frankfurter Kulturprojekt?

Filmgruppe Kaleidoskop – ein Frankfurter Kulturprojekt oder ein Projekt fremder Kulturen? Vielleicht gelingt es, beides miteinander zu verbinden. Nach fast einjähriger Filmarbeit läßt sich sagen, daß zwar kein überschwänglicher Ansturm von Besuchern zu verzeichnen ist, eine Resonanz des Publikums, insbesondere in den Diskussionen, jedoch durchaus besteht. Das Interesse an der Kino-Kultur der Dritten Welt muß erst geweckt werden. Das um so mehr, als es in Frankfurt wenig Gelegenheit gibt, Filme aus Ländern der sogenannten Dritten Welt zu sehen. Gleichzeitig knüpft die Filmgruppe ihre Arbeit an die Erwartung, auch andere Kinos in Frankfurt für die gleiche Problematik zu sensibilisieren. Mit Hilfe des interessierten Publikums

Gastarbeiter Schicksal

wird eine intensivere Zusammenarbeit sowohl der einzelnen Kinos als auch der einzelnen deutsch-ausländischen Gruppen untereinander angeregt.

Die Intention ist es, sogar die Aufmerksamkeit der Frankfurter Kulturpolitik auf sich zu lenken. Freilich hat die Filmgruppe hinsichtlich solcher Sehnsüchte wenig Hoffnung angesichts der Tatsache, daß die Stadt eher bereit ist, Gelder für konventionelle Kulturprojekte (Museumsufer) anzugeben, als für die Unterstützung multikultureller Verständigung. Die Befürchtungen sind berechtigt, bedenkt man, daß zur Zeit das Kommunale Kino eine vom Magistrat verhängte 20prozentige Haushaltssperre hinnehmen muß. Trotz solcher Verhältnisse hat das Projekt die Unterstützung des Kommunalen Kinos bekommen – bis jetzt!

Ungeachtet der beschriebenen Schwierigkeiten versucht die Filmgruppe Kaleidoskop weiterhin, ein Teil der Frankfurter Kulturszene zu bleiben / werden, auch im Sinne einer Filmverbindung zu anderen Kontinenten.

Herbst 1991

Sprung ins Verderben (*Zyklus „Bankfurt ist Krankfurt"*)

Volker Hauff

Grußwort zur Eröffnung der 2. Konferenz der SPD zur Verstärkung der kommunalen Nord-Süd-Arbeit[1]

Ich freue mich, daß die zweite Konferenz zur Verstärkung der kommunalen Nord-Süd-Arbeit in Frankfurt stattfindet.

Ich vermute, dies geschieht nicht von ungefähr. Ohne daß ich die Bemühungen anderer Gemeinden und Städte hierzulande (...) verkennen würde, darf ich feststellen, daß die Frankfurter Sozialdemokraten (in einer rot-grünen Koalition) inzwischen intensiv begonnen haben – nach innen und nach außen – eine Kommunalpolitik aufzubauen, die sich die Kriterien einer sozialen und ökologischen Ökonomie, also die Hinführung zu einer unerläßlichen Synthese, zueigen gemacht hat. Denn wir alle wiessen von der globalen Bedrohung, in die unser Planet hineinzurasen droht, wenn nicht in der nördlichen wie in der südlichen Hemisphäre, wenn nicht in dem Verhältnis dieser Welten zueinander entscheidende Veränderungen stattfinden. (...)

Was die reichsten 10 Prozent der Weltbevölkerung an Energie, Fläche, Wasser, Luft und anderen Naturgütern verbrauchen – direkt oder indirekt – ist nicht auf die übrigen 90 Prozent ausdehnbar, ohne daß die Erde ökologisch kollabieren würde. Schon zum Inganghalten des heutigen, die reichsten zehn Prozent privilegierenden Konsums, wird ein angsterregender Raubbau getrieben (...)

„Will man Umweltpolitik als langfristig angelegte Erdpolitik entwerfen und durchsetzen, so kommt man nicht darum, sich auf alle die anderen Politikbereiche einzulassen und in konstruktivem Gespräch mit ihnen eine umweltverträgliche Lösung zu suchen. Man überhebt sich dabei zunächst unvermeidlich“, schreibt Ernst Ulrich von Weizsäcker in seinem Buch „Erdpolitik“.

Wie wahr – kann ich nur hinzufügen.... Aber ich denke, diese gravierende Hemmschwelle müssen wir dennoch schleunigst überwinden. Um nun im Rahmen unserer kommunalpolitischen Möglichkeiten diese Erkenntnisse, Einsichten, Initiativen und auch neue Verhaltensweisen im Verhältnis zu den

[1] in Frankfurt am 5. Juli 1990, hier in Auszügen

Völkern der Dritten Welt, zu den dortigen gesellschaftlichen ökonomischen und ökologischen Lebensproblemen zu fördern, zu konkretisieren, hat die Stadt Frankfurt ein umfangreiches Programm gestartet. Die Zahl der Einrichtungen in Frankfurt, die Vielfalt der Arbeitskreise, der sozialen, kulturellen und auch alternativwirtschaftlichen Unternehmungen, die Dritte-Welt-Informations- und Hilfsdienste leisten, ist enorm; das Engagement nicht minder – doch die politisch-öffentliche Wirkung noch immer nicht ausreichend genug.

Natürlich wollen und können wir das alles nicht „kommunalisieren", aber wir sind intensiv bemüht, eine bessere Vernetzung herzustellen – auch um unsere kommunalen Möglichkeiten und Leistungen noch effektiver zu machen. Zwischen der städtischen Wirtschaftsförderung, den Frankfurter Schulen, den Museen – insbesondere dem Völkerkundemuseum – den planenden und bauenden Ämtern und den in diesem Feld tätigen gesellschaftlichen Gruppen und Institutionen müssen und werden die Kontakte noch enger geknüpft und die Kooperationsmöglichkeiten ausgebaut werden.

Unabhängig von der inzwischen eingetretenen politischen Veränderung in Nicaragua haben wir die bei einem Treffen mit Vertretern der Stadt Granada zugesagten konkreten Hilfen nach dorthin bereits in Gang gesetzt: So unter anderem eine Wasserpumpstation, die für eine saubere Trinkwasserversorgung dort unerläßlich ist und auch zahlreiche technische Hilfsmittel für die Stadtreinigung sind nach Granada unterwegs. Wir werden dieses Projekt intensiv weiter verfolgen.

Ich möchte nunmehr abschließend und kurz, wenn auch exemplarisch, auf ein Projekt besonderer Art zu sprechen kommen, das nach meiner Meinung in bundesweiter und auch in europäischer Kooperation entschieden weitergeführt werden muß.

Ich meine das „Klima-Bündnis der Europäischen Städte", das bei einem ersten Arbeitstreffen am 4. August hier in Frankfurt – einberufen vom „Umwelt-Forum" unseres Umweltdezernats – gegründet wurde. Ich werde in Kürze an meine Kollegen, an den Stuttgarter Oberbürgermeister Rommel als Präsidenten des Deutschen Städtetages und an den Oberbürgermeister der Stadt Kassel, an Hans Eichel als Präsident des Hessischen Städtetages, mit dem Vorschlag herantreten, das Thema „Klima-Bündnis zum Erhalt der Erdatmosphäre / Bündnis europäischer Städte mit den Völkern Amazoniens" mit zur vorrangigen und dauerhaften Arbeitsaufgabe dieser Gremien zu machen – mit allen praktischen Konsequenzen, die daraus im einzelnen für uns resultieren. Hier und heute nur so viel abschließend zu dieser bedeutsamen Herausforderung, die unseren Slogen „global denken, kommunal handeln", nachhaltigst konkretisiert.

Wie wir wissen, hat die weltweite Klimaveränderung zwei Hauptursachen: Die Emmissionen der industriellen Ballungszentren des Nordens und die Zerstörung der tropischen Regenwälder. Der Schutz der Erdatmosphäre ist deshalb nur durch den ökologischen Umbau in den großen Städten und durch wirksamen Schutz der Wälder zu gewährleisten. Verwirklicht werden die notwendigen tiefgreifenden Veränderungen jedoch nicht nur durch zentralistische Planungsmodelle, sondern vor allem dezentral vor Ort. Deshalb sind bei der Verwirklichung einer neuen Energie- und Verkehrspolitik die Städte und Gemeinden die entscheidende Instanz. (...)

Für die europäischen Städte ist das Klima-Bündnis ein Schritt zur Überwindung der Lähmung, die angesichts einer von den Industriestaaten verursachten globalen Katastrophe und angesichts der bisher völlig unzureichenden Gegenmaßnahmen alle zu ergreifen droht. Die Erstellung eines kommunalen Klimaschutzprogramms und die gegenseitige Unterstützung der Kommunen bei seiner Verwirklichung ist eine zentrale Aufgabe des Klima-Bündnisses. In einem derartigen Programm werden die kommunalen Handlungsfelder unter dem Gesichtspunkt des Klimaschutzes überprüft und Strategien für kommunale Aktivitäten entwickelt.

Handlungsfelder der Kommune sind:
- Energiepolitik
- Verkehrs- und Planungspolitik
- kommunales Beschaffungswesen, insbesondere der Umgang mit klimagefährdenden Chemikalien und der Verzicht auf tropische Hölzer.

Mersada in Sandweg

Mehr als 400 Kommunen – darunter auch die Stadt Frankfurt – haben in den letzten Jahren beschlossen, auf Tropenhölzer zu verzichten. Das Klima-Bündnis umfaßt also den ökologischen Umbau der Städte des Nordens sowie die Garantie für eine langfristige Sicherung der Lebens- und Nutzungsrechte der Völker und Gruppen in der Dritten Welt.

Nach uns Sintflutt! (*Zyklus „Bankfurt ist Krankfurt“*)

Koalitionsvereinbarung zwischen SPD und Grünen 1989

(...)

WIRTSCHAFTSPOLITIK

Frankfurt am Main ist das Dienstleistungs- und Finanzzentrum der Bundesrepublik. Frankfurt verfügt über Standortvorteile, die es auch in Zukunft attraktiv machen werden. Wir werden die Wirtschaftskraft der Stadt wahren und weiterentwickeln; gleichzeitig werden wir den sozialen, kulturellen und ökologischen Anforderungen der Bürgerinnen und Bürger gerecht werden. Wir treten für eine qualitative Wirtschaftsentwicklung ein, die dauerhaft in der Lage ist, die Bedürfnisse der lebenden Generationen zu befriedigen, ohne die Fähigkeit zu zerstören, daß künftige Generationen ihre Bedürfnisse erfüllen und ihre Lebensstile wählen können. Zur Erreichung unserer wirtschaftspolitischen Ziele suchen wir die Zusammenarbeit mit den Kammern, Verbänden, Gewerkschaften und Unternehmen einschließlich der selbstverwalteten Betriebe. Wir setzen auf Kooperation und den Willen zum Konsens, um alle Ressourcen zu nutzen, damit die wirtschaftliche Entwicklung Frankfurts im Einklang mit den ökologischen und sozialen Grundlagen dieser Stadt allen hier lebenden und arbeitenden Menschen dient.

FRANKFURTS CHANCEN NUTZEN

Die künftige Entwicklung der Stadt wird maßgeblich durch weltweite Verflechtungen, vor allem durch die weitere Ausgestaltung der Europäischen Gemeinschaft, durch die politischen und wirtschaftlichen Veränderungen in Osteuropa und durch die internationalen Bemühungen um eine gerechtere Weltwirtschaftsordung beeinflußt. Die Chancen, die sich daraus für Frankfurt ergeben, wollen wir nutzen. Hierzu gehört eine verbesserte Vertretung Frankfurts bei den europäischen Institutionen, wie das bemühen Frankfurt zum Standort einer europäischen Zentralbank zu machen.

Wir werden Frankfurt weiter als internationales Finanzzentrum und als Handelsplatz fortentwickeln. Hierzu gehört die Unterstützung der Messe und des Flughafens gemäß ihrer Funktion und Bedeutung.

Frankfurt braucht als Verkehrsknotenpunkt die Entwicklung eines zukunftsweisenden Verkehrsangebots, insbesondere den umweltgerechten Ausbau des Fernbahnnetzes.

Frankfurt ist ein Zentrum der Technologie und der Chemie. Deren Weiterentwicklung beinhaltet auch eine besondere Verantwortung: die Gesundheit der Menschen in Frankfurt darf nicht durch ökonomische Interessen gefährdet werden. Die Verbindung von industrieller Produktion und Umweltschutz ist eine der wichtigsten Aufgaben Frankfurter Kommunalpolitik.

FRANKFURTER WIRTSCHAFTSSTRUKTUR

Die städtische Wirtschaftsförderung werden wir konzentrieren und effektiver machen. Sie muß auch Benachteiligungen einzelner Branchen und sozialer Gruppen sowie strukturellen Fehlentwicklungen der Stadt korrigierend entgegenwirken.

Der Dienstleistungssektor in Frankfurt soll ausgebaut werden. Aber wir wollen die besondere Förderung des produzierenden Gewerbes nicht aus dem Auge verlieren. Dazu ist die Sicherung und Erweiterung der industriellen und gewerblichen Arbeitsplätze und Unternehmen in Frankfurt dringend erforderlich. Durch unsere Bebauungsplanung werden wir diesen Unternehmen mehr Standortsicherheit geben. Insbesondere werden wir kleine und mittlere Betriebe unterstützen, damit in Frankfurt eine vielfältige Wirtschaftsstruktur bleibt.

Wir wollen durch eine breite Differenzierung der Arbeitsplätze möglichst vielen Menschen langfristig Chancen beruflicher Entfaltung sichern und sinnvolle Arbeitsplätze mit den Schwerpunkten ökologischer und sozialer Dienstleistungen und Produkte fördern. Priorität hat die Schaffung qualifizierter Arbeitsplätze für Frauen.

Die Neugründung von jungen Betrieben werden wir in einem Projekt "Junge Betriebe hinter alten Mauern" durch Vorratshaltung von Räumen für Unternehmensneugründung, durch Poolbildung, Beratung und Bereitstellung von Infrastruktur (Büro) unterstützen.

Zur Förderung von Existenzgründungen für ökologische Klein-, Frauen und selbstverwaltete Betriebe wird ein geeignetes Finanzierungsinstrument geschaffen. Die Stadt beteiligt sich an Beratungskostenzuschüssen für Existenzgründungen.

QUALIFIZIERUNGSOFFENSIVE

Die wirtschaftliche Entwicklung verändert die Arbeitsinhalte rapide. Das stellt die Arbeitnehmer und Arbeitnehmerinnen vor immer neue Anforderungen. Sie können nur dann ihre Interessen wahren und sich vor Arbeitslosigkeit schützen, wenn sie mit dem technologischen Wandel Schritt halten. Deshalb werden wir eine städtische Qualifizierungsoffensive starten, besonders für Arbeitnehmerinnen und Arbeitnehmer, die bisher von Weiterbildungsmaßnahmen nicht erreicht werden konnten. Dabei suchen wir die Zusammenarbeit mit den Kammern, Gewerkschaften, Unternehmen und Initiativen auch im Selbstverwaltungs- und Frauenbereich. Die Stadt Frankfurt wird initiierende, koordinierende und fördernde Funktionen übernehmen.

Die Stadt Frankfurt sieht die Notwendigkeit, für sozial benachteiligte Jugendliche Ausbildungsmöglichkeiten zu schaffen. Die Stadt vergibt ein maßnahmenorientiertes Gutachten, in dem ein Aktionsprogramm für die Ausbildung sozial benachteiligter Jugendlicher innerhalb eines halben Jahres vorgelegt wird, z.B. Außerbetriebliches Ausbildungszentrum und Projekte wie "Arbeit und Lernen".

Die städtischen Vergaberichtlinien werden neu gefaßt.

UMWELT

I. GRÜNGÜRTEL UND NATURSCHUTZ

Ein zentrales Zukunftsprojekt der nächsten Jahre ist die Verwirklichung des äußeren Frankfurter Grüngürtels und die Wiederbelebung des Mainufers, die Vernetzung und die Neuanlage von Parks und Grünflächen, der Vorrang für Naturschutz und sorgfältige Landschaftsplanung. Der Schutz unserer natürlichen Ressourcen erhält in Frankfurt die ihm zukommende Bedeutung.

Der Frankfurter Grüngürtel soll gepflegt, erweitert und geschützt werden. Um dieses zentrale städteplanerische Zukunftsprojekt zu fördern, wird ein Grüngürtel-Ausschuß der Stadtverordnetenversammlung eingesetzt.
Städtische Grundstücke im und am Grüngürtel werden möglichst extensiv genutzt. In Grüngürtelnähe werden neue, offene Kleingartenanlagen geschaffen. Der Grüngürtel wird durch eine eigene Satzung, vergleichbar dem Wallservitut, geschützt. Das Niddatal wird nach Ende der Bundesgartenschau sorgfältig renaturiert, so daß es integrierter Bestandteil des Grüngürtels wird.

Die Stadt wendet sich dem Main zu: Der Main und seine Ufer werden als natürliche Ader der Stadt nach einem neuen Planungswettbewerb städtebaulich wiederbelebt. Die Ufer werden für FußgängerInnen und RadfahrerInnen moeglichst auf ganzer Länge durchgängig gemacht.

Die Grünbereiche der Stadt werden miteinander vernetzt. Ein eigenes Programm fördert die Vorgarten-, Hinterhof-, Fassaden- und Dachbegrünung. Der Flächenverbrauch wird gebremst, die Stadt erstellt einen eigenen Landschaftsplan. Die Auflagen des Wallservituts werden auf Punkt und Komma eingehalten.

Der Günthersburgpark wird auf städtischem Gelände nach Norden bis zu den Kleingartenanlagen erweitert.

Naturschutzgebiete und andere schutzwürdige Flächen, wie z.B. Feuchtgebiete, Feldholzinseln und Streuobstwiesen werden besonders geschützt. Der Stadtwald und der städtische

Waldbesitz im Umland werden nach ökologischen Prinzipien bewirtschaftet. Die Biotop-kartierung wird intensiviert, ihre Ergebnisse werden veröffentlicht.

Die Stadt wird die Bemühungen um die Beendigung des Pestizidseinsatzes in Kleingärten fördernd und beratend unterstützen. Ein Förderprogramm soll den bäuerlichen Betrieben die Umstellung auf biologisch-organische Landwirtschaft erleichtern und den Düngemitteleinsatz schrittweise reduzieren helfen.

II. LUFTREINHALTUNG UND LÄRMBEKÄMPFUNG

Die Verbesserung der Luftqualität und der Schutz der Bürgerinnen und Bürger vor Lärmbelästigung sind zentrale Aufgaben moderner großstädtischer Umweltpolitik.

Die Stadt Frankfurt wird ein Fernwärmeprogramm als wichtigsten praktischen Beitrag zur Luftreinhaltung auflegen. Städtische Feuerungsanlagern werden stufenweise auf den höchstmöglichen technischen Standard nachgerüstet.

Das landeseigene Luftmeßsystem ist in vielen Punkten verbesserungsbedürftig. Wo kommunale Interessen dies erfordern, wird die Stadt Frankfurt ein ergänzendes Meßsystem (insbesondere für krebserregende Stoffe) schaffen. Auf der Grundlage dieser Daten wird ein Luftbelastungsatlas veröffentlicht.

Die Stadt Frankfurt wird auf die Ausweitung des Smog-Sperrbezirks auf das gesamte Stadtgebiet und auf eine restriktive Auslegung der Regelung für die Erteilung von Ausnahmegenehmigungen hinwirken.

Die Stadt Frankfurt läßt gezielt Messungen der Innenraumluft durchführen.

Die Stadt Frankfurt setzt alle rechtlichen und tatsächlichen Möglichkeiten ein, um die Verwendung von FCKW-haltigen Baustoffen bei Bauten in Frankfurt auszuschließen.

Als Grundlage für ein Frankfurter Lärmschutzprogramm wird in Zusammenarbeit mit der Hessischen Landesanstalt für Umwelt und dem Umlandverband ein Schallimmissions-Kataster für Frankfurt erstellt. Anhand dieser Daten wird ein Frankfurter Lärmschutzprogramm (Verkehrsberuhigung, Schallschutzfenster, bauliche Maßnahmen wie Lärmschutzwände und Fassadenumgestaltung, Veränderung der Straßendecke, Lärmschutzeinrichtungen für städtische Fahrzeuge und Schienenfahrzeuge, Intensivierung von Lärmmessung und Lärmkontrolle) durchgeführt.

III. SCHUTZ DES WASSERS

Die langfristige Sicherung einer qualitativ und quantitativ ausreichenden Trinkwasserversorgung, ein wirksamer Schutz der Gewässer und die naturnahe Gestaltung der Frankfurter Bäche und

Flüsse zählen zu den Kernbestandteilen vorsorgender Umweltpolitik.

Ein Wassersparprogramm der Stadtwerke das in Zusammenarbeit mit den Frankfurter Handwerksbetrieben erstellt wird, beinhaltet ein umfassendes Beratungsangebot über moderne Wasserspartechnologien. Die Stadt selbst nimmt ihre Vorbildfunktion mit Wassersparmaßnahmen in öffentlichen Gebäuden wahr. Die Regenwassernutzung und die Mehrfachnutzung im gewerblichen und städtischen Bereich (z.B. Autowaschanlagen) sowie Modellprojekte zur Grauwassernutzung tragen zur rationellen Wassernutzung bei und werden gefördert.

Die Stadt Frankfurt wird eine qualitativ und quantitativ ausreichende Trinkwasserversorgung unter Wahrung der ökologischen Interessen der Trinkwassergewinnungsgebiete im Ried, Vogelsberg und Spessart langfristig sichern. Ein eventueller Verzicht auf bereits beantragte Fördermengen im Vogelsberg muß geprüft werden.

Die Wasserförderung im Stadtgebiet wird konsequent geschützt, Altlasten werden zügig saniert. Betriebe, die mit wassergefährdenden Stoffen umgehen, werden besser überwacht. Für Betriebsgelände, bei denen der Verdacht auf Grundwassergefährdung besteht, wird ein Untersuchungsprogramm aufgelegt. Die untere Wasserbehörde wird verstärkt. Ein Bodenschutzprogramm wird erarbeitet. Ein Entsiegelungsprogramm dient der Förderung der Grundwasserneubildung vor allem in den äußeren Stadtteilen.

Um Frankfurter Bürgerinnen und Bürger vor Gesundheitsgefährdungen zu schützen, bietet die Stadt Frankfurt die kostenlose Messung des Bleigehalts im Trinkwasser sowie die Beratung von Mietern und Hausbesitzern an.

Die städtische Entwässerungssatzung wird mit dem Ziel einer drastischen Reduzierung der Einleitegrenzwerte überarbeitet.

Die Kläranlagen werden nach dem neuesten Stand der Technik nachgerüstet, die Schlammverbrennungsanlage Sindlingen (SEVA) saniert.

Über die Verbesserung der Wasserqualität der Frankfurter Gewässer muß mit den Oberliegern verhandelt werden: Eine Kommission zum Schutz der Nidda wird eingerichtet. Initiativen zur Sanierung des Mains werden beim Land Hessen und bei den Main-Oberliegern ergriffen.

Die Nidda-Ufer werden renaturiert. Die Bäche im Frankfurter Stadtgebiet werden, soweit dies möglich ist, entrohrt und naturnah gestaltet. Die Fließwasserverbindung vom Seckbacher Ried zum Ostpark-Weiher wird hergestellt. Hochwasser wird durch naturnahen Ausbau der Gewässer und Schaffung von Retentionsräumen bekämpft, Hochwasserrückhaltebecken sind damit verzichtbar.

IV. ABFALLWIRTSCHAFT UND ALTLASTENSANIERUNG

Die Abfallvermeidung hat für eine moderne ökologische Abfallwirtschaft Priorität. Auch die Getrenntsammlung und stoffliche Wiederverwertung von Abfällen tragen entscheidend zur Verminderung der Abfallmengen bei.

Der Bau einer Müllverbrennungsanlage im Frankfurter Osthafen wird abgelehnt. Stattdessen sollen ein Recyclingcenter und eine Abfallverwertungsgesellschaft ihren Sitz im Osthafen haben.

Die MVA Nordweststadt wird sobald als möglich mit einer Entstickungsanlage nachgerüstet. Alle Möglichkeiten zur Schadstoffreduzierung werden ausgenutzt.

Die Errichtung von Bauschuttaufbereitungsanlagen wird vordringlich in Angriff genommen.

Die eingeführten Wertstofftonnen werden dem Anschlußzwang unterworfen, sofern nicht zwingende bauliche Gegebenheiten dem entgegenstehen.

Die Stadt Frankfurt wird in einem Modellprojekt die Biomüllkompostierung einführen. Dabei wird die bisherige Glastonne zur Biotonne umgewandelt die Altglassammlung wird dann durch Depotcontainer vorgenommen.

Die Stadt Frankfurt wird einen Modellversuch zur Getrennterfassung und Verwertung von Kunststoffen im gewerblichen Bereich durchführen.

Für die in Frankfurt vorhandenen Altlasten wird ein Sanierungsprogramm erstellt und in Angriff genommen. Der Monte Scherbelino wird sorgfältig nach dem neusten Stand von Wissenschaft und Technik saniert.

V. NEUGESTALTUNG DER ENERGIEPOLITIK

Der Einsatz von Energie in Frankfurt muß rationeller und wirkungsvoller gestaltet werden. Energiesparen bedeutet nicht Verzicht auf Lebensqualität, sondern Einsatz moderner Technologien zur Reduzierung des Ressourcenverbrauchs und der Umweltbelastungen. Frankfurter Energiepolitik soll einen Beitrag zum Klimaschutz leisten. Ziel ist, durch ein neues Energiemarketing einschließlich einer neuen Tarifgestaltung alle sinnvollen Möglichkeiten zur Reduzierung des Energieverbrauchs und zur Entwicklung neuer Versorgungsstrukturen zu nutzen. Auf dieser Grundlage werden die Unternehmensziele für die Stadtwerke als Energiedienstleistungsunternehmen neu formuliert.

AUSBAU DER KRAFT-WÄRME-KOPPLUNG

Die Eigenstromversorgung Frankfurts durch Kraft-Wärme-Kopplung wird erheblich verstärkt. Damit einher geht der zügige Ausbau der Fernwärmeversorgung in der Stadt. Das vorhandene Dampfnetz wird umgerüstet, die Wärmeversorgung in Neubaugebieten wird durch Kraft-Wärme-Kopplung sichergestellt.

ENERGIESPARTECHNOLOGIEN IN DER STADT

Für öffentliche Gebäude wird ein besonderes Programm der rationellen Energienutzung aufgelegt. Hier kann das Energiesparpotential modellhaft demonstriert werden. Die Nutzung regenerativer Energiequellen wird durch die Stadt besonders gefördert.

ENERGIEBERATUNG UND -FÖRDERUNG

Privaten Haushalten sowie kleinen und mittleren Unternehmen wird die Stadt künftig eine intensive Beratung und Förderung bei der rationellen Nutzung von Wärme und Strom anbieten. Hierzu gehören auch Einrichtungen zur Analyse des Energiebedarfs von Häusern und die Entwicklung von individuellen Konzeptionen für eine sinnvollere Wärmedämmung. Die Bedingungen für die Energieerzeugung Dritter durch Kraft-Wärme-Kopplung werden verbessert.

VI ERGÄNZENDE MAßNAHMEN

Umweltverträglichkeitsprüfung
Für alle umweltrelevanten Projekte, Planungen und Programme wird eine kommunale Umweltverträglichkeitsprüfung durchgeführt. Bei Umweltverträglichkeitsprüfungen liegt die Fachaufsicht beim Umweltdezernenten.

Auf Frankfurts Straßen wird grundsätzlich kein Salz gestreut.

Katastrophenschutz
Die Stadt Frankfurt tritt dafür ein, daß durch vorbeugende Maßnahmen die Sicherheit für die Frankfurter Bevölkerung erhöht wird. Die Einsatzfähigkeit der Feuerwehr und der Hilfsdienste besonders im Umweltschutzbereich wird durch personelle und sachliche Maßnahmen gestärkt. Vorbeugende Brandschutzmaßnahmen und Sicherheitsauflagen werden verbessert. Die Katastrophenschutzpläne werden - soweit datenschutzrechtlich möglich - offengelegt.

Umweltamt
An die Stellen der bisherigen Kompetenzzersplitterung tritt ein Umweltamt, das die wichtigsten kommunalen Umweltaufgaben unter einem Dach vereinigt. Dazu gehören Umweltplanung und -Vorsorge. Umweltüberwachung, Umwelttechnik, Umweltaufklärung sowie die Durchführung der bzw. die Fachaufsicht über die kommunale Umweltverträglichkeitsprüfung.

VII. UMWELTFORUM FRANKFURT

Die weltweite Umweltkrise und die Entstehung von Risikotechnologien mit bisher unbekannten Gefährdungspotentialen stellen die modernen Gesellschaften vor neuartige Fragen . Tiefgreifende Veränderung sind notwendig, um die Grundlagen für ein menschenwürdiges Leben zu erhalten.

Die Debatte mit den Bürgerinnen und Bürgern unter Beteiligung von Gewerkschaften, Wirtschafts- und Umweltverbänden, Hochschulen, Initiativen, usw. über diese Fragen zu fördern, sehen wir als wichtige Aufgabe der Frankfurter Umweltpolitik an.

Das Umweltforum Frankfurt soll die intellektuellen Ressourcen der Stadt und ihrer Institutionen für die Diskussion und Lösung der gesellschaftlichen Zukunftsfragen mobilisieren. Wir werden das Konzept des Umweltforum Frankfurt in der öffentlichen Diskussion erproben und fortentwickeln.

VIII. UMWELTFESTIVAL

Wir werden 1992 zu einer internationalen "Umweltwoche" einladen, in der neben einem Symposium eine Umweltmesse und ein mehrtägiger Volksauflauf mit verschiedenen Großveranstaltungen zu Umweltthemen stattfinden soll. Wir werden dazu versuchen den Deutschen Umwelttag nach Frankfurt zu holen. Die Möglichkeiten, Erfahrungen, Erfolge und Mißerfolge kommunaler Umweltpolitik in Frankfurt und anderen Städten sollen dort diskutiert werden.

Umweltinitiativen aus aller Welt werden sich hier darstellen können. Es ist unser Ziel, durch eine breite Beteiligung der Öffentlichkeit bei dieser Veranstaltung zur Förderung des Umweltbewußtseins und zur Demonstration neuer Weg in der Umwelttechnologie beizutragen.

IX. UMWELTHAUS

Als Informationszentrum, Umweltberatungsstelle und Bezugspunkt für Umweltverbände und -initativen richtet die Stadt ein Umwelthaus ein, das auch Schulökologiezentrum ist und Demonstrationsanlagen, Werkstätten (einsch. Medienwerkstatt), Labors und Veranstaltungsräume umfaßt. Für die Errichtung (optimale Einpassung in die Landschaft, ressourcenschonende Ver- und Entsorgung, variable Nutzungsmöglichkeiten, umweltfreundliche Baustoffe) wird ein internationaler Wettbewerb ausgeschrieben.

FRAUENKULTUR

Wir erwarten, daß von der "Frauenstelle" Initiativen an die Kulturschaffenden ausgehen, die interdisziplinäre frauenzentrierte Ausstellungen, Kurse und Führungen verwirklichen. Dabei sollen vorrangig die Bestände der Frankfurter Kulturinstitute genutzt werden.

NEUE AKZENTE DER KULTURPOLITIK

Wir werden aber auch neue Akzente setzen. Wir werden eine langfristige Konzeption entwickeln, um das TAT als freie Spielstätte zu erhalten, um freie Theater zu fördern und ein Kinder- und Jugendtheater einzurichten.

Gerade für Kinder und Jugendliche werden wir mehr Möglichkeiten schaffen. Hierzu gehören eine Jugendmalschule und eine erweiterte Konzeption für das Kindermuseum.

Für die Förderung der Jugendkultur werden wir in der Stadt einen Ansprechpartner einsetzen ("Rock-Senator"). Für jugendliche Musikgruppen werden wir Übungsräume zur Verfügung stellen. Wir wollen die populäre Massenkultur, Jazz, Rock, Pop, Musical und die anderen Formen populärer Musik stärker als bisher fördern.

KULTURELLE VIELFALT

Eine plurale Gesellschaft muß sich auf ein lebendiges, kulturelles Milieu stützen können. Es geht uns nicht nur um den berechtigten "Konsum" überlieferter Kulturgüter, sondern auch um die Chancen für alle, ihre kulturelle Identität in den jetzigen Lebensverhältnissen weiterzuentwickeln. Dazu bedarf es der Kontakte zwischen Künstler und Publikum. Deswegen sind uns Künstlercafes, Clubs, Künstlerfeste, Orte gemeinsamer Arbeit und interdisziplinäre Einrichtungen besonders wichtig.

Im Spektrum zwischen hochprofessioneller Spezialisierung und künstlerischer Laienarbeit können trotz der Qualitätsunterschiede gegenseitig befruchtende Einflüsse wirken. Wir werden deshalb die in Frankfurt lebenden Künstler stärker als bisher z.B. durch Ankäufe oder temporäre Ausstellungsmöglichkeiten fördern. Mit der Einrichtung eines Literaturhauses wird ein Ort der Diskussion über Literatur geschaffen und die Begegnung Frankfurter SchriftstellerInnen mit international renommierten LiteratInnen ermöglicht.

Wir unterstützen die Bemühungen des Städels bei der Gründung der Medienwerkstatt und regen einen engen Konktakt zur Frankfurter Filmscene an.

Um die Kulturarbeit in den Stadtteilen zu fördern, werden wir jährlich ein Festival durchführen, das jeweils in einem anderen Stadtteil stattfindet. Diese Feste werden in enger Zusammenarbeit mit den dort ansässigen Kulturschaffenden konzipiert, um zu gewährleisten, daß sie über dieArbeit eines Jahres hinaus wirken.

Die Frankfurter Vereine sind uns ein besonders wichtiger Partner bei der Verwirklichung einer vielfältigen und stadtteilnahen Kulturpolitik. Sie tragen in hervorragender Weise dazu bei, daß Frankfurt eine lebendige Stadt ist. Ihr eigenständiges Engagement werden wir unterstützen. Die Bürgerhäuser und Bibliotheken in den Stadtteilen sollen sich stärker als bisher zu dezentralen Kultureinrichtungen entwickeln. In ihnen soll auch die jeweilige Stadtteilkultur Raum finden. Wir werden hierzu die bestehenden Bürgerhäuser erweitern und neue errichten.

SCHULPOLITIK

Bildung entscheidet heute über Lebenschancen. Unser Ziel ist Chancengleichheit für alle Kinder und ein Bildungssystem, das unsere Kinder auf ihr Leben vorbereitet. Wir lehnen die vorschnelle Festlegung der Kinder auf eine Schulform ab.

Die Schule muß auf die veränderten Sozialisationsbedingungen reagieren und Antworten auf soziale Probleme geben. Sie muß die geschlechtliche, nationale und individuelle Unterschiedlichkeit tolerieren und jeglicher Diskriminierung und sozialer Ausgrenzung entgegenwirken.

Die Schule ist ein Ort des Dialogs und des "Von-einander-Lernens", dessen Vielfältigkeit auch im Hinblick auf Sprachen und Kulturen von Kindern aus anderen Ländern aufgenommen und weiterentwickelt werden sollte. Ausländische Kinder und Jugendliche müssen stärker gefördert werden. Die Stadt Frankfurt fördert die Veranstaltung von Tagen der ausländischen Kultur an den Schulen. (...)

AUSLÄNDERPOLITIK - MULTIKULTURELLE STADT

Die in Frankfurt lebenden ausländischen Frauen, Männer und Kinder sind Teil des vielfältigen kulturellen und wirtschaftlichen Lebens dieser Stadt. Der Grundsatz, allen Menschen Chancengleichheit für die Gestaltung ihres Lebens zu ermöglichen, ist hier besondere Verpflichtung. Das Zusammenleben von Deutschen und AusländerInnen in Frankfurt ist bis heute von großer Toleranz gekennzeichnet. Jede Form der Fremdenfeindlichkeit werden wir entschlossen entgegentreten, um den sozialen Frieden in der Stadt zu wahren.

Auch viele Bürgerinnen und Bürger mit deutschem Pass fühlen sich zunehmend in ihrer sozialen Existenz bedroht. Dies wurde verstärkt durch eine Wirtschafts- und Sozialpolitik im Sinne der Zwei-Drittel-Gesellschaft. Diese Empfindungen drohen politisch mißbraucht und in eine Richtung gelenkt zu werden, die in der deutschen Geschichte schon einmal schreckliches Unheil angerichtet haben. Die Fähigkeit, die entstandenen Konflikte zu bewältigen und die international bevölkerte zu einer lebendigen und friedlichen multi-kulturellen Stadt zu entwickeln, ist für Frankfurts Zukunft entscheidend. Es ist unser Ziel, die vielfältigen Kulturen in Frankfurt lebendig zu halten und ihnen Raum für eine eigenständige Entwicklung zu geben.

DEUTSCHE UND AUSLÄNDERINNEN

Frankfurter Ausländer- und Flüchtlingspolitk orientiert sich an den Realitäten einer zunehmend multikulturellen Gesellschaft und den Geboten der Humanität. Dazu gehört auch das kommunale Wahlrecht für Ausländer. Als einen ersten Schritt hierzu werden wir in Frankfurt eine(n) Ausländerbeauftragte(n), auch als Ombudsmann/frau schaffen. Diese(r) wird einen Vorschlag für die adäquate Intressenvertretung der in Frankfurt lebenden Ausländer und Ausländerinnen vorlegen.

RECHTLICHE, SOZIALE UND POLITISCHE GLEICHSTELLUNG

Die Stadt Frankfurt ermutigt alle Ortsbeiräte, Ausländerbeauftragte einzusetzen.

Die öffentlichen Dienstleistungen werden wir durch entsprechende Fachkräfte verstärken, damit sie sich gezielter der Probleme der AusländerInnen annehmen können.

Wir wollen in den Einrichtungen für Kinder und Jugendliche in der Stadt ein Klima erreichen, das das wechselseitige Verständnis von Deutschen und AusländerInnen für ihre Kulturen und Traditionen stärkt, gemeinsame neue Traditionen schafft und einen Geist der Toleranz und Offenheit fördert.

POLITISCHE FLÜCHTLINGE

Politische Flüchtlinge müssen in der Bundesrepublik gemäß unserem Grundgesetz und den gesetzlichen Regeln Aufnahme finden können. Die Stadt Frankfurt am Main wird deshalb auch in

Zukunft eine eventuell wachsenden Zahl von Flüchtlingen in einem Geist der Toleranz und Humanität aufnehmen und ihnen nach Kräften ein menschenwürdiges Leben ermöglichen.

Besondere Aufmerksamkeit wird die Stadt der Situation alleinreisender Flüchtlingskinder widmen. Oberstes Ziel muß sein, die Kinder denjenigen Bezugspersonen zuzuführen, die von den Eltern beauftragt sind. Hierbei muß im Sinne des Kindeswohls unbürokratisch vorgegangen werden.

INTERNATIONALES

Wir möchten Frankfurt zu einer Stadt der Völkerverständigung innerhalb und auserhalb ihrer Mauern machen.
Die Stadt unterstützt Initiativen, die sich für den Frieden in der Welt einsetzen und wendet sich ausdrücklich gegen alle Art von Unterstützung des rassistischen Regimes in Südafrika.

Die Stadt unterstützt die Bewegung der "Gemeinden für den Frieden" (Nagasaki) und lehnt alle Arten von Waffenaustellungen, Flugtagen und sonstige militärische Schauveranstaltungen ab.

Die Stadt wendet sich gegen alle Maßnahmen, die der Herstellung, dem Transport, der Lagerung und der Stationierung von atomaren, chemischen und biologischen Massenvernichtungsmitteln auf dem Stadtgebiet dienen. Die Stadt Frankfurt tritt für eine friedliche Nutzung der alten Bunker außerhalb des Zivilschutzprogramms ein.

Wir streben neue Städtepartnerschaften an, zunächst mit einer Stadt in der DDR und mit Granada (Nicaragua). Die bestehenden Städtepartnerschaften werden fortgesetzt. Wir suchen verstärkt internationale Kontakte zu den Städten und Gebieten, aus denen die in Frankfurt lebenden ausländischen Mitbürgerinnen und Mitbürger stammen.

Tom Koenigs

Klimaoffensiv in die neunziger Jahre

Frankfurt wird konkret

Die Erhaltung des Klimas und der Schutz der Biosphäre unseres Planeten gehören zu den wichtigsten Aufgaben der Umweltpolitik im kommenden Jahrzehnt. Die Hauptursachen der weltweiten Klimaveränderung sind mittlerweile allgemein bekannt: Es sind die Emissionen der Industriestaaten und mit einem Anteil von 15-20% die Zerstörung der tropischen Regenwälder. Die Enquête-Kommission des Deutschen Bundestages hat vor einem halben Jahr ihren dritten Bericht fertiggestellt, in dem sie dem Deutschen Bundestag konkrete Schritte für die Reduzierung klimagefährdender Emissionen vorschlägt. Konkrete Maßnahmen hat die Bundesregierung jedoch bisher nicht ergriffen.

Anders die europäischen Kommunen: Sie gründeten im August 1990 in Frankfurt ein Bündnis der europäischen Städte mit den Indianervölkern Amazoniens zum Erhalt der Erdatmosphäre. Anstelle weiterer Absichtserklärungen und Grundsatzdebatten entschlossen sie sich, ihrer Verantwortung für die von den industrialisierten Staaten ausgehenden Belastungen der globalen Umwelt gerecht zu werden und gezielte Klimaschutzmaßnahmen einzuleiten.

Solche dezentralen Aktivitäten sind auch von der Sache her sinnvoll und notwendig: Städte und Gemeinden sind in der Lage, örtliche Gegebenheiten zu nutzen, um rationelle Energienutzung zu verwirklichen. Und wieviel CO_2 beim Dauerstau in der Innenstadt in die Luft gepustet wird, entscheidet sich vor Ort.

Kommunaler Klimaschutz ist politisches Neuland. Die wissenschaftlichen Grundlagen dafür sind höchstens 15 Jahre alt, sie waren und sind teilweise noch heute umstritten. Für die Umsetzung in der Praxis gibt es nur wenige Beispiele. Die Zusammenarbeit im Klima-Bündnis bietet eine einmalige Chance für Erfahrungsaustausch und Kooperation zwischen den europäischen Kommunen in diesem entscheidend wichtigen Politikbereich.

Hier zeigt sich, daß das Klima-Bündnis eine eminent praktische Angelegenheit werden kann. Welche technischen Möglichkeiten zur Emissionsminderung bestehen, ist inzwischen weitgehend bekannt. Erheblicher Informations- und Diskussionsbedarf besteht hingegen bei den politischen und gesellschaftlichen Strategien, durch die solche technischen Potentiale erst realisiert werden können.

Die Stadt Frankfurt hat erste Schritte zu einer neuen städtischen Energiepolitik unternommen. So wird sie in einer gemeinsamen Initiative mit der Main-Gas AG die Modernisierung der städtischen Heizungsanlagen beschleunigen und damit die Ausschöpfung der Energieeinspar- und CO_2-Minderungspotentiale in den stadteigenen Gebäuden durch verbesserten Wärmeschutz, Heizungsmodernisierung und Umstellung von Heizöl auf Erdgas ermöglichen. Alte Heizungsanlagen tragen aufgrund ihrer schlechten Energieausnutzung überproportional zur Luftbelastung bei. Durch eine grundlegende Modernisierung kann eine CO_2-Emissionsminderung um 42% erreicht werden. Weitere drastische Reduzierungen sind durch Energieeinsparprogramme im Wohnungsbau möglich. Die Neubauvorhaben der Stadt Frankfurt werden mit optimalen Wärmeschutzmaßnahmen ausgerüstet. Im Ergebnis sind Einsparungen bei der Heizungsenergie in Höhe von 44% gegenüber dem heutigen Standard zu erwarten.

Der zweite wichtige Bereich bei der Entwicklung einer kommunalen Klimaschutzpolitik ist die Verkehrspolitik. Erste Ansätze zu einer Neuorientierung sind in Frankfurt sichtbar: Dazu gehört die massive Förderung des nichtmotorisierten und öffentlichen Verkehrs durch die Einführung einer Frankfurter Umweltkarte und eines „Job-Tickets" für alle städtischen Bediensteten. Ein weiterer wichtiger Schritt ist die Verkehrsverlangsamung und -beruhigung. Die Einrichtung von Tempo-30-Zonen in den Stadtteilen führt zu einer gleichmäßigen Fahrweise: Dadurch allein entsteht ein Minderungspotential von Stickoxid-Emissionen um rund 5%.

Diskussionsthema im Klima-Bündnis ist aber nicht nur die Verminderung der klimagefährdenden Emissionen in Europa. Auch der Schutz der tropischen Wälder hängt von den lokalen Gemeinschaften ab, die seit jeher in und mit diesen Wäldern leben. Das Klima-Bündnis ist eine lokale Initiative, eine Initiative derer „vor Ort". Sowohl die Kommunen in Europa als auch die Indianervölker und die Kautschukzapfer in Amazonien leisten etwas, was kein zentralstaatliches Investitionsprogramm kann: Sie gestalten die Umwelt dort, wo die Menschen leben, wohnen und arbeiten.

Die europäischen Städte haben sich vorgenommen, sie dabei politisch und – wenn auch in relativ bescheidenem Umfang – auch materiell zu unterstützen. Das Klima-Bündnis öffnet einen neuen Weg „horizontaler" Kooperation zwischen unterschiedlichen Kulturen und ermöglicht eine neue Sicht auf die globale Dimension unseres lokalen Handelns. Daß es im ersten Jahr seines Bestehens eine so große Zustimmung gefunden hat – über 50 Kommunen aus vier europäischen Ländern sind inzwischen beigetreten – ist ein hoffungsvolles Zeichen.

Tom Koenigs ist der Umweltdezernent der Stadt Frankfurt. Der Text wurde im August 1991 abgefaßt.

Günter Dürr

Nicht auf die große Politik warten

„Die Welt ist eine Einheit, und wir müssen anfangen, entsprechend zu handeln – als Glieder dieser Einheit, die aufeinander angewiesen sind". So heißt es im Bericht der Nord-Süd-Kommission, und dies ist unser politisches Ziel.

Frankfurt kannte bis vor zwei Jahren, im Gegensatz zu anderen kleineren Gemeinden, leider keine kommunale Entwicklungshilfe, obwohl die objektiven Voraussetzungen gerade auf Grund der Metropolfunktion besonders gegeben sind. Wir haben damit begonnen und in einem ersten Schritt Mittel für Selbsthilfeprojekte bereitgestellt. Damit handeln wir nach unserem Politikverständnis. Dies gilt auch für andere Bereiche, in denen wir durch aktive Kommunalpolitik Mosaiksteine für Veränderungen liefern, die helfen, globale Zusammenhänge auf lokaler Ebene nachvollziehbar zu machen. So z.B. durch den schrittweisen Ausbau des öffentlichen Personennahverkehrs und der damit einhergehenden Verminderung der CO_2-Belastung, durch die Förderung von Energieeinsparprojekten oder auch durch den Boykott des Apartheidregimes.

Frankfurt ist schon deshalb besonders gefordert, weil in unserer Stadt die „erste" und die „dritte" Welt in vielfältiger Form aufeinandertreffen. Wir wären Ignoranten, würden wir die Augen vor den Nöten der Menschen in der Dritten Welt verschließen. Leider wird die unangenehme Wahrheit immer noch von vielen verdrängt. Wenn wir nicht helfen, das Elend in den Ländern des Südens zu beseitigen, dann kommt dieses Elend Schritt für Schritt zu uns.

Wer will, daß eine demokratische Gemeinschaft der Völker ihre Kräfte zur Bewahrung der Natur und zur Überwindung des Hungers einsetzt, darf nicht auf die „große Politik" warten. Gefordert ist jeder, der politisch handelt, auch und gerade in der Kommunalpolitik.

Günter Dürr ist Vorsitzender der SPD-Fraktion im Stadtparlament Frankfurt. Die Stellungnahme stammt vom Herbst 1991.

Klima-Bündnis zum Erhalt der Erdatmosphäre

Manifest europäischer Städte zum Bündnis mit den Indianervölkern Amazoniens *

Globale Klimaveränderungen drohen. Die Weltkonferenz von Toronto hat drastische Senkungen der CO_2-Emissionen – insbesondere für die Industrieländer des Nordens – für notwendig erachtet.

75 % der Emissionen aus Verbrennung fossiler Brennstoffe werden in den Ländern der nördlichen Hemisphäre produziert. Daraus ziehen wir die Folgerung, daß wir gefordert sind.

1. Das Bündnis europäischer Städte

Wir europäischen Städte bemühen uns, durch Senkung des Energieverbrauchs und die Verringerung des motorisierten Verkehrs dazu beizutragen, daß die Belastung der Atmosphäre abnimmt und dadurch die Lebensbedingungen für zukünftige Generationen erhalten bleiben.

2. Keine unnötigen CO_2-Emissionen

Unser Ziel ist es, die Emissionen von CO_2 bis zum Jahre 2010 zu halbieren und später schrittweise weiter zu senken. Wir werden auch alles unternehmen, um jede Produktion und jeden Gebrauch von FCKW-Treibgasen sofort zu stoppen.

All jene, die in ähnlicher Weise zum Schutz des Weltklimas beitragen, sehen wir als unsere Verbündeten.

3. Wir unterstützen das Bündnis der Indianervölker Amazoniens

Wir europäischen Städte unterstützen die Interessen der amazonensischen Indianervölker an der Erhaltung des tropischen Regenwaldes, ihrer Lebensgrundlage, durch die Titulierung und die nachhaltige Nutzung der indianischen Territorien. Durch die Verteidigung der Wälder und Flüsse tragen sie dazu bei, daß unsere Erdatmosphäre für die zukünftigen Generationen als grundlegende Bedingung für ein menschliches Leben erhalten bleibt. Holz aus tropischen Regenwäldern darf deshalb weder importiert noch verwendet werden; zudem müssen andere Formen der Waldzerstörung, wie die unbegrenzte Förderung der Viehwirtschaft, Kolonisierungsvorhaben, der Einsatz von Pestiziden, Monokulturen, Wasserkraftwerke, umweltschädliche Minenausbeute und Erdölförderung in Frage gestellt werden. Die Wälder binden das Kohlendioxyd, dessen Emission in die Atmosphäre auch wir – auf unsere Weise – zu beschränken suchen.

Im Bemühen um die Erhaltung der Lebensbedingungen auf dieser Erde sehen wir uns als ihre Partner im Bündnis für den Erhalt der Regenwälder und des Klimas, dem – wie wir hoffen – sich immer mehr europäische Städte anschließen werden!

* Der Text des Manifests wurde aufgrund von Anregungen der Dachorganisation der Indianervölker Amazoniens, der COICA, redaktionell überarbeitet, denen von den VertreterInnen der Städte beim Arbeitstreffen vom 3.12.1990 in Bremen zugestimmt wurde.

Darüberhinaus wurde bei dem Arbeitstreffen der folgende Grundsatzbeschluß gefaßt:

„Die beim Zweiten Arbeitstreffen versammelten Städte sehen eine Erweiterung des Bündnisses zu einem »Bündnis der europäischen Städte mit Völkern der Regenwälder« als sinnvoll an, um sie in ihrem Kampf für die Erhaltung der Wälder und ihrer Lebensformen zu unterstützen. Sie werden in diesem Sinne mit anderen Regenwaldvölkern Kontakt aufnehmen."

Herausgeber: Stadt Frankfurt am Main
Dezernat für Umwelt,
Energie und Brandschutz
Umwelt Forum Frankfurt

Frankfurt am Main, im Januar 1991

Helmut Ulshöfer

„Dritte Welt" und lokaler Umweltschutz

Wo begegnen sich Fankfurt am Main und die Dritte Welt, welcher Handlungsbedarf ergibt sich daraus und wird sich für die Zukunft ergeben? Drei an sich sehr einfache Fragen, die aber zu sehr komplexen Zusammenhängen und Fragestellungen führen. Die Berührungspunkte zwischen Dritter Welt und Frankfurt sind sehr vielfältig, im Bereich der Wirtschaft, der Kultur, des Sportes, der Ökologie etc. Genauso vielfältig wie die Berührungspunkte ist auch der Handlungsbedarf, der sich für die Frankfurter Kommunalpolitik daraus ergibt. Dabei möchte ich die Fragen im Zusammenhang mit dem Umweltschutz behandeln.

Die Zerstörung der Erdatmosphäre, der Treibhauseffekt, drastisch zunehmende Ozonkonzentrationen in der Luft (Stichwort Sommersmog) und das scheinbar vergessene Waldsterben sind globale Probleme. Dies trifft den Kern der Industriegesellschaften, das Energie- und Verkehrssystem. Nur eine grundsätzliche Änderung der Energie- und Verkehrspolitik kann die drohende Katastrophe verhindern. Besonders die Industrieländer (Frankfurt als eine der Metropolen des Industrielandes Deutschland) als Haupterzeuger und -nutzer von Energie müssen schnelle und einschneidende Maßnahmen zur Rettung des Klimas und der Umwelt ergreifen.

Bereits in den Frankfurter Koalitionsverhandlungen zwischen Grünen und SPD haben die Grünen dafür gesorgt, daß im umweltpolitischen Bereich, dort wo kommunalpolitisch Handlungsspielraum besteht, Maßnahmen vereinbart wurden, die dieses Ziel der geänderten Energie- und Verkehrspolitik ansteuern. Dazu einige Zitate aus den Koalitionsvereinbarungen:

- Neugestaltung der Energiepolitik;
- Ausbau der Kraft-Wärme-Kopplung;
- Energiespartechnologien in der Stadt;
- Energieberatung und -förderung;
- Ergänzende Maßnahmen – Umweltverträglichkeitsprüfung.

Durch den Beitritt zum Klima-Bündnis hat Frankfurt seiner Verpflichtung gegenüber der globalen Klimaproblematik Rechnung getragen und ist im Moment dabei, die eingegangenen Verpflichtungen einzulösen bzw. umzusetzen.

Im Sommer 1991 wurde durch das Stadtparlament ein gemeinsamer Antrag mit dem Titel „Klimaoffensive 1991" von Grünen und SPD vorgelegt

Die Alten und die Jungen

und in der Stadtverordnetenversammlung angenommen. In diesem Antrag wird versucht, die verschiedenen Bereiche der Energienutzung und der Energieversorgung global-ökologisch neu auszurichten. Er umfaßt die folgenden Bereiche:

Reduzierung der CO_2-Emissionen

- durch energiesparende Planung und energiesparendes Bauen;
- durch den Ausbau der Nah- und Fernwärme auf der Grundlage der Kraft-Wärme-Kopplung;
- durch Bereitstellung von Kälte mit FCKW-freien Anlagen.

Bei der Umsetzung dieses Antrages tauchen dann aber erst die Probleme auf, und es wird deutlich, wie gering die Möglichkeiten der Kommune sind, ökologisch unstrittige Maßnahmen umzusetzen. Wie bewegt man Investoren und private Bauherren dazu, die von der Stadt vorgegebenen Energieeinsparungspotentiale bei der Aufstellung von Bebauungsplänen mit einzubeziehen? Wie läßt sich das Programm zur Reduktion bzw. zum Verbot elektrischer Widerstandsheizungen umsetzen?

Nächster Handlungsschritt muß sein, eine Reduzierung des CO_2-Austoßes durch den Kraftfahrzeug- und Flugverkehr zu erreichen. Dazu wird im Moment in Frankfurt der Entwurf eines Verkehrsplaners diskutiert, der zum Ziel hat, den individuellen Autoverkehr in Frankfurt zu reduzieren. Weitere Handlungsschritte der Stadt bestehen im Bereich des Beschaffungswesens, wo die Pflicht besteht, dieses ökologischer zu gestalten.

Handlungsbedarf für die Zukunft wird sich vor allen Dingen im Bereich des Bewußtseins der Bevölkerung bezüglich der Verflechtungen der Dritten Welt mit Frankfurt und der damit einhergehenden Probleme ergeben. Hier ist ein wesentlicher Ansatz für kommunalpolitische Handlungsmöglichkeiten gegeben, der unbedingt genutzt werden muß. Diesen Ansatz versuchen die Grünen zu realisieren. Darüber hinaus muß dafür gesorgt werden, daß auch auf landespolitischer und bundespolitischer Ebene endlich gehandelt und nicht nur geredet wird.

Helmut Ulshöfer vertritt die Position der GRÜNEN in der Frankfurter Stadtverordnetenversammlung. Der Text wurde im Herbst 1991 abgefaßt.

Andrea Noack

Städtepartnerschaft Frankfurt – Granada

Neben bereits elf Städtepartnerschaften besiegelte Frankfurt am 14.1.1991 die jüngste Partnerschaft mit der 1524 gegründeten Stadt Granada in Nicaragua, der ältesten von Europäern gegründeten Stadt auf dem lateinamerikanischen Kontinent.

Die Hauptstadt des gleichnamigen Departements wurde von den Spaniern gegründet und weist heute noch kolonialzeitliche Strukturen auf. Mit seinen ca. 120.000 Einwohnern hat sich die Zahl seit 1973 mehr als verdoppelt, bedingt durch einen Geburtenboom und nicht, wie häufig in ähnlichen Fällen zu beobachten, durch Migration. Knapp die Hälfte der Bevölkerung hat somit das 15. Lebensjahr noch nicht erreicht.

Die jüngste Geschichte Nicaraguas dürfte durch eine breite Solidaritätsbewegung im wesentlichen bekannt sein. Nach mehr als 40 Jahren Familiendiktatur wurde 1979 der Diktator A. Somoza gestürzt – nach blutigen Aufständen, in deren Mittelpunkt die sandinistische nationale Befreiungsfront Nicaraguas (FSLN) stand. Der Aufbau des Landes durch die Sandinisten wurde jahrelang durch die USA und die von ihnen – moralisch, taktisch wie finanziell – unterstützten „Contras", die ehemaligen Anhänger des Somoza-Regimes, massiv bekämpft. Im Februar 1990 gelang es einem Bündnis von 14 Parteien (U.N.O.), mit der Gallionsfigur Violetta Chamorro als Präsidentschaftskandidatin einen Wahlsieg zu erringen gegen den seit November 1984 regierenden Präsidenten D. Ortega Saavedra der sandinistischen Partei.

Die Propaganda, mit der dieses Mitte-Recht-Bündnis die Wahl gewann, verschleierte die sich jetzt nach über einem Jahr deutlich zeigende bittere Wahrheit: weder Wirtschaftsaufschwung, Entwaffnung der Contraverbände, politische Stabilität noch Mitbestimmung des Volkes sind in Ansätzen verwirklicht worden. Die Inflationsrate ist um 2.500 Prozent gestiegen, die Arbeitslosenzahl immens angewachsen, das Gesundheitswesen ist zusammengebrochen, die Contraverbände haben sich wiederbewaffnet, was notgedrungen eine Wiederbewaffnung der Sandinisten nach sich ziehen wird. Die heutige Lage des Landes ist gekannzeichnet von deutlicher politischer wie wirtschaftlicher Instabilität.

Bereits nach dem Sturz des Diktators sind viele Beziehungen zwischen Organisationen, Solidaritätsgruppen, Städten oder privaten Personen entstanden. Die Leitmotive waren hauptsächlich politischer Art, mittelbare und unmittelbare, oft ehrenamtliche Hilfe als Symbole der Solidarität mit den Sandinisten. Es entwickelte sich eine starke Solidaritätsbewegung mit direkten Hilfsprogrammen sowie einer guten Öffentlichkeitsarbeit hierzulande. Während dieser Zeit entstanden bereits Städtepartnernschaften mit verschiedenen deutschen Städten, z.B. Hamburg mit Léon, Offenbach mit Rias, Dietzenbach mit Massaya.

Jetzt, nach dem Regierungswechsel, entschließt sich auch die Stadt Frankfurt eine Städtepartnerschaft mit der größten Stadt des Landes einzugehen. „Oberstes Ziel" des Abkommens ist „die Bevölkerung von Granada aktiv in ihrem Streben nach Freiheit und Demokratie zu unterstützen", ihr „Hilfe zur Selbsthilfe" zu ermöglichen und „über die Zusammenarbeit und den Austauch einen Beitrag zur Sicherung des Friedens zu leisten" (vgl. Paragraph 1 des Partnerschaftsvertrages).

Mit einem Etat von 500.000 DM sind konkret folgende Projekte angestrebt bzw. schon verwirklicht:

1. Installation einer Pumpe, um die Abwässer eines Stadtteils, die bisher ungereinigt in den Nicaragua See flossen, zur städtischen Kläranlage zu leiten (bereits geschehen).
2. Neben anderen Organiasationen Beteiligung der Stadt FfM bei der Installation einer Pumpe für eine Kartonagenfabrik (bereits geschehen).
3. Aufbau eines Zaunes (sic!) um eine Schule, um die Kinder davon abzuhalten, in den nahegelegenen Abwasserkanal zu fallen (bereits geschehen).
4. Angestrebt ist, den Stadtteil Julian Quintana mit Trinkwasser, Elektrizität und Kanalisation der Abwässer zu versorgen.
5. Weiterhin soll das einzige Gymnasium in der Gegend, das Instituto del Oriente, wieder aufgebaut werden, da es erhebliche Verwahrlosungserscheinungen aufweist.
6. Die Stadt FfM möchte eine Studie finanzieren, die einen geeigneten Platz für eine geplante Mülldeponie ausfindig machen soll, der die Trinkwasserversorgung der Stadt nicht gefährdet.

Frankfurts Aktivitäten im Rahmen dieser Partnerschaft sind für Granada sehr begrüßenswert. Die Tatsache allerdings, daß die Stadt sich erst nach dem Wahlsieg des Mitte-Rechts-Bündnisses für das Land interessierte und Befreiungskämpfe nach dem Sturz der Diktatur weder unterstützte noch zur Kenntnis nahm, sollte bei allen Bemühungen nie außer Acht gelassen werden.

Es ist zu beobachten, daß Städtepartnerschaften in der ehemaligen BRD sehr stark auf politische Trends zurückzuführen sind und mittlerweile als Bestandteil des politischen Alltags integriert gelten. Auf der kommunalpolitschen Ebene wird die Stadt durch ihre städtepartnerschaftlichen Aktivitäten deutlich aufgewertet. Diese politische Orientierung ist der Hauptfaktor, der maßgeblich Einfluß auf Inhalte und Strukturen einer Städtepartnerschaft nimmt.

Schon bei der Entstehung der Partnerschaft handelt es sich entweder um die Verschwisterung von städtischen und gemeindlichen Gremien oder, falls dies nicht der Fall ist, um eine nachträgliche Legitimierung und Kanalisierung privater Initiativen von Seiten politisch Verantwortlicher.

Leider wird diese formale Ebene auch im Laufe einer langjährigen Partnerschaft in den seltensten Fällen verlassen, egal, ob es sich um Kultur, Bildung, Sozialwesen, Gesundheitswesen, Umwelt oder sonstige Aktivitäten handelt. Die inszenierte Art und Weise der Aktivitäten läßt keine wahre und ehrliche Begegnung der Menschen zu.

Die ursprünglich definierten Ziele einer Städtepartnerschaft – der Austausch der Kultur, das Kennenlernen fremder Menschen, Sitten und Gebräuche, das Verstehen fremden Denkens und gegenseitige Unterstützung im sozialen, kulturellen und politischen Bereich – werden zwar immer vehement beteuert, doch schlagen sie sich kaum in der Realität der Partnerschaft nieder. Eine Hoffnung besteht in der Möglichkeit der informellen Begegnungen am Rande des Schauspiels wie sie ein aktives Miglied eines Partnerschaftskomitees resümiert:

„Gleichwohl eröffnen solche (städtepartnerschaftlichen, d.V.) Beziehungen, falls es ihre internen Regeln und Muster zulassen, informelle Kontakte, zumindest die Chancen hierfür, die über das offizielle Faktum des Austauschs hinaus die Konfrontation sich fremder Lebenswelten wahr werden lassen. Und auf diesem Weg kann einiges eingeholt werden, was als Ideale der Idee von Städtepartnerschaft in die Wiege gelegt wurde.“

Zimmer 5, Quarantene, Stara Gradiš ka

Städtepartnerschaften sind nicht nutzlos. Doch sollten sie als das verkauft werden, was sie wirklich darstellen: Formale, institutionalisierte Beziehungen zweier Länder, deren Motivation einer politischen Profilierung entstammt und die sehr selten die offiziell inszenierte Ebene verlassen.

August 1991

PARTNERSCHAFTSVERTRAG ZWISCHEN DEN STÄDTEN

FRANKFURT AM MAIN

IN DER BUNDESREPUBLIK DEUTSCHLAND

UND

GRANADA

IN NICARAGUA

§ 1

OBERSTES ZIEL DIESER VEREINBARUNG IST, DIE BEVÖLKERUNG VON GRANADA AKTIV IN IHREM STREBEN NACH FREIHEIT UND DEMOKRATIE ZU UNTERSTÜTZEN. FÜR BEIDE PARTNER IST ES UNABDINGBAR, DASS JEDES LAND IN EIGENER SELBSTBESTIMMUNG DIE FORM DES DEMOKRATISCHEN ZUSAMMENLEBENS SUCHT.

ALLE HILFSMASSNAHMEN SEITENS DER STADT FRANKFURT AM MAIN SOLLEN ZUR VERBESSERUNG DER LEBENSVERHÄLTNISSE IN GRANADA BEITRAGEN. SIE VERSTEHEN SICH ALS HILFE ZUR SELBSTHILFE.

BEIDE PARTNER WOLLEN ÜBER DIE ZUSAMMENARBEIT UND DEN AUSTAUSCH IHREN BEITRAG ZUR SICHERUNG DES FRIEDENS LEISTEN.

§ 2

DIE STÄDTE STREBEN EINEN AUSTAUSCH INSBESONDERE AUF FOLGENDEN GEBIETEN AN: UMWELTSCHUTZ, GESUNDHEITSWESEN, DENKMALSCHUTZ, KULTUR, BILDUNG.

§ 3

DIE STADT FRANKFURT AM MAIN UNTERSTÜTZT UND FÖRDERT IM RAHMEN IHRER MÖGLICHKEITEN PROJEKTE ZUR VERBESSERUNG DER LEBENS- UND ARBEITSBEDINGUNGEN IN GRANADA.

§ 4

BEIDE SEITEN STREBEN DEN AUSTAUSCH VON FACHKRÄFTEN AN, MIT DEM ZIEL EINES ERFAHRUNGSAUSTAUSCHES SOWIE DER VERMITTLUNG VON FACHWISSEN.

§ 5

ZUR FÖRDERUNG DES GEGENSEITIGEN VERSTÄNDNISSES SOLLEN DIE BÜRGER BEIDER STÄDTE MÖGLICHST UMFASSEND ÜBER DIE SOZIALEN, KULTURELLEN UND POLITISCHEN LEBENSVERHÄLTNISSE DER BÜRGER DER JEWEILIGEN PARTNERSTADT INFORMIERT WERDEN. BEI DER ERREICHUNG DIESES ZIELES SAGEN SICH DIE STÄDTE GEGENSEITIGE UNTERSTÜTZUNG ZU.

§ 6

DIESE VEREINBARUNG IST IN ZWEI URSCHRIFTEN AUSGEFERTIGT, JEDE IN DEUTSCHER UND IN SPANISCHER SPRACHE. JEDE SPRACHFASSUNG IST GLEICHERMASSEN VERBINDLICH.

GRANADA, DEN 14. 1. 1991

FÜR DIE STADT FRANKFURT AM MAIN

ANDREAS VON SCHOELER
STADTRAT

FÜR DIE STADT GRANADA

DR. SILVIO URBINA RUIZ
BÜRGERMEISTER

Stadt gegen Apartheid

Zaghafte Zeichen

Am 10. Mai 1990 wurde Frankfurt zur „Stadt gegen Apartheid" erklärt. Diesem Beschluß des Stadtparlaments waren Briefe der Frankfurter Frauenaktion Südafrika und des Arbeitskreises „Kein Geld für Apartheid" vorausgegangen, die nach dem Beispiel vieler Städte in Großbritannien und Holland und dann Bremen eine solche Erklärung auch von Frankfurt forderten. Eine Arbeitsgruppe der SPD-Fraktion führte dann Gespräche mit den Solidaritätsgruppen und bereitete den Antrag an das Stadtparlament vor, der zusammen von SPD und GRÜNEN eingebracht wurde und gegen die Stimmen von CDU und NPD am 10. Mai beschlossen wurde.

Im Oktober 1990 fand in der Paulskirche eine Photoausstellung zum Thema „Apartheid" mit Begleitveranstaltungen statt. Dabei engagierte sich besonders auch die Stadtbücherei mit Südafrikamaterialien. Das Städtische Schulamt lud durch Briefe und Begleitmaterial die Schulen zum Besuch der Ausstellung ein.

Im folgenden dokumentieren wir den Antrag von SPD und GRÜNEN und Auszüge des begründenden Redebeitrags von Ursula Trautwein (SPD) in der Plenarsitzung vom 10. Mai 1990.

Gemeinsamer Antrag der SPD-Fraktion im Römer und der Fraktion der GRÜNEN im Römer

Die Stadt Frankfurt tritt der Bewegung „Städte gegen Apartheid" bei.

Die Stadtverordnetenversammlung möge beschließen:

Die Stadt Frankfurt tritt der 1986 in Den Haag gestarteten internationalen Bewegung „Städte gegen Apartheid" bei.

Um diese Bewegung aktiv in Farnkfurt zu unterstützen, wird der Magistrat beauftragt:

1. Vom Stadtschulamt werden den Schulen Ausstellung oder Veranstaltungen zum Thema Apartheid zur Verfügung gestellt.
2. Das Schulamt wird ein Preisausschreiben ausschreiben, das zur Auseinandersetzung mit dem Thema „Apartheid" anstößt.
3. Die Stadtbücherei wird verstärkt Anti-Apartheidsmaterial und -literatur anbieten.
4. Es wird an die Frankfurter Sportvereine appelliert, nicht gegen den Südafrika-Sportboykott , der vom NOK und vom DSB beschlossen wurde, zu verstoßen.

5. Die Stadt Frankfurt am Main schränkt ihre Kontake zum Südafrikanischen Generalkonsulat auf das absolut Nötige ein.
6. Im Kreisveterenäramt in Zukunft verstärkt darauf zu achten, daß Früchte aus Afrika korrekt auch als solche ausgezeichnet werden.
7. Die städtischen Küchenbetriebe verzichten bis auf weiteres auf die Verwendung von Früchten aus Südafrika.

Begründung:

Schon seit längerem wird die Anti-Apartheidsbewegung in Südafrika von den Fraktionen der SPD und der GRÜNEN unterstützt und solidarisch begleitet.

Die Stadt Frankfurt hat sich dem Südafrikafrüchte-Boykott angeschlossen und kauft außerdem schon seit langem keine Kohle aus Südafrika.

Diese Aktionen sollen durch die im Antrag beschlossenen Maßnahmen ergänzt werden.

SPD-Fraktion im Römer
Fraktion der GRÜNEN im Römer
gez. Karl Pusch (Geschäftsführer)
gez. Lutz Sikorski (Geschäftsführer)

Redebeitrag der Stadtverordneten Ursula Trautwein in der Plenarsitzung:

„Herr Stadtverordnetenvorsteher, meine Damen und Herren!

(...)

Jahrzehntelang wurde der Kampf der Befreiungsbewegungen und der wachsenden Opposition in Südafrika gegen das Apartheidssystem weltweit kaum beachtet. Sie hatten keine öffentliche Stimme. Erst als Mitte der siebziger Jahre die Regierung zu immer brutaleren Unterdrückungsmechanismen griff, um die schwarze Mehrheitsbevölkerung unter Kontrolle zu halten, wuchs die Unterstützung für die Opposition im Ausland. In den USA engagieren sich seit Anfang der achtziger Jahre Kirchen und Gewerkschaften, aber auch Staaten und Kommunen mit Sanktionen, Boykotts und Solidaritätsaktionen. 1986 erklärte sich Den Haag zur Stadt gegen Apartheid und forderte andere Kommunen auf, alles in ihrem Bereich mögliche zu tun, um Apartheid zu begegenen. In Holland schlossen sich 60, in England 90 Städte an. Unter ihnen unsere Partnerstadt Birmingham. Im letzten Jahr ist Bremen der internationalen Bewegung beigetreten, nachdem bereits die Verleihung eines Winnie-und Nelson-Mandela-Preises durch die Stadt erfolgt war. In über 20 Städten sind Gruppen in Verhandlungen mit der Kommune. In Bochum, Recklinghausen, Unna, Dettmold, Garbsen wurden Ratsbeschlüsse gefaßt, keine neuen Kredite bei verschiedenen Großbanken aufzunehmen, die mitbeteiligt sind am Geschäft mit Südafrika und an der für die Regierung so vorteilhaften Umschuldung.

In Frankfurt wird die Opposition gegen Apartheid in Südafrika seit langem von Solidaritätsgruppen, medico und amnesty international, von Kirchengemeinden, Gewerkschaften, der SPD und den GRÜNEN, unterstützt. Mit dem Ihnen vorliegenden Antrag wollen wir auch als Stadt ein Zeichen setzen, daß wir Apartheid in jeder Form ablehnen.

Mit den Menschen in Südafrika freuen wir uns, daß in jüngster Zeit auch dort endlich die Dinge in Bewegung kommen, daß der Wille zu wirklichen Veränderungen gegeben ist. (...) Manche mögen fragen, ist unter diesen Umständen unser heutiger Beschluß noch nötig? Dazu kamen aus Südafrika von Gewerkschaften, Kirchen, von vielen oppositionellen Schwarzen und Weißen eindeutige Forderungen. (...) Deshalb muß internationaler Druck die Verhandlungen so lang begleiten, bis konkrete Ergebnisse vorliegen, die zu einer neuen Verfassung führen, bis Südafrika zu einem vereinigten nicht rassistischen und demokratischen Land mit Recht und Sicherheit für alle seine Bürger wird. (...)
Die Aufforderungen zu Boykott und Sanktionen kamen aus Südafrika. Das Signal zur Beendigung des internationalen Drucks wird auch von dort kommen. Nicht wir haben es in der Hand, sondern sie werden uns dazu auffordern, wenn sie denken, daß die Zeit gekommen ist. (...)

Wir wollen mit unserer Erklärung zur Stadt gegen Apartheid erreichen, daß über den positiven Entwicklungen in Deutschland und in Europa die Menschen in den südlichen Ländern, besonders in Südafrika, nicht vergessen werden.(...)

Die Stadt Frankfurt setzt heute ein Zeichen der Solidarität für die, die sich in Südafrika und international für die Beseitigung der Apartheid einsetzen. Frankfurt wird auch in Zukunft zu den Freunden einer Postapartheidsgesellschaft gehören.

Ich danke Ihnen."

ANC KRITISIERT 300-MILLIONEN-KREDIT

Deutsches Geld für Südafrika

Berlin (taz) — Südafrika bekommt wieder Kredite von deutschen Banken. Nach sechs Jahren Kapitalblockade drängte es ein Bankenkonsortium, vorneweg die Deutsche Bank, mit einem Kredit von 300 Millionen Mark ans Kap. Die Bankiers überhörten dabei geflissentlich die Bitte des African National Congress (ANC), sich solange mit Kapitalspritzen zurückzuhalten, bis eine Interimsregierung installiert ist. Diese Interimsregierung soll das Apartheidregime endgültig abschaffen. Der Kredit der deutschen Banken soll zu zwei Dritteln zur Umschuldung dienen, der Rest ist, so die Deutsche Bank gestern, für „soziale Entwicklungsaufgaben" gedacht.

taz, 20. 9. 1991

Frankfurter Erklärung zu Rassismus und Antisemitismus

Aus Anlaß des Antirassismustages der Vereinten Nationen am 21. März 1990 erklären wir:

„Frankfurt soll eine Stadt sein, in der Fremdenfeindlichkeit wie Antisemitismus keinen Platz haben, eine Stadt, die vom friedlichen Zusammenleben unterschiedlicher Kulturen geprägt ist und darin keine Gefahr, sondern eine Chance sieht. Der Ausländeranteil in Frankfurt ist der höchste der Bundesrepublik – gerade deswegen muß es eine vorrangige Aufgabe der Stadt sein, exemplarisch allen Anzeichen von Xenophobie entgegenzutreten und ihr den Boden zu entziehen.

Jede Form der Diskriminierung aufgrund von Rasse, Geschlecht, Religionszugehörigkeit und Nationalität verstößt gegen das Prinzip der Menschenwürde und der Gleichheit und ist unvereinbar mit jenen kulturellen, rechtlichen und politischen Traditionen, die in der Erklärung der Menschenrechte bindend kodifiziert sind. Eine zivile Gesellschaft kann Fremdenfeindlichkeit nicht dulden.

Moderne Gesellschaften zeichnen sich durch kulturelle Vielfalt, durch die Begegnung und den Austausch unterschiedlichster Kulturen aus. Dazu haben nicht zuletzt auch die ausländischen Bürgerinnen und Bürger beigetragen. Wenn wir den Anzeichen von Fremdenfeindlichkeit und Rassismus entgegentreten, dann auch, weil wir den kulturellen und gesellschaftlichen Reichtum schätzen und verteidigen, den wir der Koexistenz verschiedener Kulturen, Nationalitäten und Lebensstile verdanken.

Die Ausländerinnen und Ausländer, die hier leben, sind keine Gäste. Ihnen stehen gleiche Rechte zu, sie dürfen nicht als Menschen zweiter Klasse behandelt werden. Als vor Jahrzehnten die Arbeitsimmigration einsetzte, wurden Arbeitskräfte gerufen, und es kamen Menschen. Insbesondere darauf war unsere Gesellschaft nicht gerüstet. Der Integration in den Wirtschaftsprozeß entsprachen keine auch nur annähernd vergleichbaren Anstrengungen, den Ausländerinnen und Ausländern eine menschenwürdige soziale Umwelt sowie gesellschaftliche Entfaltungsmöglichkeiten zu garantieren. Einer Gesellschaft aber, deren Wirtschaft längst international verflochten ist und die vom internationalen Austausch lebt, steht eine solche soziale Unempfindlichkeit schlecht zu Gesicht.

Europa befindet sich im Umbruch, der einstige Ostblock hat sich geöffnet. Grenzen sollen fallen, und der Nationalstaat wird an Bedeutung verlieren. Dieser Prozeß wird – ob wir es wollen oder nicht – zu neuen Migrationen führen. Ein Denken, das die Menschen in Fremde und Einheimische aufteilt, paßt nicht mehr in diese Zeit. Wir müssen, stärker als bisher, die Fähigkeit und die Kraft entwickeln, Fremde in unsere Gesellschaft aufzunehmen: Übersiedler und Aussiedler (die hier erst einmal auch Fremde sind) ebenso wie Asylbewerber, wie Menschen also, die aufgrund von Rasse, Geschlecht, Religionszugehörigkeit oder Nationalität verfolgt werden, oder wie Flüchtlinge aus Katastrophengebieten. Wir müssen den selbstverständlichen Umgang mit ihnen lernen.

Sehr große politische, wirtschaftliche, soziale und ökologische Probleme werden in den kommenden Jahrzehnten zu lösen sein, und das wird ohne Spannungen nicht abgehen. In einer demokratischen Gesellschaft, die zudem so reich wie unsere ist, sollte dabei eines Konsens sein: es ist die Pflicht aller zu verhindern, daß statt der schwierigen Lösung der Probleme die ebenso bequeme wie unsinnige Suche nach Sündenböcken beginnt.

Stadtluft macht frei, so heißt es seit der frühen Neuzeit, und die freien Städte waren immer Orte des wirtschaftlichen und kulturellen Austauschs wie auch des Schutzes für Verfolgte gewesen. Dieser Tradition weiß sich die ehemals Freie Reichsstadt Frankfurt verpflichtet: gerade in einer Zeit, die einerseits von neuen Aufbruchsbewegungen und andererseits vom neuerlichen Ruf nach einfachen Lösungen und Schuldigen geprägt ist. Ohne Weltoffenheit werden die Aufgaben der Zukunft mit Sicherheit nicht zu meistern sein."

Stadt Frankfurt am Main
Der Magistrat

AMT FÜR MULTIKULTURELLE ANGELEGENHEITEN · FRANKFURT

BERICHT

August 1990

(...)

Selbstverständnis

Eine multikulturelle Stadtgesellschaft besteht nicht nur aus den angenehmen Seiten des Lebens. Kulturelle Eigenheiten und Traditionen, wie folkloristische Darbietungen, exotische Restaurants und exotische Kleidung sind nur die äußeren Erscheinungsformen einer sich verändernden Stadtgesellschaft. Die Arbeit des Amtes steht deshalb auch für ein sozialpolitisches Konzept, das die Gestaltung aller Lebensbereiche umfaßt, soweit menschliches Zusammenleben überhaupt von staatlichen Institutionen gestaltet werden kann und soll. In erster Linie bemüht sich das Amt um die Durchsetzung von Rechtsgleichheit im Rahmen der Verfassung und politische Mitbestimmungsrechte aller. Da, wo es notwendig ist, beteiligt sich das Amt an den stattfindenden Verfassungsdebatten, um die vom Magistrat vertretenen Positionen, ein kommunales Wahlrecht für Migranten und die Möglichkeit einer Doppelstaatsangehörigkeit, zu vertreten. Wenn städtische und staatliche Stellen demokratische Prozesse initiieren und Freiräume zur Entfaltung dieser Prozesse bereitstellen, dann können die Migranten, die seit Jahren in dieser Stadt leben, sich gerechter in dem sozialen Gefüge der Stadt einbringen. Es wird nicht an die Möglichkeit der "Bewahrung" einer fremden, kulturellen Identität geglaubt, aber an die Entwicklung einer neuen Identität, die sich aus den Lebenserfahrungen, die hier gemacht werden, speist. Dies trifft insbesondere für die hier geborenen oder als Kinder hierhergekommenen Migranten zu, die im Kampf mit den unterschiedlichen Lebensformen ihre eigene Identität finden müssen. Sozialarbeiterische Bevormundung, pädagogische Gängelei, rechtliche und behördliche Einschränkungen durch Sondervorschriften und Grenzziehungen dienen solchen Zielen nicht. Sie zwingen die Menschen vielmehr, sich als Fremdkörper zu fühlenq und produzieren damit Konflikte und Aggressionen für alle und gegen alle, die Mehrheit und die Minderheiten. Die Förderung der multikulturellen Gesellschaft heißt, unser Demokratieverständnis auf alle Bürgerinnen und Bürger der Stadtgesellschaft auszudehnen. Somit wird gezeigt, daß die Stadt Frankfurt, daß der Magistrat dieser Stadt, alle hier lebenden Menschen in seinem kommunalen Handeln berücksichtigen will.

Frankfurt wird sich mit den Unwägbarkeiten eines sich neu formierenden oder deformierenden Europa auseinandersetzen müssen und es wird - angesichts eines vor Jahresfrist noch kaum geahnten Modernisierungsschubes, der den alten Kontinent jetzt erfaßt - als Stadt vor sprunghaft gewachsene Herausforderungen stehen. Frankfurt, wird auf den Weg einer qualitativen Modernisierung im europäischen Maßstab gezwungen - einer Modernisierung, die nicht nur ungleiche Räume und Kulturen miteinander verquickt, sondern auch ungleiche Zeiten und Entwicklungsstadien. Jetzt, da die hegemoniale Blockordnung dahinschwindet, muß Europa neue Formen und Wege finden, um das gewaltige ökonomische Gefälle und die beträchtlichen kulturellen Disparitäten zwischen seinem Westen und seinem Osten sowie zwischen Mittel- und Osteuropa nicht zur Explosion kommen zu lassen.

Diese europäische Perspektive bedeutet, daß Frankfurt in Zukunft seine eigene Traditionslinie pflegt. Frankfurt steht nicht für die Formierung des deutschen Nationalstaats, sondern für die - viel längere - Tradition des Föderalismus in der deutschen Geschichte, für Eigenständigkeit, Pluralität, Vielgliedrigkeit und internationale Weltoffenheit. Und gerade dieser Föderalismus war nie borniert. Die Öffnung zu Europa hin und die Idee der zivilen Gesellschaft gehörten zu seinem Programm.

Viele Menschen haben positive Erfahrungen mit der multikulturellen Gesellschaft gemacht. Binationale Ehen und Familien, gemeinschaftliches Spielen und Lernen in Kindergärten und Schulen, Zusammenleben in Wohnblocks, Zusammenarbeit in Betrieben. Doch es wäre blauäugig, wenn wir eine latente Angst vor den Fremden und einer Zukunft mit Fremden nicht registrieren würden. Menschen, die vor den Perspektiven ihres Lebens Angst haben, weil sie von Arbeitsplatzverlust bedroht oder bereits arbeitslos sind, weil sie von Mietsteigerungen bedroht sind oder keine Wohnung haben, weil sie keine Zeit haben, sich um ihre Kinder zu kümmern, die in der Schule Schwierigkeiten haben, verdrängen diese Probleme und suchen Schuldige. Da bieten sich die Migranten als Projektion der eigenen sozialen Angst an. Die multikulturelle Gesellschaft ist längst Realität, die Selbstwahrnehmung und die Politik dieser Gesellschaft aber hat diese Realität noch nicht eingeholt. Noch immer sind die gesellschaftlichen Institutionen der multikulturellen Gesellschaft nicht gewachsen.

Es ist die Aufgabe des Amtes, die Ängste der Menschen ernstzunehmen, ihre Kritik an den gesellschaftlichen Zuständen zu verstehen und ihnen klarzumachen, daß die Migranten genauso betroffen sind von der sozialen Krise wie sie selbst.

Rassismus und soziale Unsicherheit sind oft zwei Seiten derselben Medaille. Auch wenn sich Rassismus nicht nur mit der Frage der sozialen Gerechtigkeit beantworten läßt, ist es sicher richtig, daß Menschen, die keine Angst vor der Zukunft haben, besser und gerechter mit Fremden umgehen können. Das Amt stigmatisiert nicht die Menschen, die Migranten und Flüchtlinge ablehnen, sondern sucht den Dialog mit ihnen, um die Aggressionen, die sie an den Tag legen, zu thematisieren.

Einwanderung ist ein harter, schwerer und langwieriger Prozeß für Einheimische und Migranten. Es ist die Pflicht der Aufnahmegesellschaft, diesen Prozeß mit Respekt und Geduld zu begleiten und im Rahmen der bestehenden Menschenrechte Freiräume für seine eigene Dynamik zu lassen. Eine Verwaltungsbehörde muß als städtische Institution dabei helfen, die Probleme zu bewältigen. Mit diesem Ziel soll die Arbeit des Amtes weiterentwickelt werden. Wir setzen damit ein Zeichen und beweisen, daß Veränderungen auch in den Verwaltungsstrukturen möglich sind, wenn der politische Wille dazu da ist. (...)

K. Friedrich Schade

Sich in Afrika umsehen

Im Völkerkundemuseum

Nach Afrika ohne Flugticket? Das Museum macht's möglich – nahezu, jedenfalls in Amsterdam. Eine kleine Einlaßkarte des dortigen Tropenmuseums mit diesem Slogan eröffnet eine Fülle intelligenter, illustrativer, impressiver Angebote voll des Ohren-, Augen- und Gaumenschmauses, die den Besuchern lust-, aber auch leidvoll in die Wirklichkeit der anderen Kontinente hineinzustellen geeignet sind. Das nur im fernen Amsterdam?

Selbst „Kinder können sich in Afrika umsehen, auf eine Entdeckungsreise in Arche Noahs wilder Tierwelt freuen", hieß es in einem ebenso originellen wie vielversprechenden Ferienangebot für Daheimgebliebene des Frankfurter Museums für Völkerkunde, das den Jugendlichen ab zehn Jahren im Rahmen der Ausstellung „Zeitzeichen – Neue Kunst aus Afrika" auch die Maler und Künstler Afrikas näherbringen wollte.

Das Frankfurter Völkerkundemuseum hat sich seit Jahren immer weiter nach vorne gearbeitet beim Abschütteln kolonialer Blickweisen, in der Erkenntnis der Bedeutung auch moderner Ausdrucksformen anderer Kulturen, beim Versuch multikultureller Begegnung und ihrer Popularisierung – und damit angenehm weit entfernt von der Frankfurter Ethnologie eines Professor Eike Haberland[1].

Spannende Entwicklungen im künstlerischen Schaffensland Afrika lassen sich beim Besuch von Ausstellungen dort nachvollziehen. In aller Stille sammelt das Museum seit 1985, als Professor Franz Josef Thiel als neuer Direktor sein Amt antrat, schwerpunktmäßig und systematisch Moderne Kunst aus Afrika.

Mit seiner Sammlung und seinen Dokumentationen zu Moderner Afrikanischer Kunst nimmt das Frankfurter Museum bundesweit und vielleicht weltweit eine Vorreiterrolle ein. Zwar gibt es vielerorts Ausstellungen, aber nirgendwo sonst werden afrikanische Kunstwerke systematisch gesammelt, um mit fortlaufenden Entwicklungen Schritt zu halten.

Kultur, so betont Thiel, ist ein Teil der Gesamtäußerung einer Gesellschaft. Wenn es Verständnis für andere Kulturen zu wecken gilt, so gehört die moderne Kunst in die Mitte der Völkerkunde hinein.

Originelles hat sich der Stab mit der Ausstellung „Langsamer Abschied – Tod und Jenseits im Kulturvergleich“ einfallen lassen. „Normalerweise haben wir ein Publikum zwischen 20.000 und 30.000 Menschen, wenn die Ausstellung ethnologischer Natur ist. In dieser dürften es gut 70.000 gewesen sein, und wahrscheinlich werden bis nach Weihnachten noch einmal 10.000 kommen. Zwei Drittel oder gar drei Viertel dieser Besucher sind nicht Menschen, die wegen des ethnologischen Inhaltes kommen. Es ist ein wesentlich anderes Publikum, als wir sonst haben“, stellt Thiel zufriedenstellend fest.

Aber bei allem Durchbruch – bleibt auch diese Ausstellung nicht zu sehr dem Fremden verhaftet, ohne den kritischen Bezug zu unserer eigenen Gesellschaft herbeizuführen? Tod gehört zur Natur des Lebens und damit auch jeder Gesellschaft. Er tritt aber nicht nur „natürlich“ auf, sondern wird auch von Menschen und ihren gesellschaftlichen Einrichtungen herbeigeführt – z.B. infolge ungerechter Strukturen, wie wir das an den Folgen des Verkehrs oder der Weltwirtschaft ablesen können. Wäre das nicht auch ein Thema gerade für eine Ausstellung über den Tod, die in Frankfurt stattfindet? Warum thematisiert die Ausstellung nicht auch das, was in den nicht weit entfernten Etagen des Kapitals ebenso verdrängt wird wie der Tod überhaupt? Dies ist doch ein kulturspezifisches Phänomen gerade unserer Gesellschaft.

Thiel gibt sich etwas überrascht von diesem Ansatzpunkt; und angesprochen darauf, ob sich dieser fehlende Bezug nicht in einer bereits geplanten Ausstellung über Geld („Fremdes Geld – Wertmesser in traditionellen Gesellschaften“) in den Kulturen nachholen lasse, verweist er darauf, daß mit dieser Ausstellung einfach Entstehung und Entwicklung von Geld dargestellt werden sollte. Das Kapital war nicht im Sinne.

Im übrigen habe man ja schon wiederholt mit Größen wie dem Direktor von Hoechst gesprochen, der dann schnell abwehre: „Chemie kann immer auch gefährlich sein ... Aber wenn sie heute Chemie und Kunstdünger aus der Welt herausnehmen, wieviel Leute können dann noch überleben?“

Frankfurt ist wirtschaftlich verflochten mit der ganzen Weltwirtschaft wie kaum eine andere deutsche Stadt , aber dies bleibt als direkter Erfahrungsbereich auf wenige Personen beschränkt. Der normale Bürger kann Dritte Welt allenfalls als Tourist und damit nur als Fassade erleben – und eben in Angeboten wie dem des Völkerkundemuseums in Frankfurt. „Wenn Sie an den Um- und Erweiterungsbau denken, welche Rolle wird dann in Zukunft noch das Exotikum spielen?“

Thiel will das Exotische nicht im Vordergrund stehen haben, aber er wisse auch, daß exotischer Reiz sehr viele Besucher anlocke. Wenn es darum gehe, Meinungen zu verändern, und das sei durchaus eine Zielsetzung des Museums, müsse man sich vor allem um Kinder und Jugendliche bemühen, bei denen man noch sehr viel verändern könne. Im Gegensatz zu Völkerkundemuseen, die sich stark auf Kunst ausrichteten, wie München und Stuttgart,

„Fremde sind in unserer Gesellschaft diskriminiert – das Museum für Völkerkunde, das sich in Frankfurt für Fremde einsetzt, auch. Frankfurt lebt mit seinen Banken und seinem Verkehrsknotenpunkt vom Rest der Welt, aber diese Welt hat keinen Platz, keine Chance, mit ihren Kulturen hier präsent zu sein".
Mitarbeiter des Museums in einer Resolution 1992

vielleicht noch Berlin, betone Frankfurt sehr den Kulturaspekt. Bremen sei besonders auf diese Art von Dritte Welt-Museen abgefahren, in denen die Tagesproblematik der Dritten Welt im Vordergrund stehe, ähnlich wie in Amsterdam.

Thiel lehnt diese Konzeption ab. Sobald er dort einsteige, komme er als Museumsmann in Teufels Küche. Und es sei ganz einfach eine Erfahrung, daß Menschen, die ins Museum gehen, nicht nur Alltagsprobleme sehen wollten. Herbert Ganselmeier sei als Museumsdirektor in Bremen an einem solchen Konzept gescheitert, er sei nicht durchgekommen, er habe nicht das bewirkt, es sei nicht so gegangen, wie er wollte. Bremen habe zwar den höchsten Besucherzulauf ge-

Lionel Davis — Sparpackung — Linolschnitt 1979

habt, aber man habe über das Ziel hinausgeschossen und sei damit auch in finanzielle Schwierigkeiten gekommen.

Thiel rechnet sich mehr zu der konservativen Seite, es gebe vor allem Jüngere, die sehr viel progressivere Ideen hätten. Aber es sei allzu leicht, solche Ideen und Methoden lediglich auf sein Banner zu heften. Der Direktor des Bremer Museums habe das Buch „Nofretete will nach Hause“ geschrieben, jahrelang auf jeder Museumstagung zur Rückführung der Gegenstände gesprochen, aber, so fragt Thiel, hat er auch nur einen einzigen Gegenstand zurückgeführt?

Wir sprechen ihn auf die urbane Kultur einer Stadt wie Frankfurt an, auf die Weltoffenheit, die diese Stadt eigentlich auszeichnen müßte. Welche Rolle spielt dabei Kultur, und sei es auch in Form von Ethnologie?

Thiel gibt sich hier ganz offen. In keiner Großstadt werde so viel für Kultur ausgegeben wie in Frankfurt. Aber natürlich tue Frankfurt dies nicht nur der Kultur zuliebe, sondern auch des Geldes wegen. Das Kapital fragt nach Kultur. Sie diene auch dazu, besonders illustre Unternehmen hierher zu locken, hier zu halten. Auch die Völkerkunde sei dafür da, auch wenn das nicht so bekannt sei.

Thiel hat die Stadt hinter sich, weiß Hilmar Hoffmann als seinen Freund, der vieles Gute habe anlaufen lassen, vieles in Bewegung gesetzt habe. Man habe viel bewilligt, und ihm sogar eine Architektur aufgedrückt, die er gar nicht für notwendig hält. Aber andererseits müsse er aufgrund von Einsparungen der Stadt den Museumspädagogen und die Werkstatt wieder aus der Konzeption herausstreichen. Es gehe also nicht immer um einen Finanzzuwachs, man könne in einem Museum auch zuviel anbieten, und vielleicht auch das Falsche. Er hoffe auf die Einsicht auch bei denen, die für das Geld und die Politik zuständig seien. Hier könnten noch so manche Konflikte bevorstehen.

Die im Beitrag erwähnten Äußerungen gehen zurück auf ein Gespräch des Seminars „Global denken – lokal handeln“ der Universität Frankfurt mit dem Museumsdirektor im Dezember 1990.

1) vgl. Wolfgang Bender, Moderne Kunst in die Völkerkundemuseen! In: Elisabeth Biasio, Die verborgene Wirklichkeit, hrsg. vom Völkerkundemuseum der Universität Zürich, 1989. Erwähnenswert auch: Mark Münzel über die zukünftigen Aufgaben des Völkerkundemuseums und die Replik von Dieter Schimang im Pflasterstrand (Ffm) 324 / 25 / 26, sowie: Die Zukunft der Vergangenheit – Diagnosen zur Institution Völkerkundemuseum, hrsg. vom Museum für Völkerkunde / Stadt Frankfurt am Main, 1990.

Der Linolschnitt von L. Davis ist entnommen aus: Mit Pinsel und Meißel, hg. vom Museum für Völkerkunde Frankfurt 1991.

Kirsten Kratz, Andrea Noack

Solidaritätsszene in Frankfurt

Eine kurze Beschreibung der Frankfurter „Soli-Szene" hieß es zu erstellen. Nach einem ersten Durchblick von Adressenlisten, Broschüren und Leitfäden erschien uns dies ein schier unmögliches Unterfangen. Das uns Dargebotene war zu unterschiedlich und buntgemischt, um es kurz in all seinen Aspekten vorstellen zu können. Ein Blick ins Lexikon verriet uns zur Frage „Was ist eigentlich Solidarität?" folgendes: „Zusammengehörigkeitsgefühl, Gemeinsinn, wechselseitige Verbundenheit der Mitglieder einer Gruppe." Eine Definition, die nicht recht weiterhalf.

Das Fazit: Die sogenannte Soli-Szene läßt sich sowohl politisch als auch inhaltlich nur sehr schwer eingrenzen. Der einzige gemeinsame Nenner scheint die direkte oder indirekte Beschäftigung mit Aspekten der „Dritten Welt" zu sein, was immer das auch heißen mag...

Hatten die ersten Solidaritätskomitees ihren Ursprung im studentischen Engagement der 60er und 70er Jahre, so existiert heute eine Vielfalt von Organisationsformen unterschiedlicher politischer Coleur. Das Spektrum reicht von bürgerlich, christlich, gewerkschaftlich bis hin zu autonom und antiimperialistisch. Die Bandbreite der Inhalte und Aktionsmodelle ist entsprechend weit gefächert.

In Frankfurt können sich Interessierte z.B. in folgenden Gruppen engagieren:

- länderbezogene Komitees, wie das „El-Salvador Komitee" und den „Solidaritätskreis für die Phillippinen"
- themenbezogene Gruppen, wie „Ärzte für die Dritte Welt" und „IAF"...
- zahlreiche Initiativen, die sich mit Asylfragen und Problemen von Flüchtlingen beschäftigen, wie „Pro Asyl" oder „SOS-Rassismus"
- solche, die sich mit den spezifischen Problemen von Frauen auseinandersetzen, wie „AGISRA" und „Frauen und Dritte Welt in Frankfurt"
- Deutsch-Ausländische Freundschaftskreise, wie die „Deutsch-arabische Gesellschaft" oder „SAZ-Rock"
- Kulturvereine, die dem Austausch und der Kommunikation, der politischen Arbeit oder dem Erhalt der kulturellen Identität dienen, wie der Afrikanische Kulturverein e.V." und das „Indische Kulturinstitut"
- „Dritte Welt Läden", die Anfang der 70er Jahr aus eine Initiative der kirchlichen Jugendverbände hervorgingen

- Gruppen,in deren politischen Inhalten die „Dritte Welt“ eine wichtige Rolle spielt, wie Rüstungs- und Friedensinitiativen
- Ortsgruppen von national und international tätigen Organistionen, wie „Amnesty International“, „terre des hommes“ und „Medico“
- und vieles, vieles mehr.

Betrachten wir nun die sogenannte Soli-Szene in ihrer ganzen Vielfalt, stellt sich die Frage ihrer Einschätzung. Sicherlich hat jede Gruppe ihre Wichtigkeit, auch wenn der Wirkungskreis oder die Publizität sehr unterschiedlich sein mögen.

Doch ist die Auseinandersetzung mit Problemen der sogenannten Dritten Welt überhaupt noch aktuell, oder beschränkt sie sich nur noch auf den auserwählten Kreis einiger weniger Standhafter?

Immer hat es in den letzten Jahren verschiedene Schwerpunkte in der Arbeit der entwicklungspolitischen Aktionsgruppen gegeben. Auch hier haben die veränderte politische Weltlage, die sich verschärfende wirtschaftliche Situation vieler Staaten der sogenannten Dritten Welt, der Golfkrieg und die Gewinne der bürgerlich-konservativen Parteien in Mittelamerika ihre Spuren auf politischer und inhaltlicher Ebene hinterlassen.

Verstärkte sich Anfang der 80er Jahre das Interesse am mittelamerkanischen Raum, verlagerte sich der Schwerpunkt in der zweiten Hälfte dieses Jahrzehnts auf die Bekämpfung der Apartheid in Südafrika und auf die Auseinandersetzung mit der Politik von IWF und Weltbank. Diese Verlagerung der Schwerpunktinteressen läßt sich auch für Frankfurt geltend machen.

Heute ist in der buntgemischten Zusammensetzung der Frankfurter Soli-Szene eine relativ hohe Anzahl solcher Gruppen auffällig, die sich mit Fragen des Asylrechts und mit den Problemen hier lebender Ausländer beschäftigen. Angesichts des zunehmenden Fremdenhasses unter der deutschen Bevölkerung und der drohenden, weiteren Verschärfung des Asylrechts ist dies ein politischer Inhalt, der in Zukunft hoffentlich noch weiter an Relevanz gewinnen wird.

„Selbstdarstellungen und Adressen von Initiativen und Institutionen zur internationalen Solidarität, Flüchtlingsarbeit und Migrantenbewegung“ – so der Untertitel des „Who is Who? Dritte Welt in Frankfurt“, hrsg. vom Dritte Welt Haus Frankfurt, 1990 – für alle, die noch viel mehr wissen wollen. Im „Multikultureller Ratgeber für Frankfurt“, hrsg. vom Amt für multikulturelle Angelegenheiten, finden sich weitere Adressen.

Joachim Brenner

Kleine Geschichte des Dritte Welt Hauses

Naturwüchsig und leider, leider wegen des hervorragenden Standortes, der erst so spät in gegenseitigem Einvernehmen erobert wurde, naturwüchsig aufgrund der Wohnungsmarktlage, war das Dritte Welt Haus (DWH) nicht immer in Bockenheim. Die historischen Anfänge sind um das Jahr 80 zu datieren, soweit Planung, Konzept gemeint ist. Erste praktische Schritte hinsichtlich Organisation und Umsetzung fanden anno 82 in der Neuhofstraße statt.

Der expansive Charakter der selbstorgansierten Bildungsunternehmung führte zwangsweise zur Sondierung geeigneterer Räume. Diese notwendige Bemühung brachte das Haus genialerweise wie ebenso schicksalhaft letztlich nach Bockenheim.

Überschwengliche Begeisterung hinsichtlich der Lage und enorme Euphorie bezüglich der ausgezeichneten Arbeitsfläche hinderten die meisten AktivistInnen jedoch keineswegs daran, gerade bei den anfallenden Renovierungsarbeiten etwas Besseres zu tun zu haben, sodaß die Organisation von Geldern für die Ausbesserung, etwa 140.000 DM, als auch die Verrichtung der unangenehm banalen praktischen Tätigkeit wie immer am harten Kern kleben blieb. Ein klassischer Konflikt unserer alternativen Einrichtung: das alltägliche Organisationsgewusele, die Aufrechterhaltung des Betriebs mittels niederer Dienste, der Besuch des obersten Entscheidungsgremiums „Hausrat“ mit all seinen starken Schwächen ist gemäß der inneren Gesetzmäßigkeit von Selbstorganisation – deren Gedanken wir uns schizophrener Weise immer noch verpflichtet fühlen – einzig einem erlauchten Kreis von überarbeiteten Idealisten vorbehalten.

Trotzdem und wie so oft, nahm die Geschichte ihren Lauf. Endlich, im Juni 85, nach hartnäckiger zweijähriger Sanierung in Eigenleistung, eröffneten wir unser Haus zum zweiten Mal. Selbstverständlich in guter Hoffnung nicht allein den besten Standort aller Zeiten ergattert zu haben sondern auch den skeptisch kooperativsten Vermieter seit Menschengedenken. War er doch mit dem Ansinnen DWH in Bockenheim, dann noch in meinen neu ererbten Räumen, das paßt, Alt-Veteranen der Einrichtung seinerzeit gegenübergetreten und verhalf uns in einem finalen Akt von inhaltlicher Übereinstimmung zu diesem ehrenwerten Platz. Die Einschätzung bezüglich günstiger Lage bewahrheitete sich vollends. Der Rest wurde gänzlich falsch prognostiziert.

Bildungsfabrik

Alles aufzuzählen, was wir hier verbrechen, würde den Rahmen sprengen. Deshalb präsentiere ich nur das eine oder andere Glanzlicht:

„Wir sind ein gemeinnütziger Verein, der sich als eine von Parteien und Organisationen unabhängige Bildungseinrichtung begreift“. Das schreibe sich jeder hinter die Ohren und lese es in der Satzung nach! Oder wie es eine der frühen Pionierinnen unserer Einrichtung als Arbeitsauftrag treffend formulierte: „Dritte Welt soll jenseits ihrer exotischen Substanz verdeutlicht werden, indem unter anderem auch das Leben von Menschen in Frankfurt – einer Stadt mit 25 % MigrantInnenanteil, wovon ein Drittel aus dem nicht europäischen Raum stammt – thematisiert wird. In dem Zusammenhang kommt der Kultur, Tradition und politischen Identität der Bevölkerungsgruppen eine wichtige Rolle zu. Wir möchten das zum Thema machen, was andere gerne ausgrenzen. Dort, wo Solidarität blind wird und ideologische Gewissheit gegenüber Erfahrung erstarrt, möchten wir den Zweifel zur Geltung bringen“.

Eherne Worte. Der emanzipatorisch Diskurs schwebt wie ein Damoklesschwert über uns allen. Doch wie sieht das nun in der konkreten Praxis aus?

Erst einmal die Struktur des Hauses, die Entscheidungsgremien. Als da gibt es den monatlich tagenden Hausrat, auf dem alles Formelle, Inhaltliche, Organisatorisch-Technische erörtert wird. Ein Kreis, auch liebevoll ZK genannt, dessen Disputspalette vom simplen Erledigen unabdingbarer Kleinigkeiten bis zur rhetorisch brillanten Polemik eines anstehenden Politikums reicht. Trotzdem ist er krankhaft unterbesetzt. Dazwischen findet sich der Vorstand ein, unser Politbüro, sozusagen. Er tätigt die laufenden Angelegenheiten des Hauses zwischen den Hausräten. Als satzungsmäßig oberste Ebene ist die Mitglieder-Jahresversammlung, quasi der Parteitag, anzusehen, auf dem die personellen und programmatischen Weichen für die kommenden 12 Monate gestellt werden, soweit Interesse an dieser Veranstaltung durch persönliches Erscheinen bekundet wird. Bei aller Kritik, die latenten Kinderkrankheiten der Selbstorganisation sind unübersehbar, aber es klappt, und zwar basisdemokratisch!

Was bietet die Einrichtung? Die unterschiedlichsten Komitees, Solidaritätsgruppen, Arbeitskreise und Bündnisse mit all ihren Erfahrungen, ihrem Fachwissen und ihren praktischen Kenntnissen von Anti-AKW bis Zimbabwe oder ihrem politischen Spektrum von konzilliant konservativ bis radikal links, anarchistisch und antiimperialistisch. Das steht übrigens für den praktizierten Pluralismus des Hauses, der uns immer wieder soviele produktive Schwierigkeiten bereitet.

Daneben bilden sich übergeordnete Diskussionsgruppen, die die Möglichkeit erbringen, kritisch zu reflektieren, miteinander zu vernetzen, neue Politik-

und Aktionsformen zu finden, Gegenöffentlichkeit effektiver zu machen. Unsere AktivistInnen sind im Haus ebenso präsent wie außerhalb, gleich, ob das durch Vorträge, Filme, Ausstellungen im europäischen oder nicht-europäischen Raum ist, gleich, ob gelernt oder gelehrt werden soll.

Als eine weitere Perle des Hauses hat sich das Medien- und Informationszentrum, kurz MIZ, erwiesen. Es beinhaltet u. a. eine kleine, aber unendlich feine Bibliothek und ein Archiv voller Ideen. Derzeit mit einer BSHG-Maßnahme versehen und demnächst sogar noch mit einem Praktikanten, ist das MIZ fest im DWH als Anlauf- und Koordinationsstelle integriert und manchmal durch die Unzulänglichgkeit des Betriebs arg strapaziert.

Das Multiplikator-Büro führt natürlich auch ein Eigenleben. Schule, Kirche und Gewerkschaft, Frauen, Männer aus allen Ländern der Erde, Kinder, Jugendliche, Erwachsene, Jung und Alt, Stadt und Land, Print-Medien und TV profitieren vom reichhaltigen Repertoire an Anregungen, Ratschlägen, methodisch didaktischen Einheiten, Adressen, Filmen, Dias, Videos und Spielen des MIZ, größtenteils noch angeleitet, eingeleitet, projektiert oder durchgeführt von unserer genialen Mitarbeiterin Barbara.

Vor dem letzten Absatz noch eine Bemerkung zur Finanzierung. Nicht zuletzt bewahrheitet sich unsere Autonomie in der finanziellen Unabhängigkeit des Hauses. Mitgliederbeiträge, Spenden, minimale Veranstaltungsgewinne, Saalvermietung und punktuelle Projektförderungen halten das Ganze am Laufen. Mehr schlecht wie recht. Wir kranken, wie viele andere auch, an permanentem Geldmangel. Aber das ist uns die Eigenständigkeit immerhin wert, obwohl die vielbemühte Staatsknete-Diskussion ständig auf dem Pelz brennt.

Die Kündigung

Meiner Liebeserklärung ans Dritte Welt Haus soll nun ein jähes Ende bereitet werden. Im verflixten siebenten Jahr hat der Vermieter gekündigt, sieht sich nicht mehr mit unseren Zielen in Übereinstimmung, sogar teilweise von unserer Praxis bedroht. Ausdruck verleiht er dem Ansinnen durch Abmahnungen, oft vollgespickt mit akribischen Kleinigkeiten, die ich an dieser Stelle nicht zum Besten geben möchte, um Tumulte zu verhindern. Jedenfalls haben seine Briefe seit Jahren einen festen Platz im Hausrat, sind Sand im Getriebe und Ursache manchen Unmuts, vor allem weil die angemahnte Störung so oft nicht mehr nachvollziehbar ist.

Ärger mit den Nachbarn gibt es immer wieder. Die Lautstärke kann reduziert werden. Einvernehmen ist hier mit Sicherheit möglich. Wir haben schon Vieles getan und tun noch etliches. Berauschende Feste finden in unseren heiligen Hallen nur selten statt.

Das DWH will in Bockenheim bleiben. Der Mietvertrag läuft unserer Ansicht nach mindestens über zehn, nicht über sieben Jahre. Selbst die Stadt Frankfurt hat keine Einwände gegen den weiteren Bestand unseres Hauses am angestammten Platz. Und das will schon was heißen. Die Auseinandersetzung wird nun zweifelhafte gerichtliche Qualität bekommen. Bürgerliches Recht ist zu sprechen. Man und frau darf gespannt sein, zu welchem Ergebnis Justitia kommt.

Uns obliegt die effektive, seriöse, nützliche Öffentlichkeit und Animation. Wir wollen nichts unversucht lassen, auch in Zukunft einen Teil alternative, linke, unbequem kritische Existenz in Bockenheim darzustellen.

Wo kämen wir denn hin, wenn solche Sumpfblüten wie unser Haus nicht mehr Gegenstand von privatem und öffentlichem Zorn sein dürften? An wem könnte sich der behäbige, städtisch postmoderne Citoyen reiben? Schließlich und endlich, wo anders als an diesem Ort, sollten die InternationalistInnen disputieren, die Solidaritätsler sich streiten, die Quergeister sich profilieren, die Intelektuellen sich zerreißen und die Praktiker sich prüfen?

Es tut bitter Not, in der gegenwärtig für fortschrittliche ZeitgenossInnen etwas desolaten Periode, solche Freiräume, wie das DWH sie bietet, unbedingt aufrecht zu erhalten.

Diesen Text hat Joachim Brenner am 26.4.91 auf der Veranstaltung des DWH zur Kündigung des DWH und zur Stadtteilsanierung Bockenheim vorgetragen.

Nachtrag zum Stand Mai 1992

Trotz vehementen Widerstands bestätigte sich unsere klammheimliche Skepsis hinsichtlich der elenden Kündigung. Auch das streiterfahrene Dritte Welt Haus in Frankfurt am Main bewerkstelligte es selbst unter Inanspruchnahme aller Klugheit und praktischer Konsequenz nicht, die Eigentumsverhältnisse zu ändern, wurde somit eines der vielen Opfer derselben in der Stadt der ebenso blühenden wie menschenverachtenden Boden- und Immobilienspekulation. Ein Teil unserer Anstrengungen im Kapitel Rausschmiß wegen politischer Unliebsamkeit bzw. mangelndem Profitabwurf konzentriert sich jetzt auf die Erstattung von Ersatzansprüchen, die der frühere Vermieter an uns noch zu leisten hat. Gelder, die das neue Dritte Welt Haus aufgrund chronischen Defizits wegen dem extrem teuren neuen Domizil unbedingt benötigt.

Wir existieren also immer noch, denn Totgesagte leben bekanntlich länger, und unsere Einrichtung ist besonders zäh. Insgeheim hatten die Vorgänge auch einen kleinen positiven Impuls, nämlich eine regelrechte Implosion.

Im Oktober 91 wurde das neue Anwesen in der Westerbachstraße 40 von uns bezogen. Die Lokalitäten – ein kleinerer Saal, ein Büro-, ein MIZ-, drei Gruppen-, ein Technik- und zwei Kellerräume – sind zwar Übergang, da die frühere Schreinerei im Jahre 93 möglicherweise zum Verkauf ansteht, dennoch wurden die Renovierungsarbeiten von uns in kompromißloser Qualitätsorientierung fachmänn- und fachfraulich verrichtet, ebenso wie die Gestaltung des diesjährigen Programms sowie die vielfältigen Aktivitäten an Professionalität und Themenreichtum nichts zu wünschen übrig lassen. Also von Lückenbüßerei kann keine Rede sein, wir arbeiten nach wie vor mit Volldampf. Dessen ungeachtet und allen ZeitgenossInnen ins Notiz-

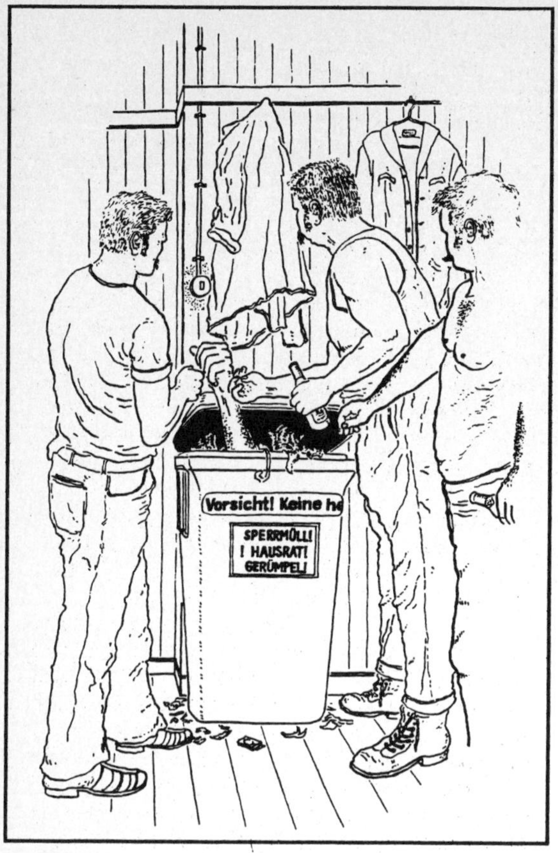

Versteck vor der Polizei

buch geschrieben: Das Dritte Welt Haus sucht weiterhin nach geeigneten Räumlichkeiten.

Die etwas desolate Lage am Stadtrand, mitten im Industriegebiet, unwirtlich für Laufkundschaft und trinkfreudige AbendveranstaltungsbesucherInnen, die das nächste Amusementzentrum erst in Bockenheim zu orten wissen, wird durch ein ungeheures internes Engagement wettgemacht. Das Interesse an den Belangen des Hauses hat sich intensiviert, Vorstand und Hausrat sind wesentlich besser besucht als früher, last not least ist das Dritte Welt Haus gegenwärtig mit zwei ABM-Stellen bestückt; allerdings auch hier ein Wehmutstropfen, einer der beiden unersetzbaren MitarbeiterInnen soll nicht mehr finanziert werden. Zusammen mit anderen Initiativen werden wir uns auch dagegen wenden. Hoffentlich erfolgreicher als gegen die Kündigung.

Zur Veranschaulichung unseres umfassenden Tätigkeitsbereichs einige Beispiele. Aktivitäten gegen Rassismus, Fremdenfeindlichkeit und Intoleranz bilden einen Schwerpunkt, Information, Podium für Betroffene und Kultur im Rahmen der 500jährigen Kolonialgeschichte Amerikas kennzeichnen ein weiteres Thema. Darüber hinaus beteiligen wir uns an Protestaktionen und Gegenveranstaltungen zum Weltwirtschaftsgipfel in München. Kurz gesagt, wir bleiben unserem alten Prinzip treu, wollen auch zukünftig Raum bieten für Ausgegrenzte, für MigrantInnen, nicht populäre aneckende Meinungen, unorthodoxe Mitmenschen, zeigen Verantwortlichkeiten auf und halten an unserm Anspruch fest, der Hetze und Desinformation, Widerstand, Gegenöffentlichkeit, Verständnis und Aufklärung entgegenzusetzen.

Das »Ei des Kolumbus« ist geplatzt

In Frankfurt, der Stadt der Banken und des Geldes, mischen sich DÜ-Rückkehrer und -Rückkehrerinnen in die Politik: sie kämpfen um ein würdiges Gedenken an die Opfer von 500 Jahre Ausbeutung und Unterdrükkung.

Es sind Mitglieder des Arbeitskreises Mittelamerika. Sie setzten sich dort mit anderen zusammen ein gegen einen peinlichen Plan: in Frankfurt sollten die »500 Jahre Kolumbus« mit einem Riesen-Ei vor der Alten Oper gefeiert werden. Der kirchliche Arbeitskreis ging mit seiner Kritik in die Öffentlichkeit; sie wurde von 12 Lateinamerika-Solidaritätsgruppen aufgenommen. Presse- und Fernseh-Interviews folgten. Damit ergaben sich viele Gelegenheiten, die Forderung nach einer würdigen Alternative zu verbreiten.

Es scheint, daß die Erfinder des »Eies« inzwischen den Mut verloren haben. Die Chancen für ein Projekt mit Wandbildern aus der Hand engagierter lateinamerikanischer Künstler steigen.

Die Argumente des Protestes: das war 1492 alles andere als eine feierliche Entdeckung Amerikas, vielmehr der Auftakt gigantischer Ausbeutung, verbunden mit den ausgedehntesten Völkermorden der Menschheitsgeschichte. Hier wird eine grobe Beleidigung für die um ihre Würde und um ihr Lebensrecht kämpfenden Menschen Lateinamerikas vorbereitet.

Foto: Oeser/Frankfurter Rundschau

Die Gegner melden sich beim Arbeitskreis Mittelamerika und bieten eine öffentliche Diskussionsrunde an, moderiert vom Chefredakteur der Frankfurter Rundschau. Bei der wachsenden Kritik aus der Öffentlichkeit ist aus diesem Versöhnungs-Versuch aber nichts mehr geworden. Die Presse interviewt und berichtet, und der Arbeitskreis bietet Vertreter aus Lateinamerika als Gesprächspartner an. Es folgen Auftritte in Hörfunk und Fernsehsendungen. Die Öffentlichkeit ist aufgewacht und angeregt zum Nachdenken über eine würdige Alternative. Da ist auch mit einer »künstlerischen Revision« des Ei-Projektes nichts mehr zu retten. In einer zweiten Version sollte das Ei des Kolumbus nämlich hoch auf Stelzen gestellt werden und Risse tragen, aus denen Sand rieselt wie in einer Eieruhr. Das Ei sollte jetzt den Kolumbus als Typus des modernen Menschen symbolisieren, den bei all seinem Forschen, seinen Entdeckungen und Erfolgen immer wieder auch Zweifel beschleichen.

Diese Variante provoziert erst recht. Sie soll von der Geschichte ablenken und die Auseinandersetzung auf eine anthroplogische Ebene herunterdrücken.

Am 6. Februar 1992 teilt Dr. Rexroth von der Frankfurter Projekte GmbH mit einem Briefbogen, auf dem der Frankfurter Oberbürgermeister als Aufsichtsratsvorsitzender mit draufsteht, dem Arbeitskreis Mittelamerika resigniert das Scheitern des Kolumbus-Ei-Projektes mit.

Ganz unerwartet trägt die Kampagne nun doch noch ihre Früchte. Bei der Kulturwoche 1992 im multikulturellen Frankfurter Gallusviertel soll ein von lateinamerikanischen Künstlern gefertigtes Wandbild der Öffentlichkeit übergeben werden und erneut zur Diskussion herausfordern. Dabei soll der Opfer der »500 Jahre« bis zu den heute Leidenden gedacht werden. Außerdem soll in dieser Geschichte die Rolle Frankfurts geklärt werden, der Stadt des Geldes und der Banken.

Marlies Dautermann, Tobias Müller, Elisabeth Monning, Ulrich Pfaff
Arbeitskreis Mittelamerika beim Amt für Mission und Ökumene der EKHN
Kontakt: Ulrich Pfaff, Praunheimer Landstr. 206, 6000 Frankfurt 90
Tel. 069-765938, Fax: 069-764007

Hildegard Schürings

„Die Dritte Welt gibt es nicht. Punkt!"

Arbeitskreis Frauen aus aller Herren Länder e.V.

Insgesamt war die Entstehung wie auch unsere heutige Arbeitsweise ein Prozeß, eine Bewegung von Frauen. Aus Seminaren an der Universität Frankfurt zu den Folgen von sogenannten Modernisierungsprozessen und der Entwicklung der Unterentwicklung entstand ein Arbeitskreis von Frauen, die sich intensiver mit Fragen der Entwicklung beschäftigen, Fragen wie: welchen Platz nehmen Frauen ein, wieweit sind sie Entscheidungsträgerinnen, welche Auswirkungen hat die Entwicklungshilfe, warum sind Frauen in den Ländern des Südens benachteiligt, unterdrückt und ausgebeutet und wie kann dieses theoretisch erklärt werden?

Um mit Frauen aus anderen Ländern ins Gespräch zu kommen und nicht nur über sie zu reden, organisierte die Gruppe mit Wissenschaftlerinnen und Praktikerinnen ganz unterschiedlicher Organisationen und Gruppen aus Kuba, Chile, Haiti, Eritrea, Guatemala, Brasilien, aus der Türkei und dem Iran, aus der Dominikanischen Republik und aus Südafrika Diskussionsreihen (1985-1988), in denen sie ihre Analysen von Unterdrückung und Gewalt vermittelten. Um auch mit Frauen und Männern außerhalb der Universität lernen zu können, verließen wir den elfenbeinernen Turm. Wir tauschten Erfahrungen aus über Formen des Protestes, des Kampfes, der Aktion, mit denen wir unsere Wirklichkeiten verändern wollen. Unterschiede und Gemeinsamkeiten wurden bewußt. So tragen die herrschenden Strukturen zu einer Verschärfung der ökonomischen Ausbeutung vieler Frauen durch schlecht bezahlte oder nicht bezahlte Arbeit bei. Politisch totalitäre Systeme führen zur Verfolgung und Folterung von Frauen und von Männern, gegen die sie kämpfen. Patriarchalische Unterdrückung erleben wir in vielfältigen Formen. Aber was ist mit der Mißachtung von Frauen, die mit angeblich auf Religion beruhenden Gesetzen legitimiert wird? Was ist, wenn die Hautfarbe zum Kriterium der Diskriminierung gemacht wird? Und weiter: Wie können wir uns der gelernten Rassismen und der eurozentrischen Sichtweisen bewußt werden, um dagegen anzukämpfen? Auf welche Herrschaftsstrukturen sind diese zurückzuführen?

Es war das Lernen über die Ferne, durch das wir uns der eigenen Gesellschaft wieder annäherten. Die Dritte Welt ist in Frankfurt sehr viel näher als uns bewußt war. Viele Frauen aus den

Ländern des Südens leben hier aus unterschiedlichen Motiven und Zwängen. Sie gestalten unsere Gesellschaft mit, haben aber weniger Rechte als diejenigen, die als Deutsche geboren wurden:

„Auch wenn Du 30 Jahre hier bist, bleibst Du eine Fremde“

Warum ist das so? Muß es so sein? Wer hat ein Interesse daran, daß dies so bleibt, fragten wir uns. Es gibt zahlreiche Gruppen und Institutionen, die von Frauen gebildet werden, die politisch aktiv sind, die Beratungs- und Lehrangebote eröffnen oder auch Organisationen, die Entwicklungsprogramme für Frauen in den Ländern des Südens entwerfen. Wie selbstbestimmt haben die Frauen teil an den getroffenen Entscheidungen, wer kontrolliert Aktionen und Handlungen? Antworten auf die Fragen suchten wir in Gesprächen und Interviews mit Gruppen und Institutionen, durch Medienanalysen, in der Arbeit in Alphabetisierungskursen, in Beratungen u.ä. Es wurde immer deutlicher, wie eng die politischen und ökonomischen Verschränkungen zwischen den verschiedenen Welten sind.

Zielsetzungen

Wichtige Prinzipien unserer Arbeit sind die Schaffung von Dialogstrukturen, die auf solidarischen und partnerschaftlichen Voraussetzungen beruhen. Ein solcher Ansatz ist nur begrenzt planbar, da er prozeßhaft organisiert sein muß. Gefördert wird er dadurch, daß die Interessen der Beteiligten, aus ihrer eigenen Geschichte aktiv zu werden, unterstützt werden. Daher war es wichtig, daß nicht wir für andere handeln, sondern daß wir Möglichkeiten schaffen, daß Frauen ihre Geschichte, ihre Analysen, ihre Forderungen vermitteln können und Unterstützung finden.

Eine Gruppe und nicht einzelne Individuen bestimmte die Inhalte des Lernens. Wir machten unsere Geschichten und uns selbst als Subjekte zum Thema, und das sind die Ausgangspunkte für den Kampf dagegen, nicht weiterhin zum Objekt gemacht zu werden. Die Verschränkungen und Verflechtungen der herrschenden Strukturen machen es notwendig, Netze zu knüpfen, um gemeinsam das, was uns stumm macht, zu bekämpfen und an der Gestaltung von neuen Wirklichkeiten zu arbeiten. Die eigenen Lernerfahrungen und Erkenntnisse werden weitervermittelt.

Einer unserer Wege war, die Erkenntnisse zu veröffentlichen, um so wieder in neue Diskussionsprozesse mit anderen Frauen, auch Männern einzutreten. Das Mittel einer Ausstellung schien uns dafür geeignet.

Die Durchführung

Viel Kreativität entstand im Planen, Umsetzen, Diskutieren, Verwerfen, Basteln und Fotografieren, beim Finanzierungsanträge Stellen und beim Begründen der Notwendigkeit dieser Ausstellung.

Bewußt haben wir den provokativen Titel „Frauen aus aller Herren Länder“ gewählt, um deutlich zu machen, daß es in allen Ländern patriarchalische

Strukturen gibt, wenn auch in verschiedenen Erscheinungsformen, die ständig reproduziert werden. Auf 44 Schautafeln, durch Fotos, Texte, Collagen, Film und Plastiken werden die Benachteiligung oder Nicht-Berücksichtigung von Frauen in den Internationalen Beziehungen, der Entwicklungszusammenarbeit, und die Auswirkungen der Verschuldung auf ihre Lebens- und Arbeitsbedingungen gezeigt. Aus dieser Situation stellen Frauen Forderungen, mitzuwirken an den Entscheidungen, die ihr Leben verändern. Die Folgen der Internationalen Arbeitsteilung in einer Freihandelszone in Südkorea und die Solidaritätsaktionen in der BRD mit den Arbeiterinnen in Südkorea werden thematisiert. Die politischen Bedingungen, Zwänge, Gewalt und andere Situationen, die Frauen zur Flucht und Migration bewegen, und Erfahrungen in der Bundesrepublik werden beispielhaft durch Lebensgeschichten von fünf Frauen aus Argentinien, Palästina, der Türkei, aus Chile und aus dem Iran aufgezeigt. Bilder, Texte und Töne vermitteln Sprache als Mittel von 'Herr'-schaft, Sprache, um Gelebtes zu verarbeiten, sich zu entdecken, Sprache als Hindernis, Sprache zur Aneignung einer neuen Lebenswirklichkeit, Sprache als Möglichkeit, sich zu befreien, und Sprache als Brücke. Die Lebensbedingungen von ausländischen Studentinnen und ihre Erfahrungen werden dargestellt. Eine brasilianische Studentin der Universität Frankfurt beschreibt, wie sie sich auf ihren Wegen in Brasilien und in der Bundesrepublik als Frau entdeckt. Die Geschäfte mit Armut und Träumen, die schon sehr lange gemacht werden, wie z.B. im internationalen Frauenhandel, mit dem sogenannten Prostitutionstourismus, mit der Ausbeutung der Frauen hier wie dort und mit dem internationalen Heiratsmarkt, werden visualisiert. Dabei ist der Flughafen Frankfurt zentraler Ausgangspunkt für jene, die sich aufgrund ihrer seelischen Armut Liebe kaufen müssen, was durch ein patriarchalisches, skrupelloses Wirtschaftssystem ermöglicht wird.

Frauen wehren sich, indem sie sich organisieren, aufklären, Forderungen an Regierende und Entscheidungsträger stellen. Die Ausstellung zeigt somit Lebens- und Arbeitsbedingungen von Frauen und macht die sie unterdrückenden Strukturen sichtbarer. Gleichzeitig macht sie den Willen und die Stärke von Frauen offenbar, dagegen zu kämpfen.

Die Wanderausstellung

Eine Ausstellung hat immer etwas Statisches, sie ist in einem bestimmten gesellschaftlichen Kontext entstanden, und sie kann weitere Entwicklungen nicht einbinden. Die Verhältnisse sind heute nicht mehr in allem so, wie sie 1988 waren, manche Situationen haben sich z.B. für Einwanderinnen sehr verschlechtert. Immer mehr Frauen und ihre Kinder müssen flüchten und haben wenig Chancen, in die immer höher wachsende Festung Europa zu gelangen. Die Verarmung vieler Länder des Südens, das Aufbrechen zahlreicher Nationalitätenkonflikte, deren Wurzeln häufig in der Kolonialzeit liegen, redu-

Der Spitzel (*Gefängnis-Zyklus*)

ziert ihre schon schwachen Machtanteile am politischen Weltsystem. Zunehmend mehr regieren multinationale Organisationen und Unternehmen die Länder des Südens. So werden z.B. bei Verschlechterung der Produktionsbedingungen für die Unternehmer (gewerkschaftliche Organisierung und Lohnforderungen) die Produktionsplätze kurzfristig in ein anderes Land verlegt, und dies oft besonders zum Nachteil der Frauen.

Um solche neuen Entwicklungen bewußt zu machen, wird die Ausstellung jeweils in der Trägerschaft einer oder mehrerer Frauengruppen oder Institutionen durchgeführt, die dann ein Begleitprogramm organisieren, das sich aus ihren Arbeitsfeldern ergibt.

Somit trägt die Ausstellung dazu bei, Prozesse in anderen Frauengruppen zu unterstützen, manchmal auch zu initiieren und somit gesellschaftspolitisch wirksam zu sein.

1990 erschien ein gleichnamiges Lese- und Bilderbuch, das die Inhalte der Ausstellung vertieft, jedoch unabhängig von der Ausstellung als Arbeitsmaterial in Schule und Erwachsenenbildung eingesetzt werden kann.

Perspektiven

Die Erarbeitung und Organisation der Wanderausstellung hat sehr viel Arbeit und Schweiß absorbiert, aber auch viel Spaß gemacht. Fast alle Arbeiten wurden von den beteiligten Frauen unbezahlt geleistet. Erst seit November 1991 arbeitet eine Kollegin auf einer ABM-Stelle, deren Weiterführung jedoch aufgrund der umfangreichen Kürzungen unwahrscheinlich ist. Der Arbeitskreis trifft sich weiterhin in einem sechswöchigen Turnus, und nach einer notwendigen Ruhepause diskutieren wir zur Zeit insbesondere zwei Themen: Die neuen Formen des Rassismus nach der Vereinigung und aufgrund der Festigung der europäischen Gemeinschaft und die Vermarktung von menschlichen Extremsituationen und Elend durch Textilfirmen, die Lösung der Werbung vom Produkt selbst. Wohin diese Diskussionen führen werden, ist zur Zeit noch ungewiß, wir suchen Kontakte zu anderen Gruppen, holen Informationen ein und bewegen uns somit auf jeden Fall wieder ein Stück weiter.

Heidemarie Pandey

Ständige Horizonterweiterung

Die Entwicklung der IAF

Ein politischer Konflikt stand Pate bei der Gründung der IAF im Jahre 1972: das Palästina-Problem. Nach dem Attentat auf die israelische Olympia-Mannschaft in München wurden viele Palästinenser über Nacht aus der Bundesrepublik abgeschoben – ohne eigenes Verschulden, ohne Rechtsgrundlage, ohne Rücksicht darauf, ob sie hier verheiratet waren und Kinder hatten. Das trieb eine mit einem Palästinenser verheiratete Deutsche, Rosi Wolf-Almanasreh auf die Barrikaden. Zusammen mit einigen betroffenen und gleichgesinnten Frauen gründete sie eine „Interessengemeinschaft“ – das Wort „Bürgerinitiative“ war damals noch weitgehend unbekannt –, die sich gegen das geschehene Unrecht wehren und darauf hinwirken sollte, Ähnliches in Zukunft zu verhindern, die Interessengemeinschaft der mit Ausländern verheirateten Frauen (IAF).

Der politische Hintergrund ihrer Entstehung prägte auch den weiteren Weg der IAF. Er bewirkte, daß die zunächst kleine Gruppe von Frauen sich und die eigenen Probleme stets in einem größeren gesellschaftlichen und politischen Zusammenhang sah, und verhinderte ein allzu enges Verständnis der eigenen Interessen. Zugleich aber gab es die konkrete und unmittelbare eigene Betroffenheit. Sie erwies sich als starke Triebkraft, die auf Veränderung drängte.

Durch die Abschiebung der Palästinenser und das willkürliche Auseinanderreißen ihrer bi-nationalen Familien war den IAF-Gründerinnen und anderen mit Ausländern verheirateten Frauen schlagartig ihre prekäre soziale und rechtliche Lage bewußt geworden. Die Gleichheit, die das Grundgesetz versprach, gab es in Wirklichkeit nicht. Der in Artikel 6 garantierte Schutz von Ehe und Familie galt für ihre Familien nur eingeschränkt; ihre Kinder waren rechtlich Ausländer, sie selbst durch ihre Heirat Deutsche zweiter Klasse geworden. Rechtliche und soziale Gleichstellung mit anderen Deutschen lautete deshalb die Forderung der Interessengemeinschaft der mit Ausländern verheirateten Frauen (IAF), die 1975 in das Vereinsregister des Amtsgerichtes Frankfurt eingetragen wurde.

Überall in der Bundesrepublik hatten sich zu diesem Zeitpunkt bereits Arbeitskreise und Initiativgruppen gebildet. Und natürlich waren es von Anfang an nicht nur Frauen von Palästinensern, die sich auf diese Weise zusammenfanden. Die Männer kamen aus verschiedenen Ländern und Kontinenten: Südeuropa, Afrika, Asien, und Lateinamerika überwogen jedoch – kein Zufall, sondern eine Folge größerer rechtlicher Unsicherheit und sozialer Diskriminierung.

Die IAF-Frauen erkannten schon bald: Solange die rechtliche und soziale Benachteiligung der Ausländer insgesamt nicht beseitigt wurde, konnte es ihnen selbst und ihren Familien nicht besser gehen. Ausländerfeindlichkeit und Rassismus fragen nicht nach deutschen Ehefrauen und Müttern. Von daher wäre es absurd gewesen, allein für eine Besserstellung der bi-nationalen – also deutsch-ausländischen – Familien zu streiten. Das breit angelegte ausländerpolitische Engagement der IAF hat hier seine Wurzeln. Im Laufe der Jahre trug es viel dazu bei, daß die Interessengemeinschaft nicht im eigenen Saft zum unbedeutenden Häuflein zusammenschmorte. Vielmehr verdiente sie sich nicht nur duch ihre zunehmende Sachkenntnis und ihren Einsatz den Respekt selbst ihrer Gegner, sondern es gerieten auch immer neue Aufgabenbereiche in ihr Blickfeld.

Als ein Beispiel dafür kann die Beratung gelten. Auf der Suche nach Informationen über ihre spezielle Situation stießen IAF-Mitglieder in den wenigen Beratungsstellen, die sich überhaupt damit beschäftigten – sie gehörten meist zum kirchlichen Bereich – immer wieder auf Unkenntnis, Überheblichkeit und Vorurteile. Zumeist wurde als selbstverständlich vorausgesetzt, daß sie als Ehefrauen ihrem Mann in sein Heimatland folgen würden. Dieses wurde ihnen schon vorweg als die Hölle auf Erden dargestellt, sofern es außerhalb des „Abendlandes“ lag. Der jetzt so verständnisvolle Partner werde sich in der heimatlichen Umgebung völlig verändern und von der Frau Unterwerfung unter den eigenen Willen und den seiner Familie verlangen. Sie werde den Rest ihrer Tage in Unfreiheit, Elend und Schmutz verbringen müssen.

Gefühl und Erfahrung sagten den Frauen, daß an dieser Beratung etwas nicht stimmen konnte. Sie hatten häufig gerade jene Verhaltensweisen ihres Partners und seiner Angehörigen schätzen gelernt, die ihnen dabei als ausschließlich negativ dargestellt wurden, z.B. die Solidarität innerhalb der Familie. Manche kannten durch Besuche in seinem Heimatland die Ursachen und Hintergründe der ihnen als so abstoßend geschilderten Zustände; einige durchschauten die Mitschuld der angeblich „ersten“ Welt an diesen Verhältnissen. Alle störte die Anmaßung, mit der über andere Kulturen und ihre Menschen gesprochen wurde.

So entschloß sich die IAF, selbst eine Beratung anzubieten. Sie wird bis heute ehrenamtlich durchgeführt, als Gespräch zwischen zwei Betroffenen. Wichtigste Qualifikation der Berater und Beraterinnen ist die eigene Erfahrung im interkulturellen Zusammenleben – sei es als Partner oder Partnerin in einer bi-nationalen Beziehung oder durch einen längeren Auslandsaufenthalt.

Die IAF-Beratung ist alo ein Ergebnis interkulturellen Lernens, das sich bei den meisten zunächst ganz unbewußt innerhalb der Partnerschaft vollzogen hatte. Auf der anderen Seite förderte der Austausch innerhalb der IAF die Bereitschaft, sich auf diesen interkulturellen Lernprozeß einzulassen. Dazu trug auch bei, daß sich immer mehr ausländische Frauen mit deutschen Männern dem Verein anschlossen und auch ausländische und deutsche Männer Mitglied wurden. Die IAF nennt sich deshalb heute „Verband bi-nationaler Familien und Partnerschaften". Die „Interessengemeinschaft der mit Ausländern verheirateten Frauen" lebt als Untertitel weiter.

„Aus den Erfahrungen des bi-kulturellen Zusammenlebens sehen wir als IAF-Mitglieder die Notwendigkeit, über differenzierte Formen emanzipatorischer Entwicklung von Frauen und Männern nachzudenken und geeignete Arbeitsansätze in der Gruppenarbeit und in der Selbsthilfeberatung zu entwickeln", heißt es im neuen IAF-Grundsatzprogramm. „Dabei leitet uns die Überzeugung,

- daß Emanzipation keinen allgemein und universell anerkannten Wert darstellt, sondern eng verknüpft ist mit dem sozialen Status, mit Bildung, Herkunft und individuellen Erfahrungen. Ein europäisch westlicher Emanzipationsbegriff darf daher nicht unkritisch auf das Mann-Frau-Verhältnis in Ländern der sog. Dritten Welt Übertragen werden;
- daß Emanzipation von Frau und Mann in der Regel gemeinsam erfolgen muß;
- daß Frauen wie Männer ein Recht auf selbstbestimmte Gestaltung ihres Lebens haben;
- daß Emanzipation die Beschäftigung mit anderen kulturellen Wertvorstellungen und deren Achtung voraussetzt."

Denkt man an Betty Mahmoodys Buch „Nicht ohne meine Tochter" und an die Klischees, die es mit so großem Erfolg reproduziert, so wird deutlich, welches Stück Weg die Frauen und Männer in der IAF in den beiden vergangenen Jahrzehnten zurückgelegt haben. Aber die politische und gesellschaftliche Lage erlaubt kein Ausruhen. Die heutigen Wanderungsbewegungen, die Diskussion um das Asylrecht und die zunehmenden Übergriffe auf Flüchtlinge, gerade auch in den neuen Bundesländern, stellen neue Herausforderungen für die IAF dar.

Auch diesmal fehlt es nicht an unmittelbarer Betroffenheit. Ausländische Zuwanderer sind heute in ihrer großen Mehrheit Flüchtlinge. Folglich wächst ihre Zahl auch unter den Partnern und Partnerinnen Deutscher. Pauschal der „Scheinehe" verdächtigt, versuchen diese Paare, sich ihrer Haut zu wehren. Aber dabei bleibt es nicht: Die IAF weiß, daß das Schicksal ihrer Personengruppe auch diesmal wieder eng mit dem aller Zuwanderer in der Bundesrepublik verbunden und darüber hinaus durch unsichtbare Fäden mit den Entwicklungen in den entferntesten Winkeln der Welt verknüpft ist. Ob Golfkrieg oder Überschwemmungskatastrophe in Bangladesch, ob Cholera in Peru, Unruhe in Algerien oder bürgerkriegsähnliche Kämpfe in Jugoslawien – für viele bi-na-

Putzfrau Suada ist krank

tionale Familien sind damit persönliche Krisen, Sorgen und Ängste verbunden. Das erleichtert die Solidarisierung. Sie drückt sich aus in der Öffentlichkeitsarbeit der IAF, in der Mitarbeit ihrer Mitglieder in Flüchtlingsinitiativen, aber auch in direkten Projekten, z.B. in jüngster Zeit zur Unterstützung unbegleiteter minderjähriger Flüchtlinge. „Unser Denken muß global sein", heißt es im IAF-Grundsatzprogramm, „auch dann, wenn wir regional handeln."

Boris Scharlowski

medico international

Katastrophenhilfe, Befreiungshilfe, Hilfe im Handgemenge

Generell werden die achtziger Jahre als ein für die sog. „Dritte Welt“ „verlorenes Jahrzehnt“ tituliert. Doch richtiger wäre es, die armgehaltenen Länder als die Verlierer des Jahrzehnts zu bezeichnen. Man käme endlich davon ab, die Vorgänge in der „Dritten Welt“ als „Entwicklung“ zu betrachten, bei der es lediglich von Zeit zu Zeit zu Stagnationen kommt. Verschuldungskrise, Strukturanpassungsprogramme, durch die GATT-Verhandlungen festgeklopfte westliche Importbeschränkungen, als gerechte Kriege getarnte Verteilungskämpfe und als Resultat all dessen zunehmendes Elend, epidemische Verbreitung von Krankheiten und bald nicht mehr zu fassende Flüchtlingsströme: Stichpunktartig sind dies einige der Probleme, mit denen die ausgebeuteten Länder drangsaliert werden. Sogenannte Dritte-Welt-Arbeit muß diesen Problemen Rechnung tragen.

1968 – Der Aufbruch

medico international ist ein echtes „Kind“ der in Frankfurt sich besonders artikulierenden 68er-Bewegung. Ursprünglich hatten sich die Gründer, einige Frankfurter Medizinstudenten, als Reaktion auf die Ereignisse in Biafra und Vietnam zusammengefunden. Zunächst propagierten sie die Sammlung und Entsendung von Medikamentenrestposten, die bei Pharmaunternehmen gesammelt worden waren, in die Krisengebiete. Daraus erwuchs eine personelle medizinische Katastrophenhilfe, die von Pressekampagnen hierzulande unterstützt wurden. Doch durch die Erfahrungen in diesem Sektor wurde schon bald die Sinnlosigkeit solcher Unterfangen offensichtlich: Die unterschiedlichsten Katastrophenhilfeorganisationen standen sich gegenseitig im Wege, und die gesammelten Medikamente stellten sich vor Ort in den allermeisten Fällen als unnütz oder sogar gefährlich heraus. Aber vor allem wurde man sich gewahr, daß diese Art der Hilfe nichts anderes als ein Tropfen auf den heißen Stein sein könnte.

Erste Neuorientierung

1973 entschied man sich, für die Förderung alternativer Gesundheitsstrukturen einzutreten. Die Unterstützung der von der WHO propagierten „Primaray Health Care“, die eine Politisierung des Gesundheitsbegriffes einleitete, wurde zum Vereinsziel. Krankheit erwies sich unter den vorherrschenden Bedingungen vor Ort nicht mehr „reparabel“. Zu diesem Zwecke begann man nun Projekte in verschiedenen Ländern der Welt zu fördern, in denen versucht wurde, die Lebensbedingungen der Menschen gesund zu machen. Die Bedingungen hierfür schienen in den einzelnen Ländern unterschiedlich gut. So konnte in der Folge in manchen Ländern (Burkina Faso oder Nicaragua) von einer äußerst günstigen politischen Situation für die Durchsetzung dieser Ziele ausgegangen werden. Man sprach in diesen Fällen von Autonomiehilfe. In anderen Ländern (Chile oder Südafrika) mußte erst auf eine grundlegende Veränderung der politischen Verhältnisse hingearbeitet werden. Hier sprach man von Befreiungshilfe.

Ein Aspekt wurde aber bei all dieser Arbeit an Ort und Stelle niemals aus den Augen verloren: Die Situation in den ausgebeuteten Ländern stand in ursächlicher Abhängigkeit von den politischen Bedingungen bei uns. Um diesen Aspekt in der Diskussion zu halten, intensivierte medico international die Information über die Situation in den betroffenen Ländern und über die Verursacher bei uns. Hoechst und Shell, aber auch andere Multis wurden für ihre Konzernpolitik scharf angegriffen. Auch hierfür gab es einen griffigen Terminus: die Informationshilfe.

Die leidige „Strukturanpassung“

Gesprochen wurde bisher im Imperfekt. Die Arbeit von medico international hat sich unter dem Eindruck der weltpolitischen Veränderungen der achtziger Jahre zwangsläufig ebenfalls verändern müssen. Die einstmals prägnanten Begriffe von Autonomie- oder Befreiungshilfe mußten nach den Wahlverlusten der Sandinisten, dem formalen Ende der Diktatur in Chile oder der juristischen Abschaffung der Apartheid neu überdacht werden. Es kann nicht mehr einfach von einem politischen „Multiplikatoreffekt“ bei der Unterstützung von Basisinitiativen ausgegangen werden. Zudem haben sich die Möglichkeiten zur Schaffung „gesunder Verhältnisse“ im Trikont generell extrem verschlechtert. Wie die WHO, die mittlerweile ihr ehrgeiziges Projekt „Gesundheit 2000“ aufgeben mußte, sieht sich auch medico international mit denselben Problemen konfrontiert. Neue Ansätze sind dabei, geschaffen zu werden. Subsummiert werden sie jetzt unter dem programmatischen Titel „Hilfe im Handgemenge“.

medico international betreut heute mit 16 Leuten Projekte in 14 Ländern. Sitz von medico international ist Frankfurt. 1990 belief sich der Etat auf 8.765.000 DM, von denen lediglich 477.000 DM für die Verwaltung aufgewandt werden mußten. Fast genau 50 % des Etats kommen aus Spendengeldern zusammen, der Rest aus Zuschüssen des BMZ, der EG oder verschiedenen Stiftungen. Als eingetragener Verein kann medico international Mitglieder aufnehmen. Doch, so ein Vereinsbeschluß, nur Menschen aus dem Frankfurter Raum können aktive Mitglieder werden.

Die Schwerpunkte der inhaltlichen Arbeit sind nach wie vor die Förderung von Projekten im Gesundheitsbereich. Zu diesem Zwecke gibt es in der Frankfurter Zentrale eine medizinische Abteilung. Hier werden Gesundheitsprojekte auf Zielsetzung und Durchführbarkeit geprüft. Zudem werden Materialien zur Ausbildung von sog. Gesundheitspromotoren zusammengestellt. Auch die kritische Untersuchung der Effizienz von Medikamenten gehört in deren Bereich.

Gesundheit bedeutet aber nicht allein die physische Gesundheit. Sowohl in Südafrika als auch in Südamerika werden Projekte gefördert, die sich den Opfern der jeweiligen Diktaturen annehmen. Organisationen, die sich der psychosozialen Hilfe der Folteropfer verschrieben haben, werden finanziell unterstützt.

Begleitend zu den Projekten spielt bei medico international die Information hier über die Situation in den einzelnen Ländern eine zunehmend wichtige Rolle. Regelmäßig wird das „Rundschreiben“ in einer Auflage von knapp 40.000 Exemplaren versandt; Anzeigenkampagnen werden als Informationsträger originell genutzt; Reports untersuchen die Lage in einzelnen Ländern; Videos, Ausstellungen, Diaserien und Vorträge komplettieren die Informationsarbeit.

Ein Bereich der Arbeit muß separat aufgeführt werden: die Hilfe von medico international in Kurdistan. medico international ist nunmehr seit über fünf Jahren in Kurdistan präsent. Immer wieder wurde auf die eklatanten Menschenrechtsverletzungen in Irak, Iran oder der Türkei hingewiesen. Häufig war das Interesse der deutschen Öffentlichkeit eher gering für die massiven Probleme, die sich dort bereits andeuteten. Erst jetzt, durch die Golfkatastrophe motiviert, ist Kurdistan in den Vordergrund des Interesses gerückt. medico international konnte aufgrund seiner guten Beziehungen zu kurdischen Organisationen in allen drei Ländern schnell und unbürokratisch Hilfe leisten. Dennoch mußte hier, wie auch im Falle der Choleraepedemie, durch die besondere Notlage indiziert, teilweise eine Art der Hilfe wieder aktiviert werden, die eigentlich weit von der strukturellen Hilfe der vorhergehenden Jahre entfernt ist.

1992...

Für die Zukunft zeichnen sich neue Betätigungsfelder ab: medico international nimmt weiter verstärkt die europäisch-okzidentale Verantwortung für die Situation im Trikont ins Visier. Die bereits angelaufene Blumenkampagne, die Kampagne zur Rückgabe der Kulturgüter und die BOOTschaft, eine für 1992 geplante Reise südamerikanischer Indianer und Volksorganisationen zu den Zentren des bundesrepublikanischen Imperialismus, zeigen diesen Weg bereits an.

LITERATURANGABEN

Wilfried Bach: Klimaschutz – Von wagen Absichtserklärungen zu konkreten Handlungen, Karlsruhe 1991

Johann Philipp von Bethmann: Das Kartenhaus unseres Wohlstandes – Warum der Kapitalismus noch nicht triumphieren kann, Düsseldorf 1991

Gerhard Biederbeck: Abrüstung und Konversion an der Basis – Kommunale Friedensarbeit, Hildesheim 1991

Hans Christoph Binswanger: Geld und Magie – Deutung und Kritik der modernen Wirtschaft anhand von Goethes Faust, Stuttgart 1985 (Darin Irving Fetscher im Vorwort: „Binswanger kann zeigen, daß die größte Dichtung unseres so viel gelobten und so wenig gründlich gelesenen Dichters Goethe – der Faust – einen durchaus entschlüsselbaren Hinweis auf Faszination wie Gefahr der modernen Wirtschaftsweise und ihres Strebens nach unendlichem Fortschritt der Reichtumsvermehrung enthält. Das deutsche Bildungsbürgertum hat sich ja im 19. Jahrhundert daran gewöhnt, die klassischen Dichter in Goldschnitt hinter Glas zu stellen und bei feierlichen Anlässen markige Worte aus ihren Werken zu zitieren.“ Klaus Brake: Dienstleistungen und räumliche Entwicklung, Frankfurt, Universität Oldenburg 1991

Deutsche Bank: Argentinien – 100 Jahre am Rio de la Plata, Mainz 1987

epd- Entwicklungspolitik – ein Informationsdienst, der sich wie kein anderes entwicklungspolitisches Periodikum in der BRD kontinuierlich auch mit dem Aspekt „Global denken – lokal handeln“ befaßt. epd-Entwicklungspolitik, Emil von Behringstr. 3, 6000 Frankfurt 50

Erhard Eppler, Michael Ende, Hanne Tächl: Phantasie, Kultur, Politik, Stuttgart 1982

Jürgen Engelhardt (Hrsg.): Frankfurt zu Fuß – 20 Rundgänge durch Geschichte und Gegenwart, Hamburg 1989

Ludwig von Friedeburg: Frankfurt – die Stadt und ihre Soziologie, in: Frankfurter Rundschau 13.10.90

W. P. Fahrenberg (Hrsg): Die neue Frankfurter Schule – 25 Jahre Scherz, Satire und schiefere Bedeutung aus Frankfurt am Main, Ffm 1987

Karla Fohrbeck, Andreas Wiesand: Von der Industriegesellschaft zur Kulturgesellschaft?, München 1989

Frankfurt – Das Spiel zur Stadt, CBD, Ffm, Postfach 900226 (weder spannend noch inhaltlich anspruchsvoll oder pädagogisch wertvoll) Geo Special, Frankfurt, Nr. 5 / 1988

Peter Hahn: Literatur in Frankfurt, Ffm 1987

Volker Hauff: Stadt und Lebensstil, Thema: Stadtkultur, Weinheim 1988 (zu Hauffs späterem Werk Seite 6 des Werkstattberichtes)

Alfred Herrhausen: Denken – Ordnen – Gestalten, Berlin 1990

Peter Krieg: Die Seele des Geldes – Mythen der Moderne II, Film (Video) und Essay, Ffm 1990, zu beziehen bei Zweitausendeins, Ffm

Kritische Aktionäre der Deutschen Bank (Hrsg): Macht ohne Kontrolle – Bericht über die Geschäfte der Deutschen Bank, Stuttgart 1990

Pädagogische Arbeitshilfen für Schule und Erwachsenenbildung zu den Themen Weltwirtschaft, Nord- Süd, Entwicklung, Gerechtigkeit, neuer Lebensstil, Strukturveränderungen im Norden, Erhaltung der Schöpfung bietet das Programm epd- Dritte Welt – Information mit derzeit etwa 70 Ausgaben. Die politisch-lokale Zuspitzung der Themen ist meist mitberücksichtigt. Eine Übersicht der verfügbaren Ausgaben (u. a. auch „Global denken – lokal handeln“, Nr. 1989: 11 / 12 / 87) und ihr hilfreiches Stichwortregister sind gratis zu beziehen bei epd – Dritte Welt – Information, Emil von Behringstr. 3, 6 Ffm 50

Martin Pfeiffer, Manfred Fischer: Unheil über unseren Köpfen? Flugverkehr auf dem Prüfstand zu Ökologie und Sozialverträglichkeit, Stuttgart 1989

Manfred Pohl: Deutsche Bank 1887 – 1987, Mainz 1987

Pflasterstrand 3 / 90: Frankfurt – Die multikulturelle Stadt?

Chlodwig Poth: 50 Jahre Überfluß – Ein Roman (aus Karikaturen), München 1990

Chlodwig Poth: Frankfurt oder ein vorletzter Tag der Menschheit, Zürich 1986

Paul Sandner, Michael Sommer: Banken, Kredite und die „Dritte Welt“, Stuttgart 1992

Stadt Frankfurt, Amt für multikulturelle Angelegenheiten u. a., Frankfurter Anhörung zur Situation der Migrantinnen, Frankfurt 1992

Stadt Frankfurt, Dezernat Umwelt ...: Umweltlernen in Frankfurt – Programm zur Ökologisierung des Schullebens..., Ffm 1992 (etwas Ähnliches zum Thema Nord-Süd / Dritte Welt stünde der Stadt gut an)

Stadt Frankfurt, 2010 – Einladung zum Gespräch über die Zukunft der Stadt, Frankfurt 1992

Stiftung Hochschule Sankt Georgen Frankfurt: Wertbewußtsein im modernen wirtschaftlichen Handeln, Frankfurt 1988

Dragutin Trumbetaš: Gastarbeiter (Zeichnungen), Büchergilde Gutenberg, Frankfurt 1977

Wirtschaftspolitische Gesellschaft von 1947 (Hrsg): Das Ganze denken – Zur politischen Kultur der Gegenwart (Offene Welt Nr. 106), Ffm 1987

Zeitschrift für Kulturwissenschaften, 1 / 1990: Zur Relevanz des Fremden, Institut für soziale und kulturelle Arbeit, Untere Krämersgasse 3, 8500 Nürnberg 1

Weitere Hinweise bei einzelnen Beiträgen im Buch.

ADRESSEN

In den Texten genannte Frankfurter Institutionen, die zugleich für weitere Recherchen[1] interessant sein könnten:

Amt für Industrie- und Sozialarbeit der Evangelische Kirche in Hessen und Nassau, Ostendstr. 59, 6 Ffm 1, Tel. 439396 / 7

Amt für multikulturelle Angelegenheiten der Stadt Frankfurt, Barckhausstr. 1, 6 Ffm 1, Tel. 212-38765

Arbeitskreis Frauen aus aller Herren Länder e.V., Bettinastr. 64, 6 Ffm 1

Ausschuß der Evangelischen Kirche in Hessen und Nassau für Kirchlichen Entwicklungsdienst, Geschäftsstelle: Praunheimer Landstraße 206, 6 Ffm 90, Tel. 766037

Dritte Welt Haus, Westerbachstr. 40, 6 Ffm 90, Tel. 7894846

epd-Entwicklungspolitik / Dritte Welt, Emil-von-Behring-Str.3, 6 Ffm 50, Tel. 580980

Filmgruppe Kaleidoskop, c / o Dritte Welt Haus, Westerbachstr. 40, 6 Ffm 90

Gesellschaft zur Förderung der Literatur aus Afrika, Asien und Lateinamerika, Reineckstr. 3, 6 Ffm 1, Tel. 2102-247

Initiative LiBeraturpreis im Ökumenischen Zentrum Christuskirche e.V., Praunheimer Landstr. 202, 6 Ffm 90, Tel. 762116

Koordinationsstelle der „Kampagne gegen Kinderprostitution im Zusammenhang mit Sextourismus", Postfach 41 26, 4500 Osnabrück, Tel. 0541 / 7 10 11 62

medico international e.V., Obermainanlage 7, 6 Ffm 1, Tel. 4990041

Nord-Süd-Forum Frankfurt, c / o Ökumenische Asiengruppe, Feuerbachstr. 31, 6 Ffm 1, Tel. 720133

Ökumenische Werkstatt, Praunheimer Landstr. 206, 6 Ffm 90, Tel. 763037 / -38

Südafrika-Projektgruppe der Evangelischen Frauenarbeit in Deutschland, Emil-von-Behring-Str. 3, 6 Ffm 60, Tel. 958012-0

Verband bi-nationaler Familien und Partnerschaften (IAF), Kasseler Str. 1a, 6 Ffm 90, Tel. 707-5087

1) vgl. auch die Hinweise auf der Seite 190

INHALTSVERZEICHNIS